均衡経路の
不安定性

佐藤真人 著

関西大学出版部

【本書は関西大学研究成果出版補助金規程による刊行】

序

　本書の「均衡経路」とは，企業の主体均衡が充される成長経路との意である．また，その不安定性とは均衡経路変動の形態に関する形容ではなく，現実の成長経路変動の性質に関するものである．即ち，企業の主体均衡が必ずしも充されない現実の成長経路が均衡経路から一旦乖離すると，乖離は一層拡大するという意味である．

　均衡経路は，学説史的にはハロッドの保証成長率（Warranted Rate of Growth），またマルクス経済学における「順調な拡大再生産軌道」の概念に対応し，従って前者の自然成長率（Natural Rate of Growth），後者の「「均衡」蓄積軌道」に関って行く．それは俗に景気循環と呼ばれる現象を均衡経路からの不均衡累積的乖離過程と理解し，その資本主義における必然性を主張する理論的基礎を成す．

　従って本書の研究は，企業の主体均衡実現を仮定する研究に対して，資本蓄積を考慮するという意味で長期の次元において，その仮定が充される条件を検討していると位置づけることができる．更に，それは主体均衡実現を仮定する研究が，当事者の意図とは別に持つ理論的意義を理解できることに繋がる．

　本書の結論は，均衡経路は不安定であり（不均衡の累積性），その最重要原因は企業の投資需要決定態度であるということである．もちろん，どのような結論も厳密には無条件ではなく，暫定的，条件付きである．その意味では，均衡経路不安定性の蓋然性の強調である．

　このような経済変動の理論的解釈によって，近年緊急性を増している不況対策を巡る主張の相違の経済的，というよりむしろ政治的な意味を深く理解することができる．即ち政策の違いは，結局，現実経済の拠点を掌握し，従って私益を十分享受している既存の権益とどの程度妥協するか，あるいはそういう条件をどの程度変更可能とみるかの違いに帰着する．

各章の分析は対象とする問題に即し，できるだけ単純化されている。従って捨象されている要因，例えば競争の形態，金融の導入，外国貿易等の影響の検討は，追加的要因として既存の不均衡累積性を増幅するのか否かという線でなされるべきということになる。夾雑物として捨象された諸要因は，その存在故に均衡経路を不安定にするのではない。

　本書は，当該テーマに関する既発表の論文を中心に，周辺のものを集めた結果である。従って当該テーマに関して，包括的ではなく系統的でもない。むしろ，そのような研究によって言及されることを期待している。

　最後に，人は代表的な群動物である。筆者の経済学的多重累積債務に対する債権者はもちろん，日本語として理解困難な部分を指摘して頂いた関西大学大学院経済学研究科の呉春艶氏にお礼を申し上げると共に，メッセージを送信すべき人々の顔が思い浮かぶことを幸運に感じている。

2014 年 3 月 31 日

佐　藤　真　人

目　　次

序 ………………………………………………………………… i

第Ⅰ章　Harrod 的不安定性と貯蓄率 ……………………… 1
　　序
　§1　設問 ………………………………………………………… 1
　§2　貯蓄率に関する第一の問題 ……………………………… 4
　§3　貯蓄率に関する第二の問題 ……………………………… 6
　§4　モデル ……………………………………………………… 7
　§5　分析 ………………………………………………………… 9
　§6　結び ………………………………………………………… 15

第Ⅱ章　技術変化と均衡経路の不安定性 ………………… 17
　　序
　§1　技術進歩がない場合 ……………………………………… 18
　§2　技術進歩を伴う場合 ……………………………………… 22
　§3　需給不均衡を伴う場合 …………………………………… 25
　§4　結び ………………………………………………………… 31

第Ⅲ章　貨幣賃金率の伸縮性と均衡経路の不安定性 …… 33
　　序
　§1　主な仮定 …………………………………………………… 34
　§2　モデル 1 …………………………………………………… 36
　§3　モデル 2 …………………………………………………… 40
　§4　結び ………………………………………………………… 42
　　補論：資本蓄積率と利潤率

第Ⅳ章　消費需要の移動と均衡経路の不安定性 …………… 55
　　序
　§1　モデル ……………………………………………………… 55
　§2　均衡発展 …………………………………………………… 59
　§3　不安定性 …………………………………………………… 60

第Ⅴ章　消費財部門の不調による恐慌の可能性 …………… 65
　　序
　§1　主な仮定 …………………………………………………… 66
　§2　モデル 1 …………………………………………………… 71
　§3　モデル 2 …………………………………………………… 77
　§4　結び ………………………………………………………… 81

第Ⅵ章　スタグフレーション ………………………………… 83
　　序
　§1　雇用の決定 ………………………………………………… 84
　§2　労働供給と失業 …………………………………………… 89
　§3　価格調整と失業 …………………………………………… 98
　§4　生産調整と失業 …………………………………………… 103
　§5　限界生産力説と要求分配率 ……………………………… 105
　§6　比較静学 …………………………………………………… 112
　§7　不均衡動学（1） …………………………………………… 116
　§8　不均衡動学（2） …………………………………………… 126
　　章末注

第Ⅶ章　市場不均衡における利子率の変動 …………………… 149
　　序
　§1　主な仮定 …………………………………………………… 149
　§2　問題 ………………………………………………………… 152
　§3　諸説 ………………………………………………………… 155
　§4　商品、証券市場の相互依存 ……………………………… 157
　§5　均衡の安定性 ……………………………………………… 158
　§6　結び ………………………………………………………… 159

第Ⅷ章　不均衡累積過程における収益性格差の変動 ………… 163
　　序
　§1　主な制約 …………………………………………………… 164
　§2　年毎の平均の推移 ………………………………………… 166
　§3　四半期データの場合 ……………………………………… 170
　§4　結び ………………………………………………………… 173
　　補論：総資本経常利益率の場合

第Ⅸ章　賃金主導型成長のメカニズム ………………………… 207
　　序
　§1　基本モデル ………………………………………………… 208
　§2　投資関数の修正 …………………………………………… 213
　§3　「費用の逆説」……………………………………………… 217
　§4　結び ………………………………………………………… 222
　　章末注

第X章　貯蓄の制度部門別構成：国際比較…………………… 225
　　　序
　　§1　技術的な事項 ………………………………………………… 226
　　§2　家計貯蓄率 …………………………………………………… 230
　　§3　国民貯蓄率 …………………………………………………… 231
　　§4　総投資率 ……………………………………………………… 236
　　§5　総投資率－総貯蓄率 ………………………………………… 238
　　§6　固定資本減耗率 ……………………………………………… 245
　　§7　結び …………………………………………………………… 250

索　引 ………………………………………………………………… 257

第Ⅰ章

Harrod 的不安定性と貯蓄率[*]

序

　本章は，Harrod の保証成長率不安定性の議論における貯蓄率の意味，特に事前の貯蓄率と事後の貯蓄率の区別の経済的意味を考察し，その結果を推し進めて保証成長率不安定性を検討したものである。

　まず第一節で，貯蓄率に対して Harrod によって提起された「事前の貯蓄率」という概念を紹介する。第二節で，保証成長率不安定性における貯蓄率の変動という問題を扱う。第三節で，事前の貯蓄率の経済的意味を考察する。第四節で事前の貯蓄率の経済的意味を推し進め，保証成長率不安定性を検討する。第五節で，本章の意義を確認する。

§1　設問

　Harrod は [1] において，warranted growth path の不安定性を主張した。その議論の骨子は，次のようである[1]。

　G：産出高増加率，C：限界資本係数，s：貯蓄率[2]を，それぞれ

---

[*] 本章は，「Harrod 的不安定性と貯蓄率」『六甲台論集』第 20 巻第 3 号（1973 年 10 月）を基礎にしている。当該論文は言うまでもないが，筆者の指導教官であった置塩信雄教授の指導に負うところが非常に大きい。もちろん誤りの責任は，筆者にある。

[1]　Harrod [1]

[2]　後に §2 で述べるように，貯蓄率は，ここでの定義より事後的貯蓄率であると同時に，人々がその水準で満足しているような，いわば「均衡貯蓄率」でもある。というのは，warranted growth rate は $G_w = s/C_r$ で定義され，貯蓄率 s と書かれていても「warranted」であるから。両者の相違と経済的意味が，本章の問題である。しかし，ここでは Harrod [1] に従い，単に s と書く。

$$G = \Delta Y / Y$$
$$C = \Delta K / \Delta Y$$
$$s = \Delta K / Y$$
で定義すると,

(1-1)　　$G = s/C$

が必ず成り立つ。

　資本に過不足がない水準の C を C_r, そのときの G を G_w（warranted growth rate）と書けば,

(1-2)　　$G_w = s/C_r$

である。(1-1) と (1-2) より,

$$G > G_w$$

ならば,

$$C < C_r$$

である。ところが，これは資本の不足状態を示すから，投資需要が増大し，従って G は，一層 G_w から上方へ乖離する（逆は逆）。

　実際，C が C_r から乖離したときの資本家の生産決定態度について,

(1-3)　　$\dot{G} = f(C_r - C)$, 　$f' > 0$, 　$f(0) = 0$

を仮定すると，(1-1) と (1-3) より,

(1-4)　　$\dot{G} = f(C_r - s/G)$

となるから，(1-4) について,

(1-5)　　$\begin{cases} G = s/C_r (= G_w) \Rightarrow \dot{G} = 0 \\ \dfrac{d\dot{G}}{dG} = \dfrac{f's}{G^2} > 0 \end{cases}$

が成り立ち，図1のように不安定性が成立する。

　さて貯蓄率 s に注意しよう。ここで s は定数として扱ったが，もちろん Harrod は既に [1] において，s が変化することに気づいている。しかし彼は [1] では，不安定性が成立するためには，s の変化が G の変化に比して小さいことが必要であり，これは明らかにみたされているとして処理し，この経済的意味を十分説明していない[3]。

第Ⅰ章 Harrod的不安定性と貯蓄率

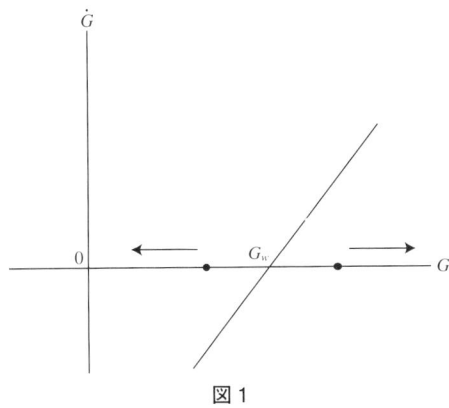

図1

これに対し [2] では,事前の貯蓄率 s_d と事後的貯蓄率 s を区別し[4],貯蓄率における均衡からの乖離も考慮して,議論が展開されている[5]。

即ち事前の貯蓄率を s_d と書き,G_w を $G_w = s_d/C_r$ で定義する。すると (1-1) より,

G/G_w

のとき,

$C < C_r$ or $s > s_d$

となる。

$s > s_d$ は事前の期待より貯蓄が多かったことを意味し,消費需要が増加する。$C < C_r$ は資本不足を意味し,投資需要が増加する。

いずれにせよ需要が増加し,従って,G は一層 G_w より上方へ乖離する。これが [2] における G_w の不安定性に関する Harrod の議論の骨子である[6]。

本章では,

---

3) Harrod [1] pp.78-79。
4) 「s_d は,人々が経常的に行おうとしている貯蓄量によって表現される,所得の一定割合である。」(Harrod [2] p.17)
5) Harrod [2]
6) 特に Harrod [2] p.34 を参照。

3

1. Harrod 的不安定性論における貯蓄率の経済的意味を敷衍しつつ,
2. 彼にそって問題を整理して示し, 結論を検討する。

§2 貯蓄率に関する第一の問題

さて貯蓄率に関して, 区別すべき二つの問題がある。

1. 均衡貯蓄率 s_d が一定ではなく, 何らかの要因によって変化すること[7]。
2. 事後的貯蓄率 s が, 均衡貯蓄率 s_d より乖離すること。

前者の場合, 仮に $s=s_d$ であっても, 貯蓄率の面に関してさえ均衡ではなく, $s=s_d$ の均衡水準そのものが, 体系の均衡条件により決定されねばならない。後者の場合, $s=s_d$ ならば均衡である。

まず第一の問題について。これは§1で述べたように Harrod が [1] において気づきながら, 十分な説明のないまま処理した問題である。そして [1] では, 貯蓄率は s と書かれているが, warranted growth rate は $G_w=s/C_r$ で定義されているのであるから, s は均衡貯蓄率の意であると考えなければならない。

では貯蓄率に関する第二の問題を捨象し, 均衡貯蓄率 s_d そのものが変化することだけを考慮に入れた場合, 不安定性は成立するだろうか。

この場合本章の設問にとって懸念されるのは, G が G_w から例えば上方へ乖離した場合, s_d の水準が上昇し, $G>G_w$ であっても $C<C_r$ とならないかもしれないということである。そこで, この点を明確にするため, 現実的な事実関係として

(1-6)　　$s_d=s_d(G)$,　$s_d' >0$

と仮定しよう。そして他は§1における議論に従うと, (1-4) に代わって,

(1-7)　　$\dot{G}=f(C_r-s_d(G)/G)$

の性質が問題となる。

---

7) Harrod [2] p.17 にそって, 人々 (資本家と労働者) が経常的に行おうと思っている貯蓄率を均衡貯蓄率と言い, s_d と書く。従って s_d は, 事前の貯蓄率でもある。

第Ⅰ章 Harrod 的不安定性と貯蓄率

(1-7) より，$G_w = s_d(G_w)/C_r$ のとき，warranted growth path が存在し，

(1-8) $\quad \dfrac{d\dot{G}}{dG} = \dfrac{f'(s_d - s_d'G)}{G^2}$

であるから，

(1-9) $\quad \dfrac{ds_d}{dG} \Big/ \dfrac{s_d}{G} < 1$

ならば，

(1-10) $\quad \dfrac{d\dot{G}}{dG} > 0$

となり，G_w の不安定性が成立する。

しかし，これから (1-10) が成立するためには (1-9) が必要であるといっても，それは Harrod が G_w の不安定性が成立するためには，G の変化に比して s の変化が小であることが必要であると述べたことを，別の形で表現したにすぎず，内容的には彼の水準を少しも上回っていない。問題は，資本制経済の基本的性質から，(1-10) が結論できるかどうかである。この問題を扱ったものに，置塩［8］がある。

そこでの一つのモデルは，次のようである。

財・サービスの需給一致を前提として，

(1-11) $\quad I = s_d Y$

とする。ここで，I は事前の投資，Y は産出高，s_d は均衡貯蓄率。

貯蓄率は所得分配率にも依存するという点を重視し，s_d を

(1-12) $\quad s_d = s_\pi \left(\dfrac{Y - RN}{Y} \right) + s_w \dfrac{RN}{Y}, \quad s_\pi > s_w$

とする。

N は雇用量，R は実質賃金率，s_π, s_w は，それぞれ資本家と労働者の均衡貯蓄率で一定とする。

稼働率を δ と書き，$\delta = 1$ のときの資本係数を σ と書くと，

(1-13) $\quad \sigma Y = \delta K$

である。σ は一定とする。K は，資本ストック。

資本家は稼働率によって投資を決定すると考え，投資関数を

(1-14) $\quad \left(\dfrac{\dot{I}}{K} \right) = F(\delta), \quad F(1) = 0, \quad F' > 0$

とする。これは、$\delta > 1$ ならば現存資本ストックに比しての投資量を増加させ、$\delta = 1$ ならば一定に保ち、$\delta < 1$ ならば減少させるということである。

事後的には、貯蓄は投資に等しいから、

(1-15)　　$s_d Y = \dot{K}$

が常に成り立つ。

I/K を g と書き、利潤配分率を μ とすれば、(1-11)（1-13）より、

(1-16)　　$g\sigma = s_d \delta$

(1-12) より、

(1-17)　　$s_d = s_\pi \mu + s_w (1 - \mu)$

最後に、稼働率を利潤配分率の増加関数とする。

(1-18)　　$\delta = \delta(\mu)$,　　$\delta' > 0$

すると、(1-14)（1-16）（1-17）（1-18）より、$\delta = 1$ のとき均衡成長が存在し、

(1-19)　　$\dfrac{d\dot{g}}{dg} = \dfrac{F'\sigma}{s_\pi - s_w} > 0$

であるから、均衡成長経路は不安定であることが分る。

このように均衡貯蓄率 s_d が変化するとしても、かなり現実的な想定に従えば不安定性は消滅しないことが分る。

§3　貯蓄率に関する第二の問題

次に第二の問題について。事後的貯蓄率 s の均衡貯蓄率 s_d からの乖離を考慮することは、経済的には何を意味するだろうか。

事後的には投資と貯蓄は等しいから、双方を $\dot{K}$ と書き、事前の投資を I とすると、

(1-20)　　$s - s_d = \dot{K}/Y - s_d$

$$= \dfrac{(\dot{K} - I) + (I - s_d Y)}{Y}$$

と書き換えることができる。従って s と s_d の乖離を考慮することは、事前における投資と貯蓄の乖離 $(I - s_d Y)$、及び事前の投資と事後の投資の乖離

第Ⅰ章　Harrod 的不安定性と貯蓄率

$(I-\dot{K})$ を考慮することに等しい。

　Harrod 的不安定性の問題は，需給一致，正常稼働を毎期充す経路が存在するとき，一旦その経路からの乖離が生じれば，乖離は累積性を持つかどうかを検討するものである。ところで事前における投資と貯蓄の乖離は，（1-20）より

(1-21)　$I - s_d Y = (I - \dot{K}) + (s - s_d)Y$

であるから，投資における計画（I）と実現した投資（$\dot{K}$）の差，あるいは貯蓄における計画（$s_d Y$）と実現した貯蓄（sY）の差となる。それ故，需給の不一致を一般的に分析するには，投資，貯蓄双方の計画と現実の不一致を考慮しなければならないということになる。

　しかし Harrod は§1 で述べたように，[2] において s と s_d の乖離を考慮してはいるが，I と $\dot{K}$ の乖離は考慮していない。つまり彼は，需給面の分析に関して $I = \dot{K}$ を前提し，需給の不一致が貯蓄における事前と事後の相違にのみ現れるような特別な場合を考えていることになる。

　さて $I = \dot{K}$ を前提することは，資本家の意図する投資は必ず意図どおり実現されると前提することに等しい。これは，少し無理な仮定である。現実との対応を考えると，特に景気下降局面で，産出高のうち資本家が希望する投資部分以外は，必ず消費されてしまうことを意味する点が問題である。しかし景気上昇局面については，$I = \dot{K}$ の仮定は一定の現実妥当性をもつだろう。消費を相対的に抑制しつつ，投資が伸びてゆくのが景気上昇局面の本質だからである。

§4　モデル

　以上の点を考慮して，モデルをつくろう。

　warranted growth path では毎期正常稼働と需給一致が充されるのであるから，そこからの乖離は，稼働率の均衡水準からの乖離，及び需給の不一致に現れる。更に需給の不一致は，事前的投資と事後的投資の相違，及び事前的貯蓄と事後的貯蓄の相違に現れる[8]。

　そこで，まず稼働率について。Harrod は，限界資本係数 C を資本の過不

7

足を示す指標になりうると考えている。しかし，
1. 仮に C が資本に過不足のない水準 C_r にあっても，資本全体がそのような水準にあるとは限らない。
2. また資本家が，特に資本の限界部分に着目する理由はない。

このように資本の過不足を示し，資本家の投資行動の基準となるものとしては，限界資本係数より平均資本係数が適当である[9]。

そこで投資関数を，

(1-22)　$\dot{g} = \alpha(\sigma^* - \sigma), \quad \alpha > 0$

としよう。但し，

(1-23)　$g = I/K$

(1-24)　$\sigma = K/Y$

である。σ^* は σ の正常水準，I は事前の投資，K は資本ストック，Y は産出高。

(1-22) は資本家は，資本全体の過不足によって現存資本ストックに比しての投資需要を増減させるということである。稼働率の正常水準からの乖離が同程度であっても，資本規模が異なれば投資量も異ると考えるほうが適当であろう。

次に需給面について。ここではⅡで述べたような問題点を考慮したうえで，Harrod にそって $I = \dot{K}$ を前提し，需給の不一致は，もっぱら事前的貯蓄率 s_d と事後的貯蓄率 s の相違に現れるとする。そして超過需要があれば，資本家は産出高の増加率を上げる（逆は逆）としよう[10]。

---

8) 従って Harrod 的不安定性に関するすべての議論は，不均衡をどの面でとらえているかによって類別できる。需給一致を前提し，不均衡を稼働率の面だけでとらえたものに，例えば置塩 [9]，Rose [11] がある。正常稼働を前提し，不均衡を需給面でとらえたものに，例えば，Nevile [6]，[7]，Inada [3]，Lush [4] がある。不均衡を，稼働率，需給両面でとらえたものは，Nelson [5]，置塩 [10] である。この第三グループと Harrod [2]，及びここで検討する model とは，需給面の不均衡を，投資，貯蓄のどちらでとらえるかが異る。
9) 置塩 [10] を参照。
10) これとは対称的に $s = s_d$ を前提し，需給不一致が I と $\dot{K}$ の乖離に現れるとして分析したのが，置塩 [10] である。

第Ⅰ章 Harrod的不安定性と貯蓄率

すると (1-21) より，

(1-25) $\quad \dot{G} = \beta \left(\dfrac{I - s_d Y}{Y} \right)$
$\qquad\quad = \beta (s - s_d), \quad \beta > 0$

となる。但し，

(1-26) $\quad G = \dot{Y}/Y$

また貯蓄率に関する第一の問題を捨象し，s_d は定数とする。
(1-23)，(1-24) より，

(1-27) $\quad g\sigma = I/Y = \dot{K}/Y = s$

$I = \dot{K}$ の仮定，s は事後的貯蓄率であることに注意。
(1-24) より，

(1-28) $\quad \dot{\sigma} = \sigma (g - G)$

(1-22)～(1-28) で体系は完結している。未知数は，g, σ, I, K, Y, G, s。代入によって，(1-22)～(1-28) は集約され，

(1-29) $\quad \begin{cases} \dot{g} = \alpha (\sigma^* - \sigma) \\ \dot{G} = \beta (g\sigma - s_d) \\ \dot{\sigma} = \sigma (g - G) \end{cases}$

となる。この非線形常微分方程式系の global な不安定性が問題である。

§5 分析

まず，体系 (1-29) の warranted growth path（既に Harrod のそれと同義ではない）の存在を確かめておこう。

正常稼働ならば，$\sigma = \sigma^*$，従って $\dot{g} = 0$。このとき，$g = g^*$ と書く。

需給が一致すれば，$g^* \sigma^* = s_d$，従って $\dot{G} = 0$。このとき，$G = G^*$ と書く。

最後に，$\sigma = \sigma^*$ であるために，$g^* = G^*$ でなければならない。

結局，$\sigma = \sigma^*, g = g^*, G = G^* \ (g^* = G^* = s_d/\sigma^*)$ なる warranted growth path の存在が分る。

ここで，Harrod 自身の warranted growth path との関係をみておこう。

需給面に関しては同一の仮定 $(I = \dot{K}, s \neq s_d)$ をし，warranted growth path では需給が一致している $(s = s_d)$ のだから問題はない。しかし体系 (1-29)

9

の均衡では,平均資本係数が均衡水準にあるが,Harrod の warranted growth path では限界資本係数が均衡水準にあるが,全体として資本が正常に稼働している保障がない[11]。

では限界資本係数が均衡水準であり続けるなら,平均資本係数はどうなるかを確かめておこう。

限界資本係数を,

(1-30) $\quad C_t = \dfrac{K_{t+1} - K_t}{Y_{t+1} - Y_t}$

で定義し,平均資本係数を σ と書くと,(1-30) より

(1-31) $\quad C_t = \dfrac{\sigma_{t+1} - \sigma_t (Y_t/Y_{t+1})}{1 - Y_t/Y_{t+1}}$

warranted growth path では $C_t = C_r$,$(Y_{t+1} - Y_t)/Y_t = G_w (= s_d/C_r)$ であるから,$Y_t/Y_{t+1} = \dfrac{1}{1+G_w}$ であることを考えると (1-31) より,

(1-32) $\quad (1+G_w)\sigma_{t+1} - \sigma_t = s_d$

を得る。(1-32) を解いて,

(1-33) $\quad \sigma_t = (\sigma_0 - C_r)\left(\dfrac{1}{1+G_w}\right)_t + C_r$

(1-33) より,平均資本係数は初期に均衡水準 C_r でなくても,均衡水準 C_r へ接近して行く。

これより Harrod の warranted growth path は,平均資本係数が必ずしも均衡水準にないという点で,体系 (1-29) の warranted growth path と異なるが,前者では平均資本係数が正常稼働水準へ接近して行くことが分る[12]。

体系 (1-29) の global は不安定性をみるため,微分方程式系に関する次の定理を利用する[13]。

---

11) $K_t = C_r Y_t \Rightarrow K_{t+1} - K_t = C_r(Y_{t+1} - Y_t)$ であるが,逆は,必ずしも成立しないことに注意。

12) Harrod は,資本に過不足がないときの限界資本係数を C_r と書いているが,そのとき平均資本係数 = 限界資本係数であるから $\sigma^* = C_r$ である。

13) 占部 [12] p.42〜p.43.

第Ⅰ章　Harrod 的不安定性と貯蓄率

［定理］微分方程式系

$$\text{(1-34)} \quad \frac{d\boldsymbol{x}}{dt} = A\boldsymbol{x} + \boldsymbol{X}(\boldsymbol{x}, t)$$

において，$\boldsymbol{x}$ は n 次元ベクトル，A は $(n \times n)$ 型定数行列，$\boldsymbol{X}$ は次の条件を充す関数であるとする．

1° 十分小さい $H > 0$ をとると，$\|\boldsymbol{x}\| < H, t_0 \leq t < \infty$ で，$\boldsymbol{x}, t$ に関して連続である．

2° $\boldsymbol{X}(0, t) = 0$

3° 任意の正数 ε に対して，十分小さい正数 $\delta < H$ をとると，$\|\boldsymbol{x}_1\|, \|\boldsymbol{x}_2\| \leq \delta$ ならば，$t_0 \leq t < \infty$ で，つねに，$\|\boldsymbol{X}(\boldsymbol{x}_1, t) - \boldsymbol{X}(\boldsymbol{x}_2, t)\| \leq \|\boldsymbol{x}_1 - \boldsymbol{x}_2\|\varepsilon$ が成り立つ．ここで，$\|\boldsymbol{x}\| = \sum_{i=1}^{n} |x_i|$

A の固有値のうち，k 個の実部は負，残りの $(n-k)$ 個の実部は正であるとする．すると，$\boldsymbol{x}$ の空間において，原点を通る k 次元多様体 S があって，$\varphi(t_0) \in S$ となるような (1-34) の解 $\boldsymbol{x} = \varphi(t)$ の族を F とすれば，$\boldsymbol{x} = 0$ は，F に関して，漸近安定となる．また，$\varphi(t_0) \notin S$ であるような (1-34) の解を $\boldsymbol{x} = \varphi(t)$ とすれば，十分小さい正数 δ' をとると，$\varphi(t_0)$ を，どんなに $\boldsymbol{x} = 0$ の近くにとっても，$t_0 \leq t$ なる t に対し，つねに，$\|\varphi(t)\| \leq \delta'$ が成り立つということはおこらない．

従って，$\boldsymbol{x} = 0$ は，$\varphi(t_0) \notin S$ である解 $\boldsymbol{x} = \varphi(t)$ からなる族 $\bar{F}$ に関しては，不安定となる．

さて，体系 (1-29) は，

$$\text{(1-35)} \quad \begin{cases} x = g - g^* \\ y = G - G^* \\ z = \sigma - \sigma^* \end{cases}$$

と置き換えると，

$$\text{(1-36)} \quad \begin{cases} \dot{x} = -\alpha z \\ \dot{y} = \beta(\sigma^* x + g^* z + xz) \\ \dot{z} = (\sigma^* + z)(x + y) \end{cases}$$

11

となる。

(1-36) は,

$$\text{(1-37)} \quad \boldsymbol{x} = \begin{bmatrix} x \\ y \\ z \end{bmatrix} \quad A = \begin{bmatrix} 0 & 0 & -\alpha \\ \beta\sigma^* & 0 & \beta g^* \\ \sigma^* & -\sigma^* & 0 \end{bmatrix}$$

$$\boldsymbol{X}(\boldsymbol{x}, t) = \begin{bmatrix} 0 \\ \beta xz \\ z(x-y) \end{bmatrix}$$

とおくと, (1-34) のように書くことができる。

(1-36) に「定理」が適用できることをみよう。

$\boldsymbol{X}$ について,

1° $\boldsymbol{X}(\boldsymbol{x}, t)$ の各成分が (x, y, z, t) に関して連続であることは, よく分る。

2° $\boldsymbol{X}(0, t) = 0$

3° 任意の正数 ε に対し, $\delta = \dfrac{\varepsilon}{2+\beta}$ とすると, $\|\boldsymbol{x}_1\|, \|\boldsymbol{x}_2\| \leq \sigma$ ならば,

$\|\boldsymbol{X}(\boldsymbol{x}_1, t) - \boldsymbol{X}(\boldsymbol{x}_2, t)\| = |\beta(x_1 z_2 - x_2 z_2)| + |z_1(x_1 - y_1) - z_2(x_2 - y_2)|$
$= \beta|(x_1 - x_2)z_1 + x_2(z_1 - z_2)| + |(x_1 - x_2)z_1 + x_2)(z_1 - z_2) - (y_1 - y_2)z_1 + y_2(z_1 - z_2)|$
$\leq |x_1 - x_2||z_1|(1+\beta) + |y_1 - y_2||z_1| + |z_1 - z_2||x_2|(1+\beta) + |y_2|$
$\leq |x_1 - x_2|\delta(1+\beta) + |y_1 - y_2|\delta + |z_1 - z_2|\delta(2+\beta)$
$< \|\boldsymbol{x}_1 - \boldsymbol{x}_2\|\varepsilon$

だから, $\boldsymbol{X}$ は, 「定理」の条件 1°, 2°, 3° を充している。

A の固有値について。固有方程式 $f(\lambda) = 0$ は,

$$\text{(1-38)} \quad f(\lambda) \equiv |\lambda E - A| = \begin{vmatrix} \lambda & 0 & \alpha \\ -\beta\sigma^* & \lambda & -\beta g^* \\ -\sigma & \sigma^* & \lambda \end{vmatrix} = 0$$

である。(1-38) を展開して,

$$\text{(1-39)} \quad f(\lambda) = \lambda^3 + \sigma^*(\alpha + \beta g^*)\lambda - \alpha\beta\sigma^{*2} = 0$$

また, $f(\lambda)$ について,

第Ⅰ章　Harrod 的不安定性と貯蓄率

$$(1\text{-}40) \quad \begin{cases} f(0) = -\alpha\beta\sigma^{*2} < 0 \\ f' = 3\lambda^2 + \sigma^*(\alpha+\beta g^*) > 0 \end{cases}$$

(1-40) より，(1-39) は，正の実根 λ_0 と複素根をもつことが分る。だから (1-39) は，

$$(1\text{-}41) \quad f(\lambda) = (\lambda-\lambda_0)\{\lambda^2 + \lambda_0\lambda + \lambda_0^2 + \sigma^*(\alpha+\beta g^*)\} = 0$$

とすることができる。そして (1-41) より，複素根の実部の和 $= -\lambda_0 < 0$, であることが分る。

すると「定理」により，(x, y, z) の空間に，原点を通る 2 次元多様体 (曲面) S が存在し，$\varphi(t_0) \in S$ からなるような (1-36) の解 $x = \varphi(t)$ の族を F とすれば，$x = 0$ は，F に関して漸近安定となる。また，$\varphi(t_0) \bar{\in} S$ であるような解 $x = \varphi(t)$ からなる族 $\bar{F}$ 関しては，不安定となる。

曲面 S をイメージするため，(1-36) の一次近似を考えよう。(1-36) を (g^*, G^*, σ^*) で Taylor 展開し，一次の項のみに着目すると，

$$(1\text{-}42) \quad \begin{cases} \dot{x} = -\alpha z \\ \dot{y} = \beta(\sigma^* x + g^* z) \\ \dot{z} = \sigma^*(x-y) \end{cases}$$

となる。
(1-42) の固有方程式は (1-38) となり，(1-38) は既にみたように，正根 λ_0 と実部が負の複素根 λ_1, λ_2 をもつ。従って (1-42) の一般解は，

$$(1\text{-}43) \quad \begin{cases} x = A_1 e^{\lambda_0 t} + B_1 e^{\lambda_1 t} + C_1 e^{\lambda_2 t} \\ y = A_2 e^{\lambda_0 t} + B_2 e^{\lambda_1 t} + C_2 e^{\lambda_2 t} \\ z = A_3 e^{\lambda_0 t} + B_3 e^{\lambda_1 t} + C_3 e^{\lambda_2 t} \end{cases}$$

と書ける。

$t \to \infty$ のとき，$x \to 0$ となるような解を考えることによって，S の大様を探ることにしよう。もとの体系 (1-36) の初期値が S 上にある解は，$t \to \infty$ のとき，$x \to 0$ となるからである。

$t \to \infty$ のとき，$x \to 0$ となるためには，$A_i = 0$ $(i = 1, 2, 3)$ でなければならない。($\because \lambda_0 > 0$) そして，$A_i = 0$ $(i = 1, 2, 3)$ のとき，$t = 0$ を (1-43) に代入すると，

13

$$（1\text{-}45）\quad \begin{cases} x_0 = B_1 + C_1 \\ y_0 = B_2 + C_2 \\ z_0 = B_3 + C_3 \end{cases}$$

また，$x = B_1 e^{\lambda_1 t}$, $y = B_2 e^{\lambda_1 t}$, $z = B_3 e^{\lambda_1 t}$ が解であることより，

$$（1\text{-}46）\quad \begin{cases} B_1 \lambda_1 = -\alpha B_3 \\ B_2 \lambda_1 = \beta(\sigma^* B_1 + g^* B_3) \\ B_3 \lambda_1 = \sigma^*(B_1 - B_2) \end{cases}$$

同じく，$x = C_1 e^{\lambda_2 t}$, $y = C_2 e^{\lambda_2 t}$, $z = C_3 e^{\lambda_2 t}$ が解であることより，

$$（1\text{-}47）\quad \begin{cases} C_1 \lambda_2 = -\alpha C_3 \\ C_2 \lambda_2 = \beta(\sigma^* C_1 + g^* C_3) \\ C_3 \lambda_3 = \sigma_3(C_1 - C_2) \end{cases}$$

(1-45), (1-46), (1-47) より，B_2, B_3, C_2, C_3 を消去すると，

$$（1\text{-}48）\quad \begin{cases} x_0 = B_1 + C_1 \\ y_0 = \left(1 + \dfrac{\lambda_1^2}{\alpha \sigma^*}\right) B_1 + \left(1 + \dfrac{\lambda_2^2}{\alpha \sigma^*}\right) C_1 \\ z_0 = -\dfrac{\lambda_1}{\alpha} B_1 - \dfrac{\lambda_2}{\alpha} C_1 \end{cases}$$

となる。(1-48) において，$B_1 = C_1 = 0$ とならないため，従って，(1-45)(1-46)(1-47) より，$B_i = C_i = 0$ ($i = 2, 3$) とならないためには，(1-48) を ($1, B_1, C_1$) の方程式とみて，

$$（1\text{-}49）\quad \begin{vmatrix} x_0 & -1 & -1 \\ y_0 & -\left(1 + \dfrac{\lambda_1^2}{\alpha \sigma^*}\right) & -\left(1 + \dfrac{\lambda_2^2}{\alpha \sigma^*}\right) \\ z_0 & \dfrac{\lambda_1}{\alpha} & \dfrac{\lambda_2}{\alpha} \end{vmatrix} = 0$$

でなければならない。(1-49) を展開して，

$$（1\text{-}50）\quad (\lambda_0^2 + \beta s_d) x_0 + \alpha \sigma^* y_0 - \alpha \lambda_0 z_0 = 0$$

従って，初期値 (x_0, y_0, z_0) が平面

$$（1\text{-}51）\quad (\lambda_0^2 + \beta s_d) x + \alpha \sigma^* y - \alpha \lambda_0 z = 0$$

の上にある解は，原点へ接近して行く。

ところが平面 (1-51) は，係数の符合に注意すると，原点を通り，(+, +, -) 象限と，(-, -, +) 象限を通らない。(+, +, -) 象限は，x

$= g - g^* > 0$, $y = G - G^* > 0$, $z = \sigma - \sigma^* < 0$ の領域であるから典型的な景気上昇局面にあたり，(−, −, ＋) 象限は，逆に典型的な景気下降局面にあたる。

また任意の解は，平面 (1-51) を横切って，一方の領域から平面に関して反対の領域へ移動することはない。一旦，この平面にのれば，原点へ接近して行くからである。

このように平面 (1-51) は，景気上昇局面と景気下降局面を分ける境界になっている。従って体系 (1-36) における曲面 S も，同様に景気の曲面を分ける境界であると考えられる。

§6 結び

本章のモデルは問題に即してできるだけ単純化したから，現実との対応で不十分な点，即ち拡張すべき点は，それこそ大から小まで数多く挙げ切れない。まず小さな一歩を踏み出すことから始める他はない。本章の意義は，Harrod によって提起された「事前の貯蓄率」という概念を理解しやすく表現し，その意図を尊重しつつ保証成長率不安定性を検討した点にあるだろう。

参考文献

[1] Harrod, R. F., *Towards a Dynamic Economics,* London : MacMillan, 1948.
[2] ─────, *Economic Dynamics,* London : MacMillan, 1973.
[3] Inada, K. "The Mathematical Formulation of Harrod's Growth Model : A Comment," *Economic Journal,* Sept., 1965.
[4] Lush, P. E., "The Stability of Harrod's Growth Model of an Economy," *Journal of Australian Mathematical Society,* Vol.15, 1965.
[5] Nelson, R. R., "A Note on Stability and the Behavior Assumption of Harrod-Type Models," *Economic Journal,* June, 1961.
[6] Nevile, J. W., "The Mathematical Formulation of Harrod's Growth Model," *Economic Journal,* June, 1962.
[7] ─────, "A Reply to Dr. Inada," *Economic Journal,* Sept., 1965.
[8] Okishio, N., "Instability of Harrod＝Domar's Steady Growth," *Kobe University Economic Review* 10, 1964.

[9] 置塩信雄「均衡経路の不安定性 – 2 部門分割の場合 – 」『国民経済雑誌』115 巻 5 号,昭和 42 年 5 月。
[10] ─────「不安定性の論理」神戸大学経済学研究年報 15, 1968。
[11] Rose, H., "The Possibility of Warranted Growth," *Economic Journal,* June, 1959.
[12] 占部実『非線形問題 – 自励振動論 – 』改訂版,現代数学講座 24 A　共立出版,昭和 43 年。

第Ⅱ章

技術変化と均衡経路の不安定性[*]

序

 R. F. Harrod は，需給一致，正常稼働を充たす成長経路（均衡経路）が不安定であることを主張した[1]。但し，そこでは技術代替，技術進歩は捨象されている。他方，R. M. Solow は，技術代替が可能であれば，需給一致，正常稼働，完全雇用を充たす成長経路は安定であることを示した[2]。では技術代替，技術進歩（これを技術変化と総称）が可能であれば，均衡経路の性質は，どうなるだろうか。これが本章の設問である。

 Solow が安定であることを示した成長経路は，需給一致，正常稼働の他に労働の完全雇用も仮定される。これに対し，均衡経路では労働の完全雇用は維持されず，独立の投資関数が活躍する。前者では，投資関数の登場する余地はない。両者は，同じ条件の下で生産関数の効果を検討しているのではない。同じ分析用具（生産関数）が，異る条件の下で利用されているのである。

 本章では生産関数の利用に適応して妥当な投資関数を想定し，結果的に均衡経路は不安定であることを確める。§1 では，技術進歩を捨象し，技術代替が可能な場合について検討する。§2 は，技術進歩も考慮に入れた場合である。

---
[*] 本章は，「技術変化と均衡経路の不安定性」関西大学『経済論集』第 24 巻第 2 号（1974 年 10 月）を基礎にしている。
1) 例えば，Harrod [1]，[2]。彼の議論は難解である。彼の議論をどう読めば合理的であるかという点については，置塩 [3] を参照した。
2) Solow [4]。

§1 技術進歩がない場合

まず技術進歩のない場合を考える。

資本家の選択対象となりうる技術の集合を

(2-1)　　$X = F(N, K)$

とする。ここで X は産出高，N は雇用量，K は資本ストック。

F は新古典派生産関数である。即ち次の性質を持つ。

(2-2)　　$\lambda F(N, K) = F(\lambda N, \lambda K) \quad \lambda \geqq 0$

(2-3)　　$F_N > 0, \quad F_K > 0, \quad F_{NN} < 0$ [3]

資本家はこの生産技術のなかから，そのときの実質賃金率の下で利潤率が最大となる技術を選ぶとする。このとき利潤率 r を，

(2-4)　　$r = \dfrac{X - wN}{K}$

で定義すると，

(2-5)　　$w = F_N$

でなければならない[4]。w は，実質賃金率。

また資本家は，資本蓄積率を利潤率に応じて変化させるとしよう。そこで，

(2-6)　　$\dot{g} = \phi(r - r^*), \quad \phi' > 0, \quad \phi(0) = 0$

とする。但し，

(2-7)　　$g = \dot{K}/K$

である。ここで，$r^* > 0$ はある一定水準の利潤率で，資本家は，これに拠っ

---

[3] $F_N \equiv \dfrac{\partial F}{\partial N}$。また，$F_{KK} < 0, F_{NK} > 0$ は，(2-2)，(2-3) より導出される。

　(2-2) より，
　　$F = F_N N + F_K K$
　これを N, K でそれぞれ偏微分すると，
　　$0 = F_{NN} N + F_{KN} K, \quad 0 = F_{NK} N + F_{KK} K$
　従って，(2-3) を考慮すると，
　　$F_{KK} < 0, \quad F_{NK} > 0$

[4] (2-5) が，利潤率最大の十分条件でもあることは，後に (2-9) (2-10) (2-12) (2-13) より分る。

て各期の利潤率を評価するものとする。r^* を，均衡利潤率と呼ぶ。従って(2-6) は，利潤率が均衡利潤率以上であれば，資本蓄積率を上げる（逆は逆）という資本家の行動を示す。なお $\dot{g} \equiv dg/dt$。

資本蓄積は，利潤と賃金のそれぞれ一定部分から行われるとする。但し労働者の消費率は，資本家のそれより低くないとして，

(2-8) $\quad \dot{K} = s_\pi rK + s_w wN \quad 0 \leq s_w \leq s_\pi \leq 1$

ここで s_π, s_w は，それぞれ資本家と労働者の貯蓄率。資本の耐用期間は無限とし，磨耗の問題を捨象する。

(2-1) (2-4)～(2-8) で体系は完結する。未知数は，$X\ N\ K\ w\ r\ g$。

この体系は，新古典派成長論の最も単純な model から完全雇用の仮定を外し，代わりに資本家の投資行動を考慮したものである。それ故，需給一致，正常稼働が前提され，「不均衡」は利潤率にだけ現れる。この不均衡が，累積性を持つかどうかが問題である。

ところで新古典派成長論は，完全雇用，完全販売，完全稼働などの条件が破れたとき，資本制経済は，どのような動きをするかという問題を分析したのではない。そのような条件は，前提されているからである。従って新古典派成長論の理論的意味は，仮に完全雇用，完全販売，完全稼働が毎期充たされたとしても，そのような成長経路は持続不可能となる内的要因を持たないだろうかという問題に対する接近であるという点にある。一つの接近にすぎないのは，新古典派成長経路の安定性と，その成長持続性は同値ではないからである。にもかかわらず新古典派成長論の道具を，他の目的に有効に使うことはできる[5]。

さて，(2-1) より (2-2) を考慮して

(2-9) $\quad x = F(n, 1) \equiv f(n)$

---

[5] 最近，現実の資本制経済の描写として新古典派成長論に対する幻滅が広がっている。そして，その欠点として資本の集計問題等が指摘されている。確かに，新古典派成長論は，資本の集計問題をはじめ，多くの欠点を持っている。しかし非現実的，抽象的ということだけでは，ある理論を拒否する根拠にはならない。何より重要なことは，もともと新古典派成長論は現実経済の変動過程を描写する理論ではないということである。

但し，$x = X/K$, $n = N/K$。

また（2-3）より

（2-10）　$f' > 0$, $f'' < 0$ [6]

更に f について，

（2-11）　$f(0) = 0$, $f(\infty) = \infty$, $f'(0) = \infty$, $f'(\infty) = 0$

を仮定する。

（2-4）は，

（2-12）　$r = x - wn$

（2-5）は，注6）より，

（2-13）　$w = f'(n)$

と変換できる。

（2-7）を（2-8）へ代入すると，

（2-14）　$g = s_\pi r + s_w wn$

（2-9）を（2-12）へ，（2-13）を（2-12）（2-14）へ代入すると，（2-6）（2-9）（2-12）（2-13）（2-14）は集約され，

（2-15）　$\dot{g} = \phi(r - r^*)$

（2-16）　$r = f(n) - nf'(n)$

（2-17）　$g = s_\pi r + s_w nf'(n)$

となる。

（2-15）～（2-17）の動きを検討しよう。

均衡利潤率が達成されると，（2-15）より，$\dot{g} = 0$ だから資本蓄積率は一定水準を維持する。また（2-16）より，均衡利潤率に対して，n^* が unique に決る[7]。従って（2-17）より，資本蓄積率は，$g^* = s_\pi r^* + s_w n^* f'(n^*)$ でな

6）　$F_N = \dfrac{\partial K f(n)}{\partial N} = K f'(n) \dfrac{\partial n}{\partial N} = f'(n)$

　　$F_{NN} = \dfrac{\partial f'(n)}{\partial N} = f'' \dfrac{\partial n}{\partial N} = \dfrac{1}{K} f''$

7）　$\dfrac{dr}{dn} = -nf'' > 0$ に注意。また，均衡利潤率が達成可能であることは，（2-11）によって保証されている。

第Ⅱ章 技術変化と均衡経路の不安定性

ければならない。このように，利潤率，資本蓄積率，技術係数（∴実質賃金率も）が一定値を維持する unique な均衡経路が存在する。

この均衡経路の性質が問題である。(2-15)〜(2-17) より，

(2-18) $\dfrac{d\dot{g}}{dg} = \dfrac{nf''\phi'}{(s_\pi - s_w)nf'' - s_w f'} > 0$ [8)]

従って図1のように，均衡経路は不安定である。

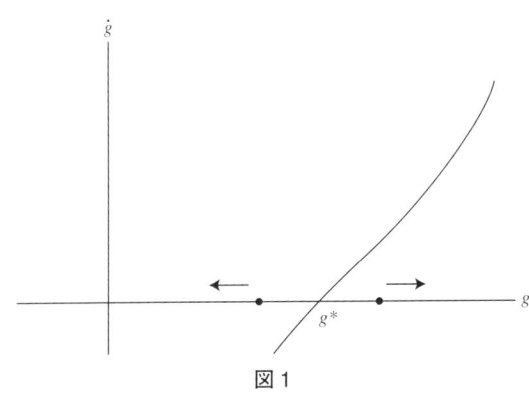

図1

資本蓄積率が，g^* から上方へ乖離してゆく過程では，利潤率は r^* から上方へ，実質賃金率は，$w^*(=f'(n^*))$ から下方へ乖離してゆく。

分配率は，どうだろうか。労働分配率 $\mu(=wN/X)$ について，

(2-19) $\hat{\mu} = \dfrac{\hat{n}}{ff'}\{nff'' + (f - nf')f'\}$, $\hat{\mu} \equiv \dfrac{\dot{\mu}}{\mu}$

であるから，その動きは確定しない。しかし要素代替の弾力性 σ によって，その動きを確定することができる。

---

8) $s_\pi = s_w = 1$，あるいは $s_\pi = s_w = 0$ の場合は，ないとする。

$\dfrac{d\dot{g}}{dg} = \dfrac{d\dot{g}}{dr} \cdot \dfrac{dr}{dn} \cdot \dfrac{dn}{dg}$

$\dfrac{d\dot{g}}{dr} = \phi' > 0$

$\dfrac{dr}{dn} = -nf'' > 0$

$\dfrac{dg}{dn} = -(s_\pi - s_w)nf'' + s_w f' > 0$

$$(2\text{-}20) \quad \sigma \equiv \frac{\dfrac{dn}{n}}{\dfrac{dR}{R}}$$

$$= \frac{(f-nf')f'}{-nff''}, \quad R \equiv \frac{F_K}{F_N}$$

であるから，すべての n について $\sigma < 1$ と仮定すれば，上方への乖離過程において，労働分配率は低下する。逆は逆[9]。$\sigma = 1$ ならば，分配率は一定である。

ところで，この過程は，現実との対応では景気循環の好況局面にあたる。では好況が持続し，景気が過熱するのはなぜだろうか。その経済的論理は，次のようである。

資本蓄積率が均衡水準より上昇したとき，需給が一致するためには実質賃金率が低下しなければならない。生産を増大し，これに伴う雇用量増大にも拘わらず，消費率の高い労働者の消費需要を押し下げるためである[10]。

実質賃金率が低下すれば，技術代替が不可能であっても利潤率は上昇するが，技術代替が可能なのだから，利潤率は更に上昇する[11]。従って資本蓄積率は，更に上昇する。（∵ (2-15)）この positive feedback が繰り返されるのである。

資本蓄積率が g^* を下回ったときは，この仕組みが逆に動き，利潤率低下，実質賃金率上昇が持続する。この過程は，現実の不況局面に対応している。

§2 技術進歩を伴う場合

§1 では技術進歩がなく，選択されるべき技術の集まり全体は，変化しなかった。これが変化するとき，議論はどう変るだろうか。要素増加的（factor

---

9) $\sigma > 1$ のとき，実質賃金率 w 低下にもかかわらず労働分配率が上昇するのは，要素代替の弾力性が十分大きく労働を多く使う技術が代用され，実質賃金 wN が十分大きくなるからである。

10) (2-13) と (2-8) より，

$$\frac{dg}{dw} = \frac{1}{f''}[s_w f' + (s_w - s_\pi)nf''] < 0$$

第Ⅱ章　技術変化と均衡経路の不安定性

augmenting) な技術進歩の場合で考える。だから生産関数は，(2-1) に代わって

　(2-21)　　$X = F(e^{\alpha t}N, e^{\beta t}K)$

従って，

　(2-22)　　$x = e^{\beta t}F(e^{(\alpha-\beta)t}n, 1) = e^{\beta t}f(e^{(\alpha-\beta)t}n)$

利潤率（(2-4) あるいは (2-12)）の最大条件は，

　(2-23)　　$w = e^{\alpha t}f'(e^{(\alpha-\beta)t}n)$

である。

　(2-6)，(2-12)，(2-14)，(2-22)，及び (2-23) で，体系は完結する。未知数は，x, n, w, r, g。

---

11) (2-13)，(2-16) より，
　　$\dfrac{dr}{dw} = -n < 0$
　また実質賃金率低下による利潤率上昇が，技術代替によって増幅されることは，次のようにして分る。技術 a が選択されているとき，実質賃金率は w，利潤率は r である。w が低下し，w' となったとき，技術代替が不可能でも利潤率は上昇し r' となるが，技術代替が可能ならば技術 b が選択され，利潤率は r'' となる。

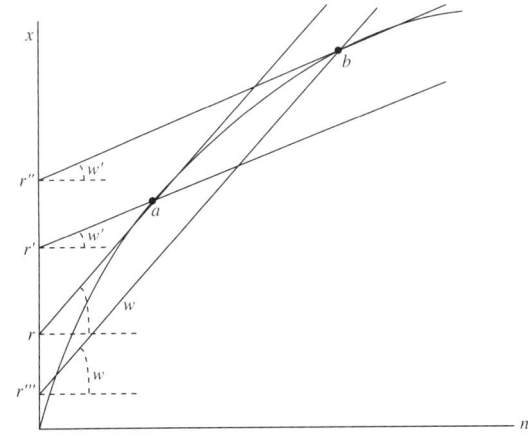

　なお，実質賃金率の上昇による利潤率の低下は，技術代替によって弱められる。技術 b が選択されていて実質賃金率が w' から w へ上昇したとき，技術代替が可能であれば技術 a が選択され，利潤率は r となるが，技術代替が不可能ならば利潤率は r''' となる。

23

（2-22）を（2-12）へ（2-23）を（2-12）（2-14）へ代入して，x, w を消去すると，

(2-24) $\quad \dot{g} = \phi(r - r^*)$

(2-25) $\quad r = e^{\beta t} f(e^{(\alpha-\beta)t} n) - e^{\alpha t} f'(e^{(\alpha-\beta)t} n) n$

(2-26) $\quad g = s_\pi r + s_w e^{\alpha t} f'(e^{(\alpha-\beta)t} n) n$

に集約される。

さて $r = r^*$ のとき，(2-24) より $\dot{g} = 0$，従って g は一定値をとる。すると (2-26) より，$e^{\alpha t} f'(e^{(\alpha-\beta)t} n) n = \text{const}$ でなければならない。更に (2-25) より，$e^{\beta t} f(e^{(\alpha-\beta)t} n) = \text{const}$ でなければならない。これらは常に両立するのだろうかとの疑問が浮かぶ。しかし技術進歩の型が労働増加的（即ち Harrod 中立的）ならば，これらは両立することが分る[12]。それ故，以下では $\beta = 0$ とする。

すると $r = r^*$ のとき，(21) より $r^* = f(\bar{n}) - \bar{n} f'(\bar{n})$ なる $\bar{n}$ が unique に決まり，(2-26) より $g^* = s_\pi r^* + s_w \bar{n} f'(\bar{n})$ なる均衡蓄積率 g^* が unique に決る。但し $\bar{n}$ は，$e^{\alpha t} n$ のある値であり，注 12) から分るように，この経路では労働資本比率 n は，技術進歩率 α で低下していることに注意。

この均衡経路の性質を検討しよう。

(2-24)，(2-25)，(2-26) より，

(2-27) $\quad \dfrac{d\dot{g}}{dg} = \dfrac{e^{2\alpha t} n \phi f''}{e^{\alpha t}\{(s_\pi - s_w)e^{\alpha t} n f'' - s_w f'\}} > 0$ [13]

を得る。従って，均衡経路は不安定であり，§2 での議論は技術進歩があっても，基本的に変化しない。

---

12) $\hat{x} = \beta + \dfrac{f'}{f} e^{(\alpha-\beta)t} \{(\alpha-\beta)n + \dot{n}\}$

$\widehat{wn} = \alpha + \dfrac{f''}{f'} e^{(\alpha-\beta)t} \{(\alpha-\beta)n + \dot{n}\} + \hat{n}$

従って $\beta = 0$, $\hat{n} = -\alpha$ ならば，$\hat{x} = \widehat{wn} = 0$ が成立する。また $\alpha = \beta$，即ち Hicks 中立型で要素代替の弾力性 $\sigma = 1$ ならば，$\hat{x} = \widehat{wn} = 0$ が成立する。

しかし $\sigma = 1$ のとき生産関数は，Cobb-Douglas 型であるから $X = (e^{\alpha t} N)^a (e^{\beta t} K)^b$, $a + b = 1$ と書ける。これは，$X = \left(e^{\frac{\alpha a + \beta b}{a} t} N \right)^a K^b$ と読める。従って，この場合は Harrod 中立型でもある。

§3 需給不均衡を伴う場合

§2, 3 では，資本家が意図した資本蓄積（従って，資本蓄積率）は，必ず実現すると仮定されている。（∵ (2-7)，(2-8)）しかし資本家の決定が，意図どおり実現される保証はない。そこで資本家が意図した資本蓄積と実際の資本蓄積が，必ずしも一致しないことも考える。

当事者の意図とは別に，実際の資本蓄積 $\dot{K}$ は，

(2-28) $\quad \dot{K} = s_\pi rK + s_w wN$

で決る。

実現されるかどうかは別として，資本家が意図した資本蓄積（事前の投資）を I と書こう。そして資本家は，

(2-29) $\quad g = I/K$

を，(2-6) によって変化させるとする。

ところで $I \neq \dot{K}$ は，商品市場での需給均衡がくずれることを意味する[14]。これに対する資本家の反応を，考えねばならない。

資本家は，超過需要があれば，生産の増加率を上げる（逆は逆）としよう。そこで，

(2-30) $\quad \dot{G} = \psi\left(\dfrac{I - \dot{K}}{X}\right), \quad \psi' > 0, \quad \psi(0) = 0$

(2-31) $\quad G = \hat{X}$

---

13) $\dfrac{d\dot{g}}{dr} = \phi'$

$\dfrac{dr}{dn} = -e^{2\alpha t} nf''$

$\dfrac{dg}{dn} = e^{\alpha t}\{(s_\pi - s_w)e^{\alpha t}nf'' + s_w f'\}$

14) 総需要　D = 投資需要 + 消費需要 = $I + (1-s_\pi)rK + (1-s_w)wN$
　　総供給　$S = X$
　　∴　$D - S = I + (1+s_\pi)rK - (1-s_w)wN - X$
　　　　　　　$= I - (s_\pi rK + s_w wN)$
　　　　　　　$= I - \dot{K}$

$D > S$ のとき，資本家の意図した投資は，一部実現されない。$D < S$ のとき，資本家には，意図せざる在庫が残る。しかし，これも $\dot{K}$ であることには違いはない。

とする。(2-28) は，資本家は，単に超過需要の絶対量ではなく，生産量との相対量を考慮して生産増加率を変化させることを意味する。超過需要が同量であっても，生産規模が大なる場合の方が，反応はより小であろう。

技術進歩のない場合を考えると，(2-1) (2-4) (2-5) (2-6) (2-28) (2-29) (2-30) (2-31) で体系は完結する。未知数は，$X\ N\ K\ w\ r\ g\ I\ G$ 。

今までどおりの変数変換によって，(2-1) (2-4) (2-5) (2-28) は，

(2-32) $\quad x = f(n)$

(2-33) $\quad r = x - wn$

(2-34) $\quad w = f'(n)$

(2-35) $\quad \dot{K} = s_\pi r + s_w wn$

となる。

(2-29) (2-35) を (2-30) へ代入すると，

(2-36) $\quad \dot{G} = \psi\left(\dfrac{g - s_\pi r - s_w wn}{x}\right)$

(2-31) と (2-35) より，

(2-37) $\quad G = \hat{x} + s_\pi r + s_w wn$

である。

(2-6) (2-32)〜(2-37) が，変数変換で集約された体系である。

まず均衡経路の存在を，確認しておこう。利潤率 $r = r*$ のとき，資本蓄積率 g, 技術係数 x, n, 実質賃金率 w は一定値をとる。(∵ (2-6) (2-32) (2-33) (2-34)) このとき，$x = x*, n = n*, w = w*$ とする。但し，$x* = f(n*)$, $r* = x* - w*n*, w* = f'(n*)$。商品市場でも均衡が成立するためには，$g = g* \equiv s_\pi r* + s_w w* n*$ でなければならない。このとき，(2-36) より G は一定値をとり，(2-37) より $G = g*$ である。このように技術代替がなく，実質賃金率，利潤率が一定で，生産増加率，資本蓄積率が同一水準を維持する均衡経路が unique に存在する。

(2-32) (2-33) (2-34) を (2-6) (2-36) (2-37) へ代入すると，

(2-38) $\quad \dot{g} = \phi\left(f - nf' - r*\right)$

(2-39) $\quad \dot{G} = \psi\left\{\dfrac{g - s_\pi(f - nf') - s_w nf'}{f}\right\}$

第Ⅱ章 技術変化と均衡経路の不安定性

(2-40)　　$\dot{n} = \dfrac{f}{f'}\{G - s_\pi(f - nf') - s_w nf'\}$

となる。

(2-38)～(2-40) の動きを検討しよう。見やすくするため，(g, G, n) 空間を，$G = s_\pi(f - nf') + s_w nf'$（即ち，$\dot{n} = 0$）の曲面に沿って切る。すると，$g$，$G$，$n$ の動きは，図2のようになる[15]。

図2を説明する。

1. $n < n^*$，$g > s_\pi(f - nf') + s_w nf'$，$G < s_\pi(f - nf') + s_w nf'$ の空間 A を通る経路を考えてみよう。ここでは，$\dot{g} > 0$（∵(2-38)），$\dot{G} > 0$（∵(2-39)），$\dot{n} > 0$（∵(2-40)）であるから，g の低下，n の上昇の結果，$n = n^*$ か，$g = s_\pi(f - nf') + s_w nf'$ に達する。$G = s_\pi(f - nf') + s_w nf'$ を通り空間 G へ進むことはない。これは後に，13. より分る。

2. $n = n^*$ に達した場合，$G > s_\pi(f - nf') + s_w nf'$ により，引き続き n は上昇するから，$n > n^*$ となる。この空間 D は，後に 7. で検討する。

3. $g = s_\pi(f - nf') + s_w nf'$ に達した場合，g は停止するが，g の低下，n の上昇は続くから，$g < s_\pi(f - nf') + s_w nf'$ となる。従って G は，下降に転じる。この空間 B は，$n < n^*$，$G > s_\pi(f - nf') - s_w nf'$ であるから，$n = n^*$ か $G = s_\pi(f - nf') + s_w nf'$ に達する。

4. $G = s_\pi(f - nf') + s_w nf'$ に達した場合，n は停止し，G は低下を続けるから，$G < s_\pi(f - nf') + s_w nf'$ となる。この空間 H での動きは，後に 14. で検討する。

5. $n = n^*$ に達した場合，g は停止するが，$\dot{n} > 0$（∵(2-40)）より n 上昇は続くから，$n > n^*$ となる。従って，g は上昇に転じる。この空間 C は，$G > s_\pi(f - nf') + s_w nf'$，$g < s_\pi(f - nf') + s_w nf'$ であり，G は低下，g は上昇するから，$G = s_\pi(f - nf') + s_w nf'$ か $g = s_\pi(f - nf') + s_w nf'$ に達する。

　$g = s_\pi(f - nf') + s_w nf'$ に達するのは，G 低下，n 上昇によって，n の上

---

15) $\dot{G} = 0$，即ち $g = s_\pi(f - nf') + s_w nf'$ において，
$$\dfrac{dg}{dn} = -(s_\pi - s_w)nf'' + s_w f' > 0$$

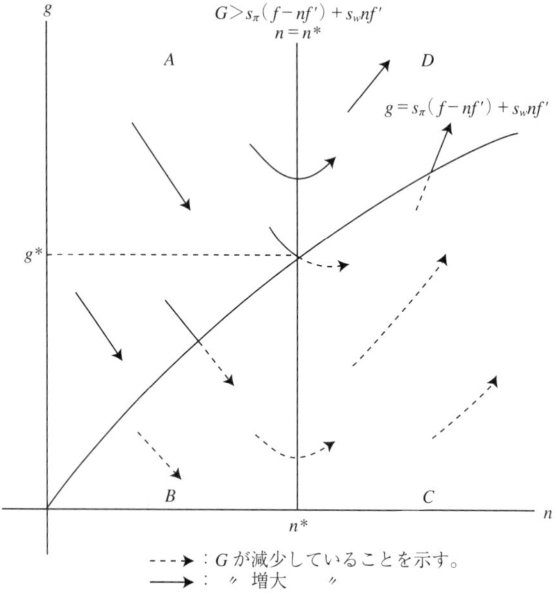
g
G>sπ(f−nf′) + swnf′
n=n*
A
D
g=sπ(f−nf′) + swnf′
g*
B
C
n
n*
: Gが減少していることを示す。
: 〃 増大 〃

図 2-1

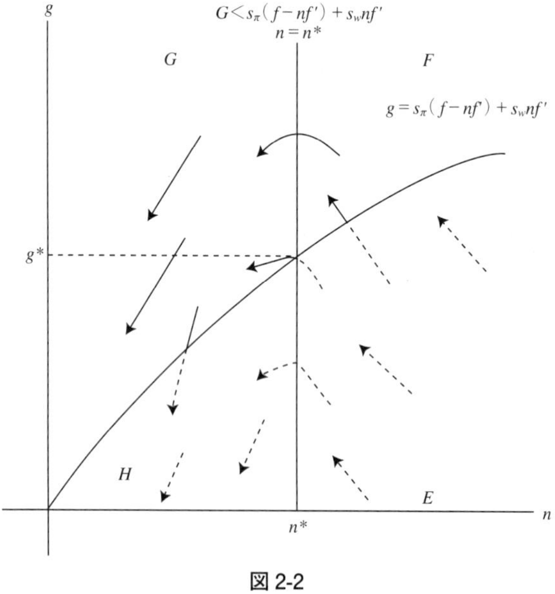
g
G<sπ(f−nf′) + swnf′
n=n*
G
F
g=sπ(f−nf′) + swnf′
g*
H
E
n
n*

図 2-2

第Ⅱ章　技術変化と均衡経路の不安定性

昇が g の上昇に比して，鈍くなるからである。($\because$ (2-40))

6. $G = s_\pi(f - nf') + s_w nf'$ に達した場合，n は停止し，G の低下は続くので，$G < s_\pi(f - nf') + s_w nf'$ となる。この空間 E での動きは，後に 8. で検討する。

7. $g = s_\pi(f - nf') + s_w nf'$ に達した場合，G は停止する。そして g, n ともに上昇するが，G の停止，n の上昇によって，n の上昇が鈍るため，$g > s_\pi(f - nf') + s_w nf'$ となる。従って，G は上昇に転ずる。($\because$ (2-39))このようにして，空間 D では，g, G, n が，共に上昇を続けてゆく。

8. $n > n^*$, $g < s_\pi(f - nf') + s_w nf'$, $G < s_\pi(f - nf') + s_w nf'$ の空間 E を通る経路を考えてみよう。ここでは $\dot{g} > 0$, $\dot{n} < 0$。故に $n = n^*$，あるいは $g = s_\pi(f - nf') + s_w nf'$ に達する。$G = s_\pi(f - nf') + s_w nf'$ を通り空間 C へ進むことはない。($\because$ 6.)

9. $n = n^*$ に達した場合，g は停止するが，$G > s_\pi(f - nf') + s_w nf'$，従って $\dot{n} < 0$ は変わらないから，$n < n^*$ となる。この空間 H は，後に 14. で検討する。

10. $g = s_\pi(f - nf') + s_w nf'$ に達した場合，G は停止し，他方，$\dot{g} > 0$, $\dot{n} < 0$ をもたらす条件は保たれているから，$g > s_\pi(f - nf') + s_w nf'$ となる。従って，G は上昇に転ずる。$n > n^*$, $G < s_\pi(f - nf') + s_w nf'$, $g > s_\pi(f - nf') + s_w nf'$ の空間 F で，G 上昇，n 低下が続くのであるから，$n = n^*$ か，$G = s_\pi(f - nf') + s_w nf'$ に達する。

11. $G = s_\pi(f - nf') + s_w nf'$ に達した場合，n は停止し，他方，G は上昇を続けているのだから，$G > s_\pi(f - nf') + s_w nf'$ となる。この空間 D は，7. で検討した。

12. $n = n^*$ に達した場合，g は停止するが，n は低下し続けているから，$n < n^*$ となる。従って (2-38) より，$\dot{g} < 0$。g は低下し始める。ここは，$g > s_\pi(f - nf') + s_w nf'$, $G < s_\pi(f - nf') + s_w nf'$ で，g 低下，G 上昇，n 低下が続くから，$g = s_\pi(f - nf') + s_w nf'$ か $G = s_\pi(f - nf') + s_w nf'$ に達する。

　g, n 共に低下するにもかかわらず，$g = s_\pi(f - nf') + s_w nf'$ に達するのは，n 低下，G 上昇によって g 低下に比して，n 低下が鈍くなるからである。

29

($\because$ (2-38), (2-40))

13. $G = s_\pi(f - nf') + s_w nf'$ に達した場合, n は停止し, 他方 G は上昇しているのであるから, $G > s_\pi(f - nf') + s_w nf'$ となる。この空間 A は, 1. で検討した。

14. $g = s_\pi(f - nf') + s_w nf'$ に達した場合, G は停止する。g と n は, 共に低下しているが, g の低下が n の低下より優勢となり ($\because$ (2-38) (2-40)), $g < s_\pi(f - nf') + s_w nf'$ となる。すると $\dot{G} < 0$ より, G は低下に転じる。従って n も, 更に低下してゆく。このように空間 H では, g, G, n が共に低下してゆく。

1.〜14. より, 次のように推論できる。

$A \to B \to C \to E \to F \to G \to A$ なる運動をする limit cycle が存在するかもしれない。しかしそれ以外の任意の経路は, 結局 D か H へ進んで行く[16]。

D は, 商品市場では超過需要が増大し, 利潤率は r^* から上方へ乖離, 実質賃金率は w^* から下方へ乖離して行く過程であり[17], 典型的な景気上昇局面に対応している。

H は, 逆に商品市場で超過供給が増大し, 利潤率は r^* から下方へ, 実質賃金率は w^* から上方へ乖離して行く過程であり, 典型的な景気下降局面に対応している。

以上, 技術変化を考慮しても均衡経路は不安定である(少なくとも漸近安定ではないという意味で)と推論できる。

---

[16] 1.〜14. の結論を図示すると,

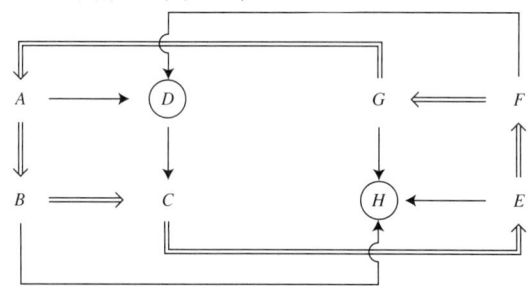

[17] 分配率は, §1 と同様, 要素代替の弾力性 $\sigma \sim 1$ に因り, 逆方向に変動する。

§4 結び

　生産関数を利用する不均衡分析は，共通して正常稼働を前提するという問題を抱えている。この点は独占段階の資本主義を対象とするとき，ますます無視できない不十分点となる。

　また資本主義は最高度に発展した市場経済であるが，市場経済における価格機構（需要と供給の法則）による調整の重要性を想起すれば，貨幣賃金率（労働の価格），及び価格の変動を明示的に考慮する必要もある。これらは後の課題である。

参考文献

[1] Harrod, R. F., *Towards a Dynamic Economics*, London : MacMillan, 1948.
[2] ─────, *Economic Dynamics*, London : MacMillan, 1973.
[3] 置塩信雄「不安定性の論理」神戸大学経済学研究年報 15, 1968.
[4] Solow, R. M., "A Contribution to the Theory of Economic Growth", *Quarterly Journal of Economics*, vol.70, 1956.

第Ⅲ章

貨幣賃金率の伸縮性と均衡経路の不安定性[*]

序

　資本主義では，技術変化（技術代替，及び技術進歩）を考慮しても資本家の技術選択態度，及び現実的な投資関数の結果，経済発展は不安定となる（均衡経路の不安定性）。これを示そうとした第Ⅱ章では，商品市場での不均衡を直接資本家が観察し，それに反応して生産量を変化させると仮定されている。

　しかし商品市場での不均衡については，市場メカニズムによる調整を念頭に置くと，市場不均衡によって商品価格が変動し，資本家は変動する価格に反応して最適生産決定を変更する完全競争により近い場合も検討しておく必要性が浮上する。このように商品市場での不均衡による価格変動を明示的に考慮するなら，理論的には労働市場の不均衡による労働の価格，即ち貨幣賃金率の変動も同様に問われなければならない。

　ところで商品，労働両市場における価格，貨幣賃金率の変動を考慮して資本主義発展を分析しようとする研究は，近時盛んである。これらの研究は，学説史的には価格変動の導入によるケインズの拡張と大きく括ることができるのだろうが，動機は様々である。例えば，より内生的な非線型循環論の構成（Rose [6]），商品市場における実質賃金率決定論の拡張（置塩 [5]），Han-

---

[*] 本章は，「貨幣賃金率の伸縮性と均衡経路の不安定性」関西大学『経済論集』第25巻第1号（1975年5月），及び「貨幣賃金率の伸縮性と均衡経路の不安定性Ⅱ」同第26巻第1号（1976年4月）を基礎にしている。これらは参考文献（章末）の中でも，特に置塩 [5] に負うところが大きい。

sen [2] の分析の成長経済への拡張（森本 [3], [4]），新古典派成長論との比較（安井 [8]）等々である。

　本章の目的は，これらを参考にしつつ商品，労働両市場における価格，貨幣賃金率の変動を考慮して，貨幣賃金率変動の伸縮度が資本制的発展の不安定性に及ぼす影響を検討することである。

　§1 では主な仮定を述べ，§2 では資本家が資本蓄積率を商品市場の需給状態によって決定する場合を検討する。§3 では代替的な投資関数，即ち資本蓄積率が利潤率によって決定される場合を検討する。§4 で結論を要約する。

§1　主な仮定

　資本家の選択対象となりうる技術の集まりを，

$$(3\text{-}1) \quad X = F(N, K)$$

とする。X は生産高，N は雇用量，K は資本ストック。

　F を一次同次とし，(3-1) を

$$(3\text{-}2) \quad x = f(n) \quad (\equiv F(n, 1))$$

と書き換える。ここで $x = X/K, \quad n = N/K$。

　利潤率 r を，

$$(3\text{-}3) \quad r = \frac{X - RN}{K} = x - Rn$$

で定義しよう。ここで，R は実質賃金率で

$$(3\text{-}4) \quad R = w/p$$

である。p は商品価格，w は貨幣賃金率。

　資本家は，(3-2) で与えられる技術集合のなかから，その時の実質賃金率の下で，利潤率が最大となるような技術を選ぶとすると，f のよく知られた性質 $f' > 0, \quad f'' < 0$ より，

$$(3\text{-}5) \quad R = f'(n)$$

が，必要十分である。これを便宜上，

$$(3\text{-}6) \quad n = n(R)$$

と書き換えておこう。$f'' < 0$ より，

$$(3\text{-}7) \quad n' < 0$$

第Ⅲ章　貨幣賃金率の伸縮性と均衡経路の不安定性

である。

　資本家が決める蓄積需要を I と書き，消費需要は $(1-s)X$, $0<s<1$ が実現すると仮定すると，商品市場の不均衡は，$I \gtreqless sX$ に表れる[1]。そこで価格は，商品市場の不均衡によって変動することを，

$$(3\text{-}8) \quad \hat{p} = \alpha\left(\frac{I}{sX}\right), \quad \alpha'>0, \quad \alpha(1)=0,$$

で表そう。ここで，$\hat{p} = \dot{p}/p$, $\dot{p} = dp/dt$ 。

　資本蓄積 $\dot{K}$ は，資本の摩耗がないとすると，定義より

$$(3\text{-}9) \quad \dot{K} = sX$$

である。

　貨幣賃金率は労働の価格であるから，労働市場の需給状態によって変動するとし，

$$(3\text{-}10) \quad \hat{w} = \beta\left(\frac{N}{L}\right), \quad \beta'>0, \quad \beta(\varepsilon)=0, \quad 0<\varepsilon \leq 1$$

と仮定しよう。L は，労働供給量。

　労働供給は，一定率 λ で増加すると仮定すると

$$(3\text{-}11) \quad \hat{L} = \lambda > 0$$

である。

　さて (3-4) より，$\hat{R} = \hat{w} - \hat{p}$ であるから，(3-8), (3-10) より，

$$(3\text{-}12) \quad \hat{R} = \beta\left(\frac{n}{l}\right) - \alpha\left(\frac{g}{sx}\right)$$

である。但し，

$$(3\text{-}13) \quad l = L/K$$

$$(3\text{-}14) \quad g = I/K$$

である。g を資本蓄積率と呼ぶ。

　また (3-13) より，$\hat{l} = \hat{L} - \hat{K}$ であるから，(3-9), (3-11) を代入すると，

$$(3\text{-}15) \quad \hat{l} = \lambda - sx$$

を得る。以上をまとめると，

---

1) この点について，第Ⅰ章を参照。

$$(3\text{-}16) \begin{cases} x = f(n) & \text{資本家の選択可能な技術集合} \\ r = x - Rn & \text{利潤率の定義} \\ R = f'(n) \quad \text{or} \quad n = n(R) & \text{資本家の技術選択} \\ \hat{R} = \beta\left(\dfrac{n}{l}\right) - \alpha\left(\dfrac{g}{sx}\right) & \text{労働，商品両市場による実質賃金率の決定} \\ \hat{l} = \lambda - sx & l \text{の定義} \end{cases}$$

となる。方程式5つに対し，未知数は x, n, r, R, l, g の6つ，従って資本家の資本蓄積率決定態度を適当に前提すれば，体系は完結する。

§2 モデル1

資本家が資本蓄積率を，商品市場の需給状態によって決定する場合を検討しよう[2]。そこで，

$$(3\text{-}17) \quad \dot{g} = \phi\left(\dfrac{I}{sX}\right) = \phi\left(\dfrac{g}{sx}\right), \quad \phi' > 0, \quad \phi(1) = 0$$

としよう。

(3-16)(3-17) より，x, n を消去すると，

$$(3\text{-}18) \quad \hat{R} = \beta\left\{\dfrac{n(R)}{l}\right\} - \alpha\left\{\dfrac{g}{sf[n(R)]}\right\}$$

$$(3\text{-}19) \quad \hat{l} = \lambda - sf[n(R)]$$

$$(3\text{-}20) \quad \dot{g} = \phi\left\{\dfrac{g}{sf[n(R)]}\right\}$$

なる正規形の連立常微分方程式系となる。

均衡の存在を確認しよう。商品市場で需給が一致すれば，(3-20) より g は一定値 g^* である。従って R も一定値 R^* でなければならない。但し，g^*

---

2) これは，置塩 [5] で採用された仮定である。そこでは，技術進歩も考慮されている。しかし，
 1. 技術進歩を考慮すれば，貨幣賃金率を固定した場合，均衡発展が存在せず，その不安定性は問題にならない。従って貨幣賃金率が伸縮的な場合との明確な比較ができない。
 2. 貨幣賃金率の伸縮性の作用を検討するという目的からみれば，技術進歩の捨象は大きな弱点にはならず，むしろ論点が鮮明になる。

第Ⅲ章　貨幣賃金率の伸縮性と均衡経路の不安定性

$= sf[n(R^*)]$。このためには，(3-18) より，労働市場でも均衡が成立していなければならない[3]。従って l は，$\varepsilon l^* = n(R^*)$ なる一定値でなければならない。このとき (3-19) より，$\lambda = sf[n(R^*)]$ でなければならない。結局，

(3-21) $\begin{cases} g^* = sf[n(R^*)] = \lambda \\ \varepsilon l^* = n(R^*) \end{cases}$

で決る，一意的な均衡成長が可能であることが分る。

逆に R, l, g が一定値であり続けるのは，商品，労働両市場で均衡が成立しなければならないこと，そのときの一定値は，それぞれ (3-21) で決る値でなければならないことも分る。

さて一次近似によって，均衡近傍での安定性を検討しよう。均衡 (R^*, l^*, g^*) からの乖離を，$(x = R - R^*, y = l - l^*, z = g - g^*)$ とし，均衡で展開して一次項のみに着目すると，体系は

(3-22) $\begin{cases} \dot{x} = R^* n' \left(\dfrac{\beta'}{l^*} + \dfrac{sR^*\alpha'}{\lambda} \right) x - \dfrac{R^*\beta'}{l^*} y - \dfrac{R^*\alpha'}{\lambda} z \\ \dot{y} = -sl^* R^* n' x \\ \dot{z} = -\dfrac{s\phi' R^* n'}{\lambda} x \qquad\qquad\qquad + \dfrac{\phi'}{\lambda} z \end{cases}$

に変る[4]。(3-22) の固有方程式 $\varphi(\rho) = 0$ は

(3-23) $\varphi(\rho) \equiv \begin{vmatrix} \rho - R^* n'\left(\dfrac{\beta'}{n^*} + \dfrac{sR^*\alpha'}{\lambda}\right) & \dfrac{R^*\beta'}{n^*} & \dfrac{R^*\alpha}{\lambda} \\ sn^* R^* n' & \rho & 0 \\ \dfrac{s\phi' R^* n'}{\lambda} & 0 & \rho - \dfrac{\phi'}{\lambda} \end{vmatrix} = 0$

である。(3-23) を展開，整理すると

(3-24) $\rho^3 - \left(R^*\beta' + \dfrac{R^{*2} n^* s\alpha' + \phi'}{\lambda} \right)\rho^2 + R^*\beta' n' \left(\dfrac{\phi'}{\lambda n^*} - sR^* \right)\rho$
$\qquad\qquad + \dfrac{R^{*2} s\beta' n' \phi'}{\lambda} = 0$

---

[3] このとき労働市場で，失業が存在するかもしれない。ここでの「労働市場の均衡」とは，ただ労働市場が，貨幣賃金率が変動しないような需給状態にあることだけを意味する。

[4] 微係数は均衡での値であるが，*は省略。以下同様。

となる。

　$n' < 0$ より，(3-24) の定数項は負である。従って (3-24) は，少なくとも一つの正根を持ち，体系 (3-22) は不安定である。即ち体系 (3-22) の均衡からの乖離は，累積性を持つ。この不均衡の累積性が貨幣賃金率の伸縮性の度合によって，どのような影響を受けるかが問題である。

　貨幣賃金率が労働市場の状態によって影響を受けない，極端な場合と比較しよう。

　体系 (3-18)，(3-19)，(3-20) において $\beta = 0$ とすると，(3-18)，(3-20) だけでも閉じてしまう。(3-18)，(3-20) の均衡は，$g^* = sf[n(R^*)]$ のとき成立し，必ずしも $g^* = sf[n(R^*)] = \lambda$ である必要はない。しかし比較上，l も一定値であるような均衡，即ち $g^* = sf[n(R^*)] = \lambda$ なる均衡を対象としよう。

　すると，(3-18)，(3-19)，(3-20) に対応する均衡からの乖離 (x, y, z) に関する線形微分方程式系の固有方程式 (3-23) は

$$(3\text{-}25) \quad \rho^2 \left\{ \rho - \frac{R^{*2} n^* s \alpha' + \phi'}{\lambda} \right\} = 0$$

となり，正根をもつことが分る。

　従って，均衡が不安定であることに相異はない。しかし不安定の度合を，結局のところ決定する最大根の大きさはどうだろうか。

　φ に，$\rho^* = \dfrac{R^{*2} n^* s \alpha' + \phi'}{\lambda} > 0$ を代入すると，

$$(3\text{-}26) \quad \varphi(\rho^*) = -\frac{R^{*2} \beta'}{\lambda} \left\{ \rho^* \phi' \left(1 - \frac{n'}{n^*}\right) + R^{*2} n^* s \alpha' \left(\rho^* + \frac{1}{\lambda}\right) \right\} < 0$$

となる。従って ρ^* は，(3-23) の最大根よりも小である。即ち $\beta = 0$ の場合のほうが，不安定の度合は小さくなる。

　資本家が商品市場の需給状態によって資本蓄積率を決定するとすれば，貨幣賃金率が伸縮的である方が，不安定さが増すことになった。これは，印象的には奇妙である。なぜ一見奇妙な結論が，導出されるのだろうか。

　体系 (3-18)，(3-19)，(3-20) の構成要素 (x, y, z) の相互関係は，次のようである。

第Ⅲ章 貨幣賃金率の伸縮性と均衡経路の不安定性

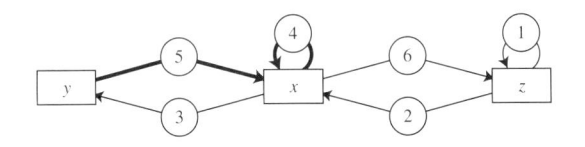

径路	1	2	3	4	5	6
関係	+	−	+	−	−	+
決定要因	$\dfrac{\phi'}{\lambda}$	$-\dfrac{R^*\alpha'}{\lambda}$	$-sl^*R^*n'$	$R^*n'\left(\dfrac{\beta'}{l^*}+\dfrac{sR^*\alpha'}{l^*}\right)$	$\dfrac{R^*\beta'}{l^*}$	$-\dfrac{s\phi R^*n'}{\lambda}$

但し径路 $x-\bigcirc\rightarrow y$ の符号 +（or −）は，x が増加したとき y が増加（or 減少）することを意味する。貨幣賃金率の伸縮性によって影響を受けるのは，径路④，及び⑤である。

さて，やや粗雑には次のように推論することができる。

資本蓄積率が均衡水準から上方へ乖離した（$z>0$）としよう。すると径路①により，その乖離は強められる。他方，径路②により，実質賃金率は均衡水準から下方へ乖離する。

次に径路③により，l は均衡水準から下方へ乖離する。ここまでは貨幣賃金率の伸縮性は，全然影響しない。

しかし径路④によって，実質賃金率は逆の方向の反作用を受け，更に径路⑤によっても，径路④と同方向への反作用を受ける。貨幣賃金率の伸縮性は，この反作用の大小に影響する。

つまり貨幣賃金率が伸縮的であるほど，径路④，⑤を通じた，実質賃金率低下への反作用が強く，従って径路⑥を通じて，資本蓄積率を下げる力が強くなる。にもかかわらず径路①の力がこれを上回り，資本蓄積率は均衡水準から上方へ乖離して行くのである。

これが，この経済では貨幣賃金率の硬直性が，不安定性を弱める形式的メカニズムである。では，その経済的意味はどうか。

資本家が蓄積需要（I）を増大させたことによって，資本蓄積率（I/K）が均衡水準より上昇したとしよう。すると商品市場で超過需要が発生し，価

格が上昇する．従って実質賃金率が低下する．

すると資本家は，労働を資本よりより多く使用する技術へ移ることによって，利潤率最大を達成しつつ生産を増大させる．従って現実の資本蓄積率 ($\dot{K}/K$) も増大する．現実の資本蓄積率が増大し，更に労働・資本比率 (N/K) の高い技術が採用されるのだから，労働需要は著しく増大する．

従って貨幣賃金率が上昇し，これによって結局，実質賃金率の低下は緩和される．ここで貨幣賃金率が伸縮的なほど，緩和される度合は大きい．

とにかく貨幣賃金率が硬直的なほど，実質賃金率の変動，それに反応する資本家の生産決定の変化は，激しいのである．従って商品市場での不均衡は，よりすみやかに調整される方向に動く．

そして資本家は，この商品市場の状態によって次期の資本蓄積率を決定するのだから，貨幣賃金率が硬直的なほど，資本蓄積率の運動の累積性は弱くなるのである．

このような「奇妙」な性質を持つ経済に含まれている資本家の行動は，利潤率最大を達成しようとする技術選択と，蓄積需要の決定である．現実の資本制経済との対応をより適切なものにするためには，生産関数を利用する以上前者を変えるのは適当ではない．それ故投資関数の再考が，妥当である．

§3 モデル2

前節で扱った経済 (3-16) において，もう一つの現実的な資本家の蓄積需要決定態度は，利潤率に拠るものである[5]．そこで，

(3-27)　　$g = g(r)$,　　$g' > 0$

としよう．

(3-16), (3-27) をまとめると，

(3-28)　　$\hat{R} = \beta \left\{ \dfrac{n(R)}{l} \right\} - \alpha \left\{ \dfrac{g[r(R)]}{sf[n(R)]} \right\}$

---

5) これは，Rose [7]，安井 [9] で採用されている想定である．なお安井 [9] では，価格変化率と貨幣賃金率変化率の「直接の」相互作用も考慮されているが，本章では夾雑物として捨象した．

第Ⅲ章　貨幣賃金率の伸縮性と均衡経路の不安定性

(3-29) $\quad \hat{l} = \lambda - sf[n(R)]$

となる。但し $r = f[n(R)] - Rn(R)$ より，

(3-30) $\quad \dfrac{dg}{dR} = -g'n(R) < 0$

である。

さて，(3-28)，(3-29) は，

(3-31) $\quad \begin{cases} \beta\left\{\dfrac{n(R^*)}{l^*}\right\} = \alpha\left\{\dfrac{g[r(R^*)]}{sf[n(R^*)]}\right\} \\ \lambda = sf[n(R^*)] \end{cases}$

のとき，均衡状態にある。§2と同様に，$x = R - R^*$, $y = l - l^*$ として均衡近傍で展開し，一次の項だけに着目すると，

(3-32) $\quad \dot{x} = R^*\left\{\dfrac{\beta'n'}{l^*} + \dfrac{\alpha'(g'n^* + g'n')}{\lambda}\right\}x - \dfrac{R^*n^*\beta'}{l^{*2}}y$

(3-33) $\quad \dot{y} = R^*l^*sn'x$

となり，均衡からの乖離に関する線形微分方程式系に変る。

(3-32)，(3-33) の固有方程式は，

(3-34) $\quad \begin{vmatrix} \rho - R^*\left\{\dfrac{\beta'n'}{l^*} + \dfrac{\alpha'(g'n^* + g'n')}{\lambda}\right\} & \dfrac{R^*n^*\beta'}{l^{*2}} \\ R^*l^*sn' & \rho \end{vmatrix} = 0$

あるいは展開して，

(3-35) $\quad \rho^2 - R^*\left\{\dfrac{\beta'n'}{l^*} + \dfrac{\alpha'(g'n^* + g'n')}{\lambda}\right\}\rho - \dfrac{R^{*2}sn^*n'\beta'}{l^*} = 0$

である。固有根を ρ_1, ρ_2 とすると，

(3-36) $\quad \rho_1\rho_2 = -\dfrac{R^{*2}sn^*n\beta'}{l^*} > 0$

(3-37) $\quad \rho_1\rho_2 = R^*\left\{\dfrac{\beta'n'}{l^*} + \dfrac{\alpha'(g'n^* + g'n')}{\lambda}\right\} \overset{?}{\sim} 0$

である。

従って，これだけでは均衡が安定かどうかは決らない。しかし β' が十分大であるならば，$\rho_1 + \rho_2 < 0$，従って固有根は二根とも負となり，均衡は安定となる。つまり貨幣賃金率の伸縮性は，体系を安定的にするのである。

なぜか。§2 モデル1と比較して考えてみよう。

資本家が蓄積需要を増大させ，商品市場で超過需要が発生し，価格が上昇し実質賃金率が低下したとしよう。すると資本家は，より労働使用的な技術を採用し，生産を増大させる。従って労働需要が増大し，労働市場で貨幣賃金率が上昇し，実質賃金率の低下は揺り戻される。

このとき貨幣賃金率の伸縮性が大きいほど，この揺り戻しは大きい。ここまでは，§2 モデル1と同じである。

ところがモデル2では資本家は，次期の蓄積需要を商品市場の状態ではなく，利潤率によって決める。それ故，貨幣賃金率上昇による揺り戻しが大きいほど，実質賃金率，従って利潤率の変動は少なく，従って蓄積需要の累積的増大も弱められてしまうのである[6]。

§4 結び

以上の検討の結果，次のように結論できよう。

貨幣賃金率の伸縮性は，それだけで何か資本制経済に安定化作用をもつような印象を与える。しかし，それだけでそれ自体の作用が安定的かどうかは決まらない。それを大きく左右するのは，資本家の蓄積需要決定態度である。

ただ利潤率に拠って資本蓄積率を決定するという，より妥当と思われる資本家の蓄積需要決定態度を想定すれば，貨幣賃金率の伸縮性は資本制経済の不安定性を弱め，十分伸縮的ならば安定的にする。

そして，この結論に奇妙さはない。というのは資本制経済においては，蓄積需要こそが「独立変数」であるとの考えを受入れば，

1. 貨幣賃金率の伸縮性も，蓄積需要決定方式を通じてしか体系の運動に影響しないこと，
2. 利潤率に拠って次期の蓄積需要が決められるとき，貨幣賃金率が伸縮的なほど，商品価格の変動による実質賃金率の変動，従って利潤率の変

---

6) 貨幣賃金率が十分伸縮的であれば，この揺り戻しによって実質賃金率は上昇する。この場合，利潤率は低下し，従って資本家は資本蓄積率を低下させる。そして均衡からの乖離は，調和的に解消される。

第Ⅲ章　貨幣賃金率の伸縮性と均衡経路の不安定性

動が緩和され，結局，蓄積需要の不安定な動きも弱められることは，自然であるから。

参考文献

[1] 足立英之「価格予想と雇用・インフレーション」『国民経済雑誌』第127巻第1号，1973年1月。

[2] Hansen, B., *A Survey of General Equilibrium Systems*, McGraw-Hill, New York, 1970.（岡崎不二男，木村吉男，妙見孟訳『現代の経済理論』好学社，1972年.）

[3] 森本好則「成長経済における物価・賃金率の不均衡分析」『季刊理論経済学』第24巻第1号，1973年4月。

[4] ―――「経済成長と実質賃金率」『経済論究』第27巻第1号，1973年4月。

[5] 置塩信雄「実質賃金率決定における労働市場と商品市場の役割」『国民経済雑誌』第124巻第5号，1971年11月。

[6] Rose, H., "On the Non-Linear Theory of the Employment Cycle," *Review of Economic Studies*, Vol.34, No.98, April 1967.

[7] 佐藤真人「技術変化と均衡径路の不安定性」『関西大学経済論集』第24巻第2号，1974年10月。

[8] 安井修二「フィリプス曲線を含む不均衡動学モデル」『立命館経済学』第22巻第3・4号，1973年10月。

補論：資本蓄積率と利潤率

ここでは資本蓄積率と利潤率の因果関係を，時間の側面でより明確にしておこう。次のような経済で考える。

ハロッド中立型の技術進歩を前提し，生産関数を

(1) $Y_t = F(N_t e^{at}, K_t)$

とする。Y_t は産出高，N_t は雇用量，K_t は資本ストック。

F は，$N_t e^{at}$ と K_t に関して一次同次と仮定し，(1) を

(2) $y_t = F(n_t, 1)$
$\qquad = f(n_t), \quad f' > 0, \quad f'' < 0$

と書き換える。ここで，$y_t = Y_t/K_t$，$n_t = N_t e^{at}/K_t$。

利潤率 r_t を

(3) $r_t = \dfrac{p_t Y_t - w_t N_t}{p_t K_t}$

で定義しよう。p_t は商品価格，w_t は貨幣賃金率。(2)，(3) より

(4) $r_t = f(n_t) - R_t n_t$

である。但し

(5) $R_t = w_t / p_t e^{at}$

である。

資本家は，p_t，w_t が一定の下で，利潤率が最大になるような技術を選択すると仮定すると (2)，(4) より

(6) $R_t = f'(n_t)$

の成立が，必要十分である。

資本家と賃金労働者は，それぞれ利潤と賃金のうち $(1-s)$ を消費すると仮定すると，現実の資本蓄積 $(K_{t+1} - K_t)$ は

(7) $K_{t+1} - K_t = sY_t$

である。但し，$0 < s < 1$ とする。

資本家が意図した資本蓄積（投資需要）を I_t とすると，商品市場の不均衡は $I_t \gtrless sY_t$ に表れるから，価格変動を，

第Ⅲ章　貨幣賃金率の伸縮性と均衡経路の不安定性

(8) $\hat{p}_t = \varphi\left(\dfrac{I_t}{sY_t}\right), \quad \varphi' > 0, \quad \varphi(\varepsilon) = 0, \quad \varepsilon > 0$

で表す。ここで $\hat{p}_t = p_{t+1} - p_t / p_t$ である[1]。また g_t を

(9) $g_t = I_t / K_t$

と書くと，(8) は，

(10) $\hat{p}_t = \varphi\left\{\dfrac{g_t}{sf(n_t)}\right\}$

となる。

商品価格と同様に，貨幣賃金率の変動を

(11) $\hat{w} = \phi\left(\dfrac{N_t}{L_t}\right)$

$\qquad = \phi\left(\dfrac{n_t}{l_t}\right), \quad \phi' > 0, \quad \phi(\varepsilon') = 0, \quad \varepsilon' > 0$

で表す。L_t は，労働供給量。また

(12) $l_t = L_t e^{\alpha t} / K_t$

である。

(5)，(10)，(11) より

(13) $\hat{R}_t = \phi\left(\dfrac{n_t}{l_t}\right) - \varphi\left\{\dfrac{g_t}{sf(n_t)}\right\} - \alpha$

を得る。

労働供給 L_t は，一定率 λ で増加していると仮定すると

(14) $\hat{L}_t = \lambda > 0$

であるから，(12)，(14) より

(15) $\hat{l}_t = \lambda + \alpha - sf(n_t)$

である。

以上をまとめて，

(16) $\begin{cases} R_t = f'(n_t) \\ \hat{R}_t = \phi\left(\dfrac{n_t}{l_t}\right) - \varphi\left\{\dfrac{g_t}{sf(n_t)}\right\} - \alpha \\ \hat{l}_t = \lambda + \alpha - sf(n_t) \end{cases}$

---

1) 以下，他の文字についても同様。

とする。(16) に，投資関数

　(17)　　$g_t = h[r_t(R_t)], \quad h' > 0$

を付加すると体系は完結する。未知数は，R_t, n_t, l_t, g_t。

(16)，(17) で示される経済の均衡発展について，本章では概略次のように考えている。

1．資本蓄積率（g_t）が上昇すると価格が上昇し，生産拡大のための雇用量増加による貨幣賃金率上昇を上回れば実質賃金率，従って R_t は低下する[2]。
2．R_t が低下すると，利潤率は上昇する。
3．利潤率が上昇すれば，投資関数 (17) により，資本蓄積率は一層上昇する。
4．従って労働市場で貨幣賃金率が著しく伸縮的でないかぎり，かなり強く不安定性が主張できるのではないか。

ところで，次のような疑問が生じる。商品市場で需給が一致している場合を考えると，t 期の資本蓄積率は t 期の R，従って利潤率を決める。ところが他方，投資関数では t 期の利潤率によって，t 期の資本蓄積率が決定される。

この矛盾を解決するには，投資関数を変えるか，t 期内での資本蓄積率と利潤率との調整過程があるとし，それが収束したと見なすかの何れかである[3]。市場で不均衡が存在するような経済では，この問題はどうなっている

2）商品市場の均衡を前提すれば，g_t が上昇したとき R_t は必ず低下する。

$$\because g_t = sf[n_t(R_t)], \quad n_t' = \frac{1}{f''} < 0$$

3）後者の場合，経済の安定性が増すと考えられるかもしれない。しかし商品市場の均衡を前提した場合は，はっきりと不安定性は主張できるのに対し，市場の不均衡を考慮すればそうでなくなることの理由は，これとは別である。

　それは，t 期の資本蓄積率が t 期の実質賃金率を，従って利潤率を決めるかどうかに依存している。市場均衡を前提した場合の不安定性については，II章を参照。

　なお市場均衡を前提するにせよしないにせよ，投資関数 (17) と他の投資関数の場合を比較することは，別の有意味な問題である。

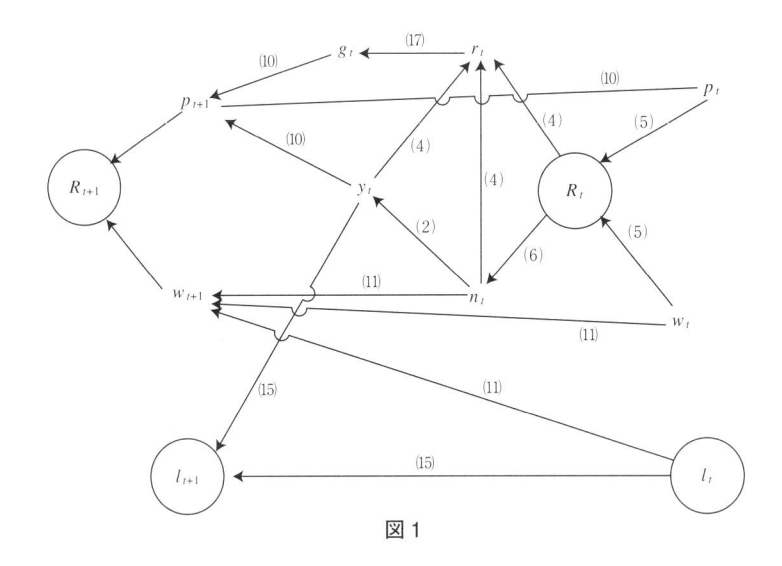

第Ⅲ章　貨幣賃金率の伸縮性と均衡経路の不安定性

図1

のだろうか。

これを考えるため，諸変数の因果関係を図にしてみよう。

図1のように，市場に不均衡が存在する場合，投資関数 (17) を採用しても市場均衡を前提する場合の問題はない。市場均衡を前提すれば，t 期の資本蓄積率が t 期の実質賃金率（貨幣賃金率／価格），従って R_t を決定するのに対し[4]，市場不均衡経済では，t 期の資本蓄積率が $t+1$ 期の価格に影響するだけだからである。

ここで形式上問題はないとしても，投資決定の期間が非常に短い点を改善して，

(18)　　$g_{t+1} = h(r_t)$　　$h' > 0$

とし，安定条件を検討しよう[5]。検討すべき体系は，

---

[4] 貨幣賃金率が当初いかに高くても，商品需要が増大するから，商品市場で価格が上昇し，実質賃金率は低下させられてしまう。こうして市場で均衡が成立する。

[5] 投資関数 (18) は，(17) よりも不安定性（あるいは安定性）を弱めると考えられる。反応が遅れるから。

47

$$(19) \begin{cases} g_{t+1} = h[r_t(R_t)] \\ \hat{R}_t = \phi\left\{\dfrac{n_t(R_t)}{l_t}\right\} - \varphi\left[\dfrac{g_t}{sf\{n_t(R_t)\}}\right] - \alpha \\ \hat{l}_t = \lambda + \alpha - sf\{n_t(R_t)\} \end{cases}$$

である。(19) の未知数 g_t, R_t, l_t の因果関係は，図2のようである。

(19) を微分型に変換すると，

$$(20) \begin{cases} \dot{g} = -g + h[r(R)] \\ \hat{R} = \phi\left\{\dfrac{n(R)}{l}\right\} - \varphi\left[\dfrac{g}{sf\{n(R)\}}\right] - \alpha \\ \hat{l} = \lambda + \alpha - sf\{n(R)\} \end{cases}$$

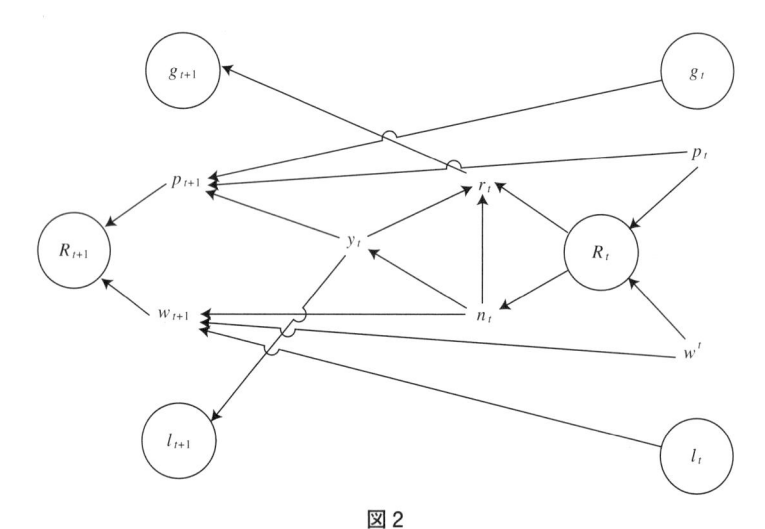

図 2

となる。ここで $\dot{g} = \dot{g}/g$, $\dot{g} = dg/dt$ [6]。

$$(21) \begin{cases} g = h[r(R)] \\ \phi\left\{\dfrac{n(R)}{l}\right\} - \varphi\left[\dfrac{g}{sf\{n(R)\}}\right] = \alpha \\ \lambda + \alpha = sf[n(R)] \end{cases}$$

のとき，均衡発展である[7]。この安定性が問題である。

---

6) 他の文字についても，同様。

第Ⅲ章　貨幣賃金率の伸縮性と均衡経路の不安定性

(22) $\begin{cases} x = g - g^* \\ y = R - R^* \\ z = l - l^* \end{cases}$

と書き換え，(x, y, z) に関する一次近似系に注目しよう。(21)，(22) より

(23) $\begin{cases} \dot{x} = -x - h'n^*y \\ \dot{y} = -\dfrac{R^*\varphi'}{sf^*}x + R^*n'\left(\dfrac{\phi'}{l^*} + \dfrac{\varphi'g^*R^*}{sf^{*2}}\right)y - \dfrac{R^*\phi'n^*}{l^{*2}}z \\ \dot{z} = -l^*sR^*n'y \end{cases}$

を得る[8]。(23) の固有方程式 $\psi(\rho) = 0$ は，

(24) $\psi(\rho) = \begin{vmatrix} \rho+1 & h'n^* & 0 \\ \dfrac{R^*\varphi'}{sf^*} & \rho - R^*n'\left(\dfrac{\phi'}{l^*} + \dfrac{\varphi'g^*R^*}{sf^{*2}}\right) & \dfrac{R^*\phi'n^*}{l^{*2}} \\ 0 & l^*sR^*n' & \rho \end{vmatrix} = 0$

あるいは展開して，

(24)′ $\varphi(\rho) = \rho^3 + \left\{1 - R^*n'\left(\dfrac{\phi'}{l^*} + \dfrac{\varphi'g^*R^*}{sf^{*2}}\right)\right\}\rho^2$

$\qquad - R^*\left\{n'\left(\dfrac{\phi'}{l^*} + \dfrac{\varphi'g^*R^*}{sf^{*2}}\right) + n^*\left(\dfrac{\phi'sR^*n'}{l^*} + \dfrac{\varphi'h'}{sf^*}\right)\right\}\rho$

$\qquad - \dfrac{R^{*2}\phi'sn'n^*}{l^*} = 0$

である。(23) が安定であるための必要十分条件は，

(25) $\left\{1 - R^*n'\left(\dfrac{\phi'}{l^*} + \dfrac{\varphi'g^*R^*}{sf^{*2}}\right)\right\}$

$\qquad \left\{n'\left(\dfrac{\phi'}{l^*} + \dfrac{\varphi'g^*R^*}{sf^{*2}}\right) + n^*\left(\dfrac{\phi'sR^*n'}{l^*} + \dfrac{\varphi'h'}{sf^*}\right)\right\} - \dfrac{R^*\phi'sn'n^*}{l^*} < 0$

である[9]。

(25) の意味を考えるため，生産関数のかたちに注目してみよう。生産要素代替の弾力性 σ は，定義より

---

[7] $\begin{cases} h(-\infty) = -\infty, \quad h(\infty) = \infty \\ f(0) = 0, \quad f(\infty) = \infty \\ \phi(-\infty) = -\infty, \quad \phi(\infty) = \infty \\ \varphi(-\infty) = -\infty, \quad \varphi(\infty) = \infty \end{cases}$
としよう。

[8] 均衡での値を * で示す。微係数については省略。以下同様。

(26) $\sigma = \dfrac{d\left(\dfrac{K}{N}\right)}{\dfrac{K}{N}} \bigg/ \dfrac{d\left(\dfrac{F_N}{F_K}\right)}{\dfrac{F_N}{F_K}}$

$= -\dfrac{f'(f-f'n)}{f''fn}$

である[10]。

(25) の左辺を σ に関して整理すると

(27) $J(\sigma) = A\sigma^2 + B\sigma + C$

$A = -R*\left(\dfrac{f*n*}{r*}\right)^2 \left(\dfrac{\phi'}{l*R*} + \dfrac{\varphi'g*}{sf*^2}\right)\left(\dfrac{\phi'}{l*R*} + \dfrac{\varphi'g*}{sf*^2} + \dfrac{\phi'n*s}{l*}\right) < 0$

$B = -\dfrac{f*n*}{r*}\left(\dfrac{\phi'}{l*R*} + \dfrac{\varphi'g*}{sf*^2}\right)\left(1 - \dfrac{R*\varphi'h'n*}{sf*}\right) \overset{?}{\sim} 0$

$C = \dfrac{\varphi'h'n*}{sf*} > 0$

---

9)「実係数の多項式
$L(\rho) = a_0\rho^3 + a_1\rho^2 + a_2\rho + a_3, \quad a_0 > 0,$
が安定である（≡すべての根が負の実部をもつ）のは，a_1, a_2, a_3 が正数であって，更に不等式
$a_1a_2 > a_0a_3$
が成り立つ場合であり，かつこの場合にかぎる」（ポントリャーギン『常微分方程式』千葉訳，共立出版。p.51）

(24)′ の ρ の係数の正負は，さしあたり分らないとしても，ρ^3, ρ^2, ρ^0 の係数が正であることはよく分るので，ρ の係数＞0 より（25）のほうが強い。

10) $Y = KF\left(\dfrac{Ne^{\alpha t}}{K}, 1\right) = Kf(n)$ より，

$F_N = f'e^{\alpha t}$

$F_K = f - f'n, \quad F_N = \dfrac{\partial Y}{\partial N}, \quad F_K = \dfrac{\partial Y}{\partial K}$

従って，

(1) $F_N/F_K = \dfrac{f'e^{\alpha t}}{f-f'n}$

(1) より，

(2) $\dfrac{dF_N/F_K}{dN/K} = -\dfrac{f''fn^2}{(f-f'n)^2}$

(1)，(2)，及び σ の定義より，

$\sigma = -\dfrac{f'(f-f'n)}{f''fn}$

を得る。

第Ⅲ章　貨幣賃金率の伸縮性と均衡経路の不安定性

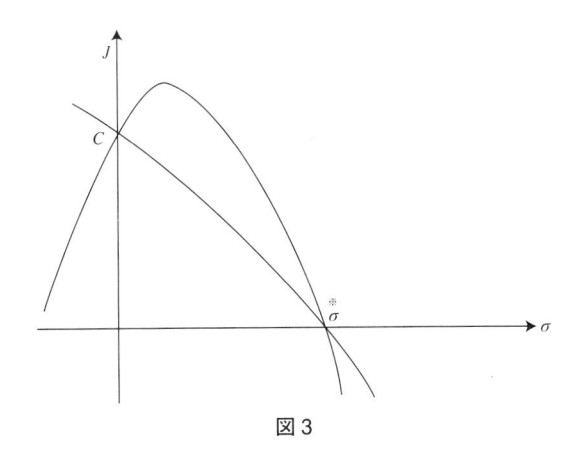

図3

となる。従って図3のように，ある $\sigma^* > 0$ があって，$\sigma > \sigma^*$ ならば安定，$\sigma \leq \sigma^*$ ならば不安定である。

代替の弾力性が十分大ならば，なぜ均衡発展は安定になるのだろうか。

1. 資本蓄積率 g が，均衡水準より上昇したとしよう。すると価格が上昇し，実質賃金率は低下する。
2. 技術進歩がなくても利潤率は上昇するが，技術進歩があるので一層上昇する。
3. 更に技術選択が変わり（より労働使用的な技術が選ばれる），利潤率はより上昇して，利潤率最大が達成される。
4. このとき労働需要が増大し，従って貨幣賃金率が上昇し，他方，生産が拡大し，従って価格上昇を和らげるため，実質賃金率低下，及び利潤率上昇が反動を受ける。ここで，もし代替の弾力性が十分大ならば，当初の実質賃金率低下を相殺してしまうに十分な反動が起るのである。

生産関数のかたち，市場の性質（ϕ', φ'），資本家の態度（$\equiv h' > 0$ の大きさ）等から無条件に，不安定な場合を示そう。

投資関数を

(28) $g_{t+1} = h(r_t - r_{t-1}), \quad h' > 0$

としよう。

(29) $\quad g_{t+1} = G_t$

とおくと,

(30) $\quad \begin{aligned} g_{t+1} - g_t &= g_t + G_t \\ G_t - G_{t-1} &= h(r_t - r_{t-1}) \end{aligned}$

である。(30) を微分型に換えると,

(31) $\quad \dot{g} = -g + G$

(32) $\quad \dot{G} = h(\dot{r})$

となる。ところで，(4), (6) より

(33) $\quad \begin{cases} \dot{r} = -f'' \dot{n} n \\ \dot{n} = \dot{R}/f'' \end{cases}$

であるから

(34) $\quad \dot{r} = -\dot{R}n$

である。従って (34) を (32) に代入して,

(35) $\quad \dot{G} = h(-\dot{R}n)$

を得る。(16), (31), (35) をまとめると,

(36) $\quad \begin{cases} \dot{g} = -g + G \\ \dot{G} = h\left[-nR\left\{\phi\left(\dfrac{n}{l}\right) - \varphi\left(\dfrac{g}{sf(n)}\right) - \alpha\right\}\right] \\ \dot{R} = R\left[\phi\left(\dfrac{n}{l}\right) - \varphi\left(\dfrac{g}{sf(n)}\right) - \alpha\right] \\ \dot{l} = l\{\lambda + \alpha - sf(n)\} \end{cases}$

となる。

(37) $\quad \begin{cases} g = G \\ \phi\left(\dfrac{n}{l}\right) - \varphi\left\{\dfrac{g}{sf(n)}\right\} = \alpha \\ \lambda + \alpha = sf(n) \end{cases}$

のとき，均衡発展である。その不安性を確かめよう[11]。

---

11) (36) の均衡発展はユニークではない。以下は，それらの均衡発展のうち，任意の一つの均衡発展についての議論である。

第Ⅲ章　貨幣賃金率の伸縮性と均衡経路の不安定性

$$
(38) \quad \begin{cases} x_1 = g - g^* \\ x_2 = G - g^* \\ y = R - R^* \\ z = l - l^* \end{cases}
$$

とすると，(36) の一次近似系は

$$
(39) \quad \begin{cases} \dot{x}_1 = -x_1 + x_2 \\ \dot{x}_2 = -h'n^*R^* \left[-\dfrac{\phi'}{sf^*} x_1 + \left(\dfrac{\varphi'n'}{l^*} + \dfrac{\phi'g^*R^*n'}{sf^{*2}} \right) y - \dfrac{\varphi'n^*}{l^{*2}} z \right] \\ \dot{y} = R^* \left[-\dfrac{\phi'}{sf^*} x_1 + \left(\dfrac{\varphi'n'}{l^*} + \dfrac{\phi'g^*R^*n'}{sf^{*2}} \right) y - \dfrac{\varphi'n^*}{l^{*2}} z \right] \\ \dot{z} = -l^*sR^*n'y \end{cases}
$$

となる。(39) の固有方程式 $\varphi(\rho) = 0$ は，

$$
(40) \quad \varphi(\rho) = \begin{vmatrix} \rho + 1 & -1 & 0 & 0 \\ -\dfrac{h'n^*R^*\phi'}{sf^*} & \rho & h'n^*R^*n' \left(\dfrac{\varphi'}{l^*} + \dfrac{\phi'g^*R^*}{sf^{*2}} \right) & -\dfrac{h'n^{*2}R^*\varphi'}{l^{*2}} \\ \dfrac{R^*\phi'}{sf^*} & 0 & \rho - R^*n' \left(\dfrac{\varphi'}{l^*} + \dfrac{\phi'g^*R^*}{sf^{*2}} \right) & \dfrac{R^*\varphi'n^*}{l^{*2}} \\ 0 & 0 & l^*sR^*n' & \rho \end{vmatrix} = 0
$$

である。$\varphi(\rho)$ の ρ に関する 0 次の項に注意しよう。(40) より

$$
(41) \quad \varphi(0) = h'n^*R^{*2} \begin{vmatrix} 1 & -1 & 0 & 0 \\ -\dfrac{\phi'}{sf^*} & \rho & n' \left(\dfrac{\varphi'}{l^*} + \dfrac{\phi'g^*R^*}{sf^{*2}} \right) & -\dfrac{\varphi'n^*}{l^{*2}} \\ \dfrac{\phi'}{sf^*} & 0 & -n' \left(\dfrac{\varphi'}{l^*} + \dfrac{\phi'g^*R^*}{sf^{*2}} \right) & \dfrac{\varphi'n^*}{l^{*2}} \\ 0 & 0 & l^*sR^*n' & \rho \end{vmatrix}
$$

である。2 行目と 3 行目は定数倍になっているから，

(42)　$\varphi(0) = 0$

であり，従って (40) の一根は 0 である。これを考慮して，(40) を展開すると

(43)　$\rho \psi(\rho) = 0$

となる。

以上より，かりに代替の弾力性が十分大であり，体系 (20) が安定となる

53

($\psi(\rho)=0$のすべての根が負の実部をもつ）場合でも，体系（36）は不安定であり，均衡経路からの乖離は，少なくとも決して縮小しないことが分る。

第Ⅳ章

消費需要の移動と均衡経路の不安定性[*]

序

資本主義では,商品市場の均衡(需給一致),及び資本設備の正常稼働を充たす経路は不安定である(均衡経路の不安定性)。もちろん,これに対して反対に作用する可能性をもつ数多くの要因を挙げることができる。

資本主義は最高度に発展した市場経済であるから,その調整機構である価格メカニズムを想起すると,価格変動に反応する経済主体の最適化行動は,代表的なものである。

本章の目的は,その一つ,価格変動に反応する消費財間の需要の移動(より高い価格の消費財からより低い価格の消費財への代替)が均衡経路の不安定性に対して持つ影響を検討することである。結果的には,均衡経路の不安定性に対する投資需要の影響の大きさを再確認することになる。

§1 でモデルを説明する。§2 で均衡経路の存在を確認し,§3 で安定性を検討する。

§1 モデル

2 部門経済で考える[1]。

生産技術について,次のように仮定する。第 i 財を一単位生産するのに,第 1 財が a_i 単位,労働が τ_i 単位必要である ($i=1, 2$)。従って各財の生産

---

[*] 本章は,「消費需要の移動と均衡経路の不安定性」関西大学『経済論集』第 28 巻第 1・2・3・4 号 (1978 年 9 月) を基礎にしている。
[1] 置塩信雄『蓄積論』(筑摩書房,1976 年) 181–99 ページを参照した。

量を X_i とすれば,補填需要(第 1 財に対する)は

(4-1) $a_1 X_1 + a_2 X_2$

である。また各部門での雇用量は,$\tau_i X_i$ である。従って貨幣賃金率を w と書けば,貨幣賃金 W は

(4-2) $W = w(\tau_1 X_1 + \tau_2 X_2)$

である。これが労働者の消費財源である。

資本家は,投資需要(貨幣単位)の一定割合を消費財源とすると仮定する。従って各部門の投資需要(実物単位)を I_i と書けば,資本家の消費財源 C は

(4-3) $C = \dfrac{p_1}{\mu}(I_1 + I_2), \quad \mu > 0,$

である[2]。p_1 は第 1 財の価格。

彼等の消費行動について,商品価格,及び貨幣賃金率を所与とみなし,効用を最大ならしめるよう消費財源を支出すると仮定する。効用関数を

(4-4) $U^j = b_1^j \log Y_1^j + b_2^j \log Y_2^j, \quad 0 < b_1^j, \ b_2^j < 1, \quad b_1^j + b_2^j = 1, \quad i = c, w,$

とする[3]。c は資本家を,w は賃金労働者を示す。

また Y_1^j は第 1 財の購入量(実物単位)であり,Y_2^j は第 2 財の購入量である。従って,例えば Y_2^c は資本家の第 2 財購入量(消費用の)である。かくして彼らの問題は $b_1^j \log Y_1^j + b_2^j \log Y_2^j$ を最大にせよ。但し $p_1 Y_1^j + p_2 Y_2^j \leqq W$(資本家の場合は C)である。p_i は各財の価格。

この条件付最大問題の答は,次のとおりである[4]。

(4-5) $L = b_1^j \log Y_1^j + b_2^j \log Y_2^j + \lambda(W - p_1 Y_1^j - p_2 Y_2^j)$

に関して

(4-6) $L_i = 0, \quad i = 1, 2,$

(4-7) $L_\lambda = 0,$

---

2) C,及び $p_1(I_1 + I_2)$ が貨幣単位であるから,μ は無名数。
3) E. R. Weintraub, *General Equilibrium Theory,* Macmillan, 1974, p.20 を参照した。
4) J. Quirk and R. Saposnik, *Introduction to General Equilibrium Theory and Welfare Economics,* McGRAW-HILL, 1968, pp.53–4 を参照した。

第Ⅳ章　消費需要の移動と均衡経路の不安定性

$$(4\text{-}8) \quad \begin{vmatrix} L_{11} & L_{12} & f_1 \\ L_{21} & L_{22} & f_2 \\ f_1 & f_2 & 0 \end{vmatrix} > 0,$$

ここで $L_i = \partial L/\partial Y_i^j$, $L_\lambda = \partial L/\partial \lambda$, $f = W - p_1 Y_1^j - p_2 Y_2^j$ である。

(4-6), (4-7) を実際に計算し, (Y_1^j, Y_2^j, λ) に関して解くと

$$(4\text{-}9) \quad Y_i^j = \frac{b_i^j J}{p_i}, \quad i = 1, 2, \quad J = W, C,$$

を得る。また, (4-8) を実際に計算すると

$$b_1^j \left(\frac{p_2}{Y_1^j}\right)^2 + b_2^j \left(\frac{p_1}{Y_2^j}\right)^2 > 0$$

である。さて各財の需給一致は, (4-1) を考慮すればさしあたり

$$X_1 = a_1 X_1 + a_2 X_2 + Y_1^C + Y_1^W + I_1 + I_2,$$
$$X_2 = Y_2^C + Y_2^W,$$

と書くことができるが, (4-2), (4-3), (4-9) を考慮すると

$$(4\text{-}10) \quad \begin{aligned} X_1 &= a_1 X_1 + a_2 X_2 + \frac{b_1^c(I_1+I_2)}{\mu} + \frac{b_1^w w(\tau_1 X_1 + \tau_2 X_2)}{p_1} + I_1 + I_2, \\ X_2 &= \frac{b_2^c p_1(I_1+I_2)}{\mu p_2} + \frac{b_2^w w(\tau_1 X_1 + \tau_2 X_2)}{p_2}, \end{aligned}$$

となる。更に第2財ではかった実質賃金率 w/p_2, 相対価格 p_1/p_2 を, それぞれ

$$(4\text{-}11) \quad R = w/p_2, \quad p = p_1/p_2$$

とすれば, (4-10) は

$$(4\text{-}12) \quad \begin{aligned} X_1 &= a_1 X_1 + a_2 X_2 + \frac{b_1^c}{\mu}(I_1+I_2) + \frac{b_1^w R}{p}(\tau_1 X_1 + \tau_2 X_2) + I_1 + I_2, \\ X_2 &= \frac{b_2^c p}{\mu}(I_1+I_2) + b_2^w R(\tau_1 X_1 + \tau_2 X_2), \end{aligned}$$

となる。

資本家の生産決定態度について, 次のように仮定する。各部門の資本家が所有している資本ストックを K_i と書こう。これを完全に稼働させたときの生産量を X_i^* とすれば,

$$(4\text{-}13) \quad X_i^* = K_i/a_i$$

57

である[5]。$X_i = X_i^*$のとき（4-12）が成立するならば，完全稼働，市場均衡が実現している。

では，$X_i \neq X_i^*$のときはどうか。完全稼働が破れることによって市場均衡は維持される（(4-12)が成立する）と想定する[6]。そして現実の生産量と完全稼働のときの生産量との比（稼働率）を，δ_i と書くと

(4-14)　　$\delta_i = X_i/X_i^*$

である[7]。

資本家は，利潤率 γ_i によって稼働率を決定すると仮定し

(4-15)　　$\delta_i = \delta(\gamma_i), \quad \delta' > 0$

とする。ここで利潤率 γ_i を，

$$(4\text{-}16) \quad \gamma_1 = \frac{p_1 - (p_1 a_1 + w\tau_1)}{p_1 a_1}, \quad \gamma_2 = \frac{p_2 - (p_1 a_2 + w\tau_2)}{p_1 a_2}$$

と定義する[8]。従って（4-11），（4-16）を考慮すれば，（4-15）は

(4-17)　　$\delta_i = \delta\{\gamma_i(p, R)\}$

と書くことができ

$$(4\text{-}18) \quad \begin{aligned} \frac{\partial \delta_1}{\partial p} &= \frac{\delta' R \tau_1}{p^2 a_1} > 0, \\ \frac{\partial \delta_1}{\partial R} &= -\frac{\delta' \tau_1}{p a_1} < 0, \\ \frac{\partial \delta_2}{\partial p} &= -\frac{\delta'(1 - R\tau_2)}{p^2 a_2} < 0, \ [9] \\ \frac{\partial \delta_2}{\partial R} &= -\frac{\delta' \tau_2}{p a_2} < 0, \end{aligned}$$

を得る。

さて（4-12）を K_2 で割り，（4-13），（4-14）を考慮すると

5）$\tau_i X_i^*$ の労働が，調達可能ということである。
6）実際には，完全稼働，及び市場均衡共に破れるだろう。
7）稼働率を $\dfrac{\text{第一財使用量}}{\text{第一財保有量}}$ と考えてもよい。
8）賃金後払いの前提。
9）$\gamma_2 > 0$ を仮定。

第Ⅳ章 消費需要の移動と均衡経路の不安定性

$$(4\text{-}19) \quad \frac{\delta_1 k}{a_1}\left(1-a_1-\frac{b_1{}^w R\tau_1}{p}\right) - \frac{\delta_2}{a_2}\left(a_2+\frac{b_1{}^w \tau_2 R}{p}\right) = \left(\frac{b_1{}^c}{\mu}+1\right)(g_1 k + g_2),$$

$$-\frac{b_2{}^w \tau_1 R}{a_1}\frac{\delta_1 k}{a_1} + \frac{\delta_2}{a_2}(1-b_2{}^w \tau_2 R) = \frac{b_2{}^c p}{\mu}(g_1 k + g_2),$$

を得る。ここで, $g_i = I_i/K_i$, $k = K_1/K_2$ である。

(g_1, g_2, k) が決れば, (4-19) によって (p, R) が決る。従って (4-16) より利潤率が, (4-15) より稼働率が決る[10]。

資本家の資本蓄積率 g_i 決定態度について, 次のように仮定する。

$$(4\text{-}20) \quad \dot{g}_i = F(\delta_i - 1), \quad F' > 0, \quad F(0) = 0$$

ここで, $\dot{g} = dg/dt$。また, k の定義より

$$(4\text{-}21) \quad \dot{k}/k = g_1 - g_2$$

である。(4-17), (4-19), (4-20), (4-21) でモデルが完結した。未知数は, g_i, δ_i, k, p, R である。

§2 均衡発展

両部門で完全稼働が行われ $(\delta_i = 1)$, 且つ部門比率が一定値をとる $(k = k^*)$ ような発展経路は存在するだろうか[11]。

$\delta_i = 1$ ならば, (4-20) より g_i は一定値をとる。また k が一定値をとるとき, (4-21) より $g_1 = g_2$ である。これを g^* と書こう。(4-19) より

$$(4\text{-}22) \quad k^* = \frac{a_1\{b_2{}^c(p^* a_2 + b_1{}^w \tau_2 R^*) + (b_1{}^c + \mu)(1 - b_2{}^w \tau_2 R^*)\}}{a_2\{b_2{}^c(p^* - p^* a_1 - b_1{}^w \tau_1 R^*) + (b_1{}^c + \mu) b_2{}^w \tau_1 R^*\}},$$

$$(4\text{-}23) \quad g^* = \frac{\mu\{(1-a_1)(1-\tau_2 R^*) - a_1 \tau_1 R^*\}}{(1+\mu) a_2 p^*},$$

---

10) しかし稼働率が決らないと, (4-19) によって (p, R) が決らないではないかという疑問に対して。(g_i, k) に対して (4-19) が成立しないような (p, R) であれば, 諸価格, 従って利潤率, 稼働率が変動し, 結局 (4-19) が成立する。この調整過程の収束を前提している。

11) $\delta_i = 1$ に対応する利潤率 $\gamma_i = \gamma^* > 0$ を前提する。このとき, $\frac{1}{a_1}\left(1 - a_1 - \frac{\tau_1 R^*}{p^*}\right) = \frac{1}{a_2}\left(\frac{1}{p^*} - 1 - \frac{\tau_2 R^*}{p^*}\right) = \gamma^*$, $\delta(\gamma^*) = 1$ である。

を得る[12]。

(4-23) より, g^* は消費態度 (b_i^j) の影響を受けないことが分る。k^* が b_i^j の影響をどのように受けるかをみよう。(4-22) より, b_1^w がより大 (b_2^w がより小) であれば, k^* はより大となることが分る (逆は逆)。また (4-22) より, (4-19) を考慮すれば

$$(4\text{-}24) \quad \frac{\partial k^*}{\partial b_1^c} = \frac{a_1 p^*(1+\mu)g^*(1+k^*)\{b_2^c \mu a_1(p^*a_2 + b_1^w \tau_2 R^*)}{a_2 \mu^2 k^* \{b_2^c(p^* - p^*a_1 - b_1^w \tau_1 R^*)} \\ \frac{+ b_2^w \mu a_2 \tau_1 R^*(b_1^c + \mu) + b_2^c p^*(b_1^c + \mu)g^*(1+k^*)\}}{+ (b_1^c + \mu)b_2^w \tau_1 R^*\}^2} > 0$$

を得る。

結局, b_i^j は g^* に影響せず, b_1^j がより大 (b_2^j がより小) であれば, k^* はより大となることが分った。

§3 不安定性

(4-19), (4-20), (4-21) を (g_1, g_2, k) に関する微分方程式系とみて, 均衡 (g^*, g^*, k^*) の安定性を検討しよう。

まず, (p, R) が均衡近傍で (g_1, g_2, k) によって, どのように規定されているかをみよう[13]。(4-19) を (p, R, g_1) に関して微分すると

$$(4\text{-}25) \quad \begin{bmatrix} C_{11} & C_{12} \\ C_{21} & C_{22} \end{bmatrix} \begin{bmatrix} \partial p \\ \partial R \end{bmatrix} = \begin{bmatrix} \dfrac{b_1^c}{\mu} + 1 \\ \dfrac{b_2^c p}{\mu} \end{bmatrix} k \partial g_1$$

である。ここで,

---

12) $(1-a_1)(1-\tau_2 R^*) - a_1 \tau_1 R^* > 0$ を前提する。これは実質賃金率が R^* のとき, 両部門で利潤が存在する条件である。置塩信雄, 前掲書, 44–8 ページ参照。
13) ある期の (g_1, g_2, k) が決れば (4-17), (4-19) によって, その期の (p, R) が決まる。すると (4-20), (4-21) によって, 次期の (g_1, g_2, k) が決る。

第Ⅳ章　消費需要の移動と均衡経路の不安定性

(4-26)
$$C_{11} = \frac{1}{p_2}\left[b_1^w R\left(\frac{\tau_1 k}{a_1}+\frac{\tau_2}{a_2}\right)+\delta'\left\{(p-pa_1-b_1^w R\tau_1)\frac{R\tau_1 k}{pa_1^2}\right.\right.$$
$$\left.\left.+(pa_2+b_1^w \tau_2 R)\frac{1-R\tau_2}{pa_2^2}\right\}\right],$$

$$C_{12} = \frac{1}{p}\left[-b_1^w\left(\frac{\tau_1 k}{a_1}+\frac{\tau_2}{a_2}\right)+\delta'\left\{-(p-pa_1-b_1^w R\tau_1)\frac{\tau_1 k}{pa_1^2}\right.\right.$$
$$\left.\left.+(pa_2+b_1^w \tau_2 R)\frac{\tau_2}{pa_2^2}\right\}\right],$$

$$C_{21} = -\frac{b_2^c g(1+k)}{\mu}-\frac{\delta'}{p^2}\left\{b_2^w k\left(\frac{R\tau_1}{a_1}\right)^2+\frac{(1-b_2^w R\tau_2)(1-R\tau_2)}{a_2^2}\right\},$$

$$C_{22} = -b_2^w\left(\frac{\tau_1 k}{a_1}+\frac{\tau_2}{a_2}\right)+\frac{\delta'}{p}\left\{b_2^w kR\left(\frac{\tau_1}{a_1}\right)^2-\frac{\tau_2(1-b_2^w R\tau_2)}{a_2^2}\right\},$$

である[14]。従って

(4-27)
$$\frac{\partial p}{\partial g_1}=\begin{vmatrix}\frac{b_1^c}{\mu}+1 & C_{12}\\ \frac{b_2^c p}{\mu} & C_{22}\end{vmatrix} k\div\Delta,$$

$$\frac{\partial R}{\partial g_1}=\begin{vmatrix}C_{11} & \frac{b_1^c}{\mu}+1\\ C_{21} & \frac{b_2^c p}{\mu}\end{vmatrix} k\div\Delta.$$

である。但し

(4-28) $$\Delta=\begin{vmatrix}C_{11} & C_{12}\\ C_{21} & C_{22}\end{vmatrix}$$

である[15]。同様に (4-19) を (p, R, g_2), (p, R, k) に関して微分すると,

(4-29)
$$\frac{\partial p}{\partial g_2}=\begin{vmatrix}\frac{b_1^c}{\mu}+1 & C_{12}\\ \frac{b_2^c p}{\mu} & C_{22}\end{vmatrix}\div\Delta=\frac{1}{k}\frac{\partial p}{\partial g_1},$$

$$\frac{\partial R}{\partial g_2}=\begin{vmatrix}C_{11} & \frac{b_1^c}{\mu}+1\\ C_{21} & \frac{b_2^c p}{\mu}\end{vmatrix}\div\Delta=\frac{1}{k}\frac{\partial R}{\partial g_1},$$

---

14) 均衡での値である。以下同様。
15) $\Delta<0$ は，後に示す。

及び

(4-30)
$$\frac{\partial p}{\partial k} = \begin{vmatrix} -\frac{1}{pa_1}(p - pa_1 - b_1^w R\tau_1) + g\left(\frac{b_1^c}{\mu}+1\right) & C_{12} \\ \frac{b_2^w \tau_1 R}{a_1} + \frac{b_2^c pg}{\mu} & C_{22} \end{vmatrix} \div \Delta,$$

$$\frac{\partial R}{\partial k} = \begin{vmatrix} C_{11} & -\frac{1}{pa_1}(p - pa_1 - b_1^w R\tau_1) + g\left(\frac{b_1^c}{\mu}+1\right) \\ C_{21} & \frac{b_2^w \tau_1 R}{a_1} + \frac{b_2^c pg}{\mu} \end{vmatrix} \div \Delta,$$

を得る。

他方，均衡からの乖離 $(g_1 - g^*, g_2 - g^*, k - k^*)$ を (x, y, z) と書くと，(4-19)，(4-20)，(4-21) の一次近似系は，

(4-31)
$$\begin{bmatrix} \dot{x} \\ \dot{y} \\ \dot{z} \end{bmatrix} = \begin{bmatrix} F'\frac{\partial \delta_1}{\partial g_1} & F'\frac{\partial \delta_1}{\partial g_2} & F'\frac{\delta_1}{\partial k} \\ F'\frac{\partial \delta_2}{\partial g_1} & F'\frac{\partial \delta_2}{\partial g_2} & F'\frac{\partial \delta_2}{\partial k} \\ k & -k & 0 \end{bmatrix} \begin{bmatrix} x \\ y \\ z \end{bmatrix}$$

である。(4-31) の固有方程式 $\varphi(\rho) = 0$ は，

(4-32)
$$\varphi(\rho) = \begin{vmatrix} \rho - F'\frac{\partial \delta_1}{\partial g_1} & -F'\frac{\partial \delta}{\partial g_2} & -F'\frac{\partial \delta_1}{\partial k} \\ -F'\frac{\partial \delta_2}{\partial g_2} & \rho - F'\frac{\partial \delta_2}{\partial g_2} & -F'\frac{\partial \delta_2}{\partial k} \\ -k & k & \rho \end{vmatrix} = 0,$$

である。(4-31) が安定であるための必要十分条件は，(4-32) を

$$\varphi(\rho) = \rho^3 + b_1 \rho^2 + b_2 \rho + b_3$$

と整理したとき

$$b_1, \quad b_2, \quad b_3 > 0, \quad b_1 b_2 - b_3 > 0,$$

である。

$b_3 = \varphi(0) < 0$ であることをみよう。(4-32) より

第Ⅳ章　消費需要の移動と均衡経路の不安定性

$$(4\text{-}33)\quad \varphi(0) = (F')^2 k \begin{vmatrix} \dfrac{\partial \delta_1}{\partial g_1} & \dfrac{\partial \delta_1}{\partial g_2} & \dfrac{\partial \delta_1}{\partial k} \\ \dfrac{\partial \delta_2}{\partial g_1} & \dfrac{\partial \delta_2}{\partial g_2} & \dfrac{\partial \delta_2}{\partial k} \\ -1 & 1 & 0 \end{vmatrix}$$

である。$\dfrac{\partial \delta_i}{\partial g_i} = \delta'\left(\dfrac{\partial \delta_i}{\partial p}\dfrac{\partial p}{\partial g_i} + \dfrac{\partial \delta_i}{\partial R}\dfrac{\partial R}{\partial g_i}\right)$ であるから，(4-18)，(4-29) を考慮すると

$$(4\text{-}34)\quad \varphi(0) = \dfrac{(F'\delta')^2 \tau_1 (1+k)}{p^3 a_1 a_2} \begin{vmatrix} \dfrac{\partial p}{\partial g_1} & \dfrac{\partial R}{\partial g_1} \\ \dfrac{\partial p}{\partial k} & \dfrac{\partial R}{\partial k} \end{vmatrix}$$

である。更に (4-27)，(4-30) を考慮すると

$$(4\text{-}35)\quad \varphi(0) = \dfrac{(F'\delta')^2 \tau_1 (1+k)\{(b_1^c + \mu) b_2^w \tau_1 R + b_2^c (p - pa_1 - b_1^w \tau_1 R)\}}{\mu p^3 a_1^2 a_2 \Delta}$$

を得る。

　Δ の符号を調べよう。(26) より Δ は δ' に関する二次式になることが分る。Δ を δ' に関して整理すると

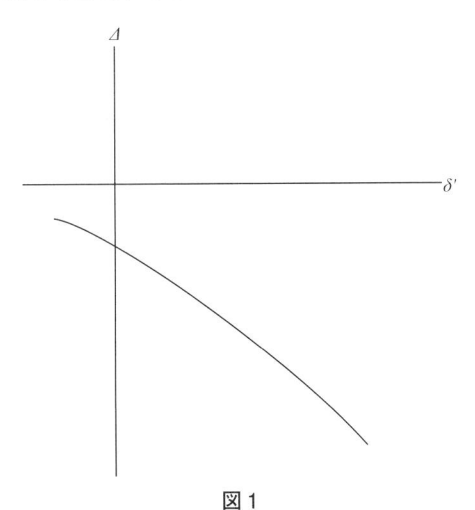

図1

$$(\delta')^2 \text{ の係数} = \frac{\tau_1 g(1+k)}{p^2 a_1 a_2 \mu^2} \left\{ \frac{b_2{}^c \mu (pa_2 + b_1{}^w \tau_2 R)}{a_2} + \frac{b_2{}^w \mu \tau_1 R (b_1{}^c + \mu)}{a_1} \right.$$

$$\left. + (b_1{}^c + \mu) b_2{}^c pg(1+k) \right\} < 0,$$

$$\delta' \text{ の係数} = -\frac{1}{p^2} \left[\frac{b_1{}^w \tau_2 \gamma_2}{a_2{}^2} + \frac{\tau_1 k (b_1{}^w + b_2{}^w pa_2)}{pa_1 a_2} + \frac{p - pa_1 - b_1{}^w R \tau_1}{pa_1{}^2} \right.$$

$$\left. \left\{ b_2{}^w R \tau_1 k \left(\frac{\tau_1 k}{a_1} + \frac{\tau_2}{a_2} \right) + \frac{b_2{}^c \tau_1 kpg(1+k)}{\mu} \right\} \right] < 0,$$

$$(\delta')^0 \text{ の係数} = -\frac{b_1{}^w}{p} \left(\frac{\tau_1 k}{a_1} + \frac{\tau_2}{a_2} \right) \left\{ \frac{R b_2{}^w}{p} \left(\frac{\tau_1 k}{a_1} + \frac{\tau_2}{a_2} \right) + \frac{b_2{}^c g(1+k)}{\mu} \right\} < 0,$$

である。$\delta' > 0$ であるから，$\Delta < 0$ であることが分る（図1を参照）。それ故，$b_3 < 0$, 従って（4-31）は不安定である。即ち，モデル（4-17），（4-19），（4-20），（4-21）は不安定である[16]。

---

16) b_i^j の存在故に，不安定となるのではない。$b_i^j = 0 (b_2^j = 1)$ の場合と比較せよ。

第Ⅴ章

消費財部門の不調による恐慌の可能性*

序

　資本制経済では，正常稼働・完全販売を毎期続ける発展径路は不安定であり，一旦この径路からはずれると，不均衡は累積して行く。この不均衡累積過程について，次のことが既に明らかになっている。

　消費財部門で稼働率・利潤率の低下が進みながら，経済全体としては上方への不均衡累積過程（俗にいう好況）が続きうること。従って好況が進んで行くと，消費財部門の相対的不調によって必ず恐慌（＝全般的過剰生産）が生ずるとは主張できないこと[1]。

　但し，そこでは資本家の蓄積需要決定態度について，生産財・消費財両部門の資本家は，共に自部門の稼働率だけを考慮して資本蓄積率を決めると仮定されている。しかし資本家が他部門の状態も考慮して，資本蓄積率を決定することも十分考えられる。特に生産財部門の資本家が，消費財部門からの蓄積需要も予想して，資本蓄積率を決定すると想定したような場合，消費財部門では不調が進みながら，経済全体としては上方への不均衡累積過程が続くというようなことが可能だろうか。これを検討するのが，本章の目的である。

＊本章は，「消費財部門のゆきづまりによる恐慌の可能性」関西大学『経済論集』第25巻第2, 3, 4号（1975年11月）を基礎にしている。

1）置塩信雄「不均衡累積過程における各部門利潤率と部門比率の運動」『国民経済雑誌』第117巻第5号（昭和43年5月）を参照。本章は，この直接の小拡張である。

結果的には，生産財部門の自部門内循環（資本蓄積率＝＞利潤率＝＞資本蓄積率の正の効果）の強さが再確認できる。
　§1ではモデルの主な仮定を述べ，§2では両部門の資本家が，共に自部門はもちろん他部門の状況を考慮して自部門の資本蓄積率を決定する場合を検討する。§3ではより極端な場合として生産財部門の資本家だけが，他部門（消費財部門）の状況も考慮して自部門の資本蓄積率を決定する場合（消費財部門の資本家は自部門だけを考慮）を検討する。§4で結論をまとめる。

§1　主な仮定

　次のような経済を考える。
1．経済は，生産財部門と消費財部門から成る。両部門共，生産は物的には，同じ生産財と労働だけで行われる。
2．生産財の耐用年数は十分大きく，摩耗を無視できる。
3．一旦据えつけられた生産財の部門間転用は，できない。
4．生産技術は変化しない。
5．労働者は，賃金をすべて消費に支出する。資本家の消費は無視する。

　このとき生産財部門と消費財部門に，それぞれ K_1, K_2 の資本が存在し，各部門からの蓄積需要がそれぞれ I_1, I_2 だとすれば，経済の一時的状態は，次のようにして決まる。
　両部門の需給一致は，

(5-1)　　　$X_1 = I_1 + I_2$

(5-2)　　　$P_2 X_2 = w(N_1 + N_2)$

で示される。ここで，X_1 は生産財生産量，X_2 は消費財生産量，P_2 は消費財価格，w は貨幣賃金率，N_1, N_2 は各部門の雇用量。
　労働生産性を，$1/n_i$, $i = 1, 2$ とすると，

(5-3)　　　$n_i X_i = N_i$ [2]

正常稼働のときの資本・産出高比率を，$1/\sigma_i$ とすると，

---

[2] 以下，誤解のおそれがない場合，$i = 1, 2$ を省略。

第Ⅴ章　消費財部門の不調による恐慌の可能性

(5-4) 　$X_i = x_i \sigma_i K_i$

である。但し，x_i は稼働率。

技術変化はないとしたから，n_i, σ_i は一定である。

資本家は，利潤率 r_i に応じて稼働率を決定するとして，

(5-5) 　$x_i = f(r_i)$, 　$f' > 0$

各部門の利潤率は，それぞれ

(5-6) 　$r_1 = \dfrac{P_1 X_1 - w N_1}{P_1 K_1}$

(5-7) 　$r_2 = \dfrac{P_2 X_2 - w N_2}{P_1 K_2}$

で定義する。P_1 は生産財価格。

未知数は，一応 X_i, N_i, P_i, x_i, r_i, w であるが，生産財ではかった実質賃金率 $R_1 = w/P_1$，消費財ではかった実質賃金率 $R_2 = w/P_2$ で考えると，(5-1)〜(5-7) で，X_i, N_i, R_i, x_i, r_i が決る。

(5-1)〜(5-7) を，次のように書き換える。

(5-1) より，(5-4)，(5-5) を考慮して，

(5-8) 　$f(r_1) \sigma_1 = g_1 + g_2 \lambda$ [3]

但し，

(5-9) 　$g_i = I_i / K_i$

(5-10) 　$\lambda = K_2 / K_1$

である。また (5-2) より，(5-3)，(5-4)，(5-5) を考慮して，

(5-11) 　$f(r_2) \sigma_2 = R_2 \left\{ \dfrac{f(r_1) \sigma_1 n_1}{\lambda} + f(r_2) \sigma_2 n_2 \right\}$

を得る[4]。また (5-6)，(5-7) を，(5-3)，(5-4)，(5-5) を考慮して，

(5-12) 　$r_1 = f(r_1) \sigma_1 (1 - R_1 n_1)$

(5-13) 　$r_2 = f(r_2) \sigma_2 (1 - R_2 n_2) \dfrac{R_1}{R_2}$

---

3) $\dfrac{X_1}{K_1} = \dfrac{I_1}{K_1} + \dfrac{I_2}{K_2} \dfrac{K_2}{K_1}$

4) $\dfrac{X_2}{K_2} = \dfrac{w}{P_2} \left(\dfrac{N_1}{X_1} \dfrac{X_1}{K_1} \dfrac{K_1}{K_2} + \dfrac{N_2}{X_2} \dfrac{X_2}{K_2} \right)$

と書き換える。

 (5-8),(5-11),(5-12),(5-13)によって, I_i 及び K_i, 従って, g_i 及び λ が与えられたとき, R_i と r_i の一時的水準が決まる。

 均衡発展がありえることを確認しておこう。両部門で, 正常稼働が行われている ($x_i = 1$) ならば, (5-5) より,

 (5-14) $\quad r_1 = r_2 (\equiv r^*)$

である。このとき (5-12) より, R_1 の均衡水準 R_1^* が決り,

 (5-15) $\quad R_1^* = \dfrac{\sigma_1 - r^*}{\sigma_1 n_1}$

である。すると (5-13) より, R_2 の均衡水準 R_2^* が決り,

 (5-16) $\quad R_2^* = \dfrac{1}{n_2 + \dfrac{r^*}{\sigma_2 R_1^*}}$

である。また (5-11) に, (5-15), (5-16) を代入して, 均衡部門比率 λ^* は

 (5-17) $\quad \lambda^* = \dfrac{R_2^* \sigma_1 n_1}{(1 - R_2^* n_2) \sigma_2}$

であることが分る[5]。

 最後に, $\lambda = \lambda^*$ であるためには

 (5-18) $\quad I_i = \dot{K}_i$

を仮定すると, (5-9), (5-10) より

 (5-19) $\quad \dot{\lambda} = (g_2 - g_1) \lambda$

であるから, $\dot{\lambda} = 0$, 即ち $g_2 = g_1$ でなければならない。従って (5-8) より

 (5-20) $\quad g_1 = g_2 = \dfrac{\sigma_1}{1 + \lambda^*} (\equiv g^*)$

でなければならない。

 以上, 両部門で正常稼働が行われているとき, (5-18) を仮定すれば, 両部門の資本蓄積率, 部門比率, 各財ではかった実質賃金率, 両部門の利潤率が一定値をとることが分った。

---

[5] $R_2^* < \dfrac{1}{n_2}$ を仮定する。これは, (5-13) から分るように, 消費財部門で利潤が存在する条件である。

第V章 消費財部門の不調による恐慌の可能性

さて実質賃金率,利潤率(従って稼働率)の一時的水準は,(g_1, g_2, λ) によって決ることをみた。そして λ は g_i によって決まる(∵(5-19))。最後に g_i は資本家が稼働率によって決めるとしよう。これで議論は完結する。更に g_i の決定について,正常稼働のとき,資本蓄積を一定値に維持するとの態度を前提すれば,均衡発展は可能である。

議論の便宜上,稼働率が,均衡近傍で,どのように (g_1, g_2, λ) によって規定されているかをみておこう。

(5-5),(5-8) より

(5-21) $\quad \dfrac{\partial x_1}{\partial g_1} = \dfrac{dx_1}{dr_1} \dfrac{\partial r_1}{\partial g_1} = \dfrac{1}{\sigma_1} > 0$

(5-22) $\quad \dfrac{\partial x_1}{\partial g_2} = \dfrac{dx_1}{dr_1} \dfrac{\partial r_1}{\partial g_2} = \dfrac{\lambda^*}{\sigma_1} > 0$

(5-23) $\quad \dfrac{\partial x_1}{\partial \lambda} = \dfrac{dx_1}{dr_1} \dfrac{\partial r_1}{\partial \lambda} = \dfrac{g^*}{\sigma_1} > 0$

を得る。そして

(5-24) $\quad \dfrac{\partial x_2}{\partial g_1} = \dfrac{dx_2}{dr_2} \dfrac{\partial r_2}{\partial r_1} \dfrac{\partial r_1}{\partial g_1}$

(5-25) $\quad \dfrac{\partial x_2}{\partial g_2} = \dfrac{dx_2}{dr_2} \dfrac{\partial r_2}{\partial r_1} \dfrac{\partial r_1}{\partial g_2}$

(5-26) $\quad \dfrac{\partial x_2}{\partial \lambda} = \dfrac{dx_2}{dr_2} \dfrac{\partial r_2}{\partial r_1} \dfrac{\partial r_1}{\partial \lambda}$

であるが,(5-5) より $dx_2/dr_2 = f' > 0$,また $\partial r_1/\partial g_1, \partial r_1/\partial g_2, \partial r_1/\partial \lambda$ は,(5-21),(5-22),(5-23)で既に知っているから,$\partial r_2/\partial r_1$ が分ればよい。

そこで,(5-11),(5-12),(5-13) を r_i, R_i に関して全微分すると,

$$R_2^* f' \sigma_1 n_1 \partial r_1 - f' \lambda^* \sigma_2 (1 - R_2^* n_2) \partial r_2 \qquad\qquad + \dfrac{\lambda^* \sigma_2}{R_2^*} \partial R_2 = 0$$

(5-27) $\quad (1 - f' r^*) \partial r_1 \qquad\qquad\qquad\qquad\qquad + \sigma_1 n_1 \partial R_1 \qquad\qquad = 0$

$$R_2^* (1 - f' r^*) \partial r_2 - \dfrac{r^* R_2^*}{R_1^*} \partial R_1 + \dfrac{\sigma_2 R_1^*}{R_2^*} \partial R_2 = 0$$

である。(5-27)を例えば,$\partial r_1, \partial r_2, \partial R_2$ に関して解くと,

$$
(5\text{-}28) \quad \partial r_1 = \begin{vmatrix} 0 & -f'\lambda^*\sigma_2(1-R_2{}^*n_2) & \dfrac{\lambda^*\sigma_2}{R_2{}^*} \\ -\sigma_1 n_1 \partial R_1 & 0 & 0 \\ \dfrac{r^*R_2{}^*}{R_1{}^*}\partial R_1 & R_2{}^*(1-f'r^*) & \dfrac{\sigma_2 R_1{}^*}{R_2{}^*} \end{vmatrix} \div \Delta
$$

$$
(5\text{-}29) \quad \partial r_2 = \begin{vmatrix} R_2{}^*f'\sigma_1 n_1 & 0 & \dfrac{\lambda^*\sigma_2}{R_2{}^*} \\ 1-f'r^* & -\sigma_1 n_1 \partial R_1 & 0 \\ 0 & \dfrac{r^*R_2{}^*}{R_1{}^*}\partial R_1 & \dfrac{\sigma_2 R_1{}^*}{R_2{}^*} \end{vmatrix} \div \Delta
$$

但し,

$$
(5\text{-}30) \quad \Delta = \begin{vmatrix} R_2{}^*f'\sigma_1 n_1 & -f'\lambda^*\sigma_2(1-R_2{}^*n_2) & \dfrac{\lambda^*\sigma_2}{R_2{}^*} \\ 1-f'r^* & 0 & 0 \\ 0 & R_2{}^*(1-f'r^*) & \dfrac{\sigma_2 R_1{}^*}{R_2{}^*} \end{vmatrix}
$$

であるから, (5-28), (5-29) より

$$
(5\text{-}31) \quad \dfrac{\partial r_2}{\partial r_1} = \begin{vmatrix} R_2{}^*f'\sigma_1 n_1 & 0 & \dfrac{\lambda^*\sigma_2}{R_2{}^*} \\ 1-f'r^* & -\sigma_1 n_1 & 0 \\ 0 & \dfrac{r^*R_2{}^*}{R_1{}^*} & \dfrac{\sigma_2 R_1{}^*}{R_2{}^*} \end{vmatrix}
$$

$$
\div \begin{vmatrix} 0 & -f'\lambda^*\sigma_2(1-R_2{}^*n_2) & \dfrac{\lambda^*\sigma_2}{R_2{}^*} \\ -\sigma_1 n_1 & 0 & 0 \\ \dfrac{r^*R_2{}^*}{R_1{}^*} & R_2{}^*(1-f'r^*) & \dfrac{\sigma_2 R_1{}^*}{R_2{}^*} \end{vmatrix}
$$

$$
= \dfrac{f'\sigma_1 - 1}{f'R_1{}^*\sigma_1 n_1 + \lambda^*(1-f'r^*)} \overset{?}{\sim} 0
$$

を得る。

便宜上，f を r_i の弾力性 1 以下の関数とすれば[6]，

(5-32) $\quad \dfrac{r_i}{x_i} \dfrac{dx_i}{dr_i} < 1$

であるから，均衡では $1 - f'r^* > 0$ となり（∵ $x_i = 1$），(5-31) において分母の符号は正となる。しかしながら $r^* < \sigma_1$ であるから，$1 - f'\sigma_1$ の符号が決らず，従って $\partial r_2/\partial r_1$ の符号も決まらない。

以上，符号はともかく稼働率 x_i が，均衡近傍で (g_1, g_2, λ) によって，どのように規定されているかをみた。

§2 モデル 1

両部門の資本家が，どちらも他部門の状態も考慮に入れて資本蓄積率を決定する場合を検討しよう。まず他部門の稼働率を一定率で評価して，自部門の資本蓄積率を決定するとしよう。即ち，

(5-33) $\quad \dot{g}_1 = \alpha [x_1(g_1, g_2, \lambda) - 1] + c\alpha [x_2(g_1, g_2, \lambda) - 1]$
(5-34) $\quad \dot{g}_2 = \alpha [x_2(g_1, g_2, \lambda) - 1] + c\alpha [x_1(g_1, g_2, \lambda) - 1]$,
$\quad\quad\quad \alpha' > 0, \quad \alpha(0) = 0, \quad c > 0$

としよう。c は，他部門の稼働率を評価する程度を表す。

生産財部門の資本家が，消費財部門の稼働率が正常水準より高いとき資本蓄積率を上げるのは，消費財部門の資本家からの蓄積需要増大を予想するからである。消費財部門の資本家が，生産財部門の稼働率が正常水準より高いとき資本蓄積を上げるのは生産財部門での雇用増加による賃金上昇，それによる消費需要増加を予想するからである。

検討すべき体系は，(5-19)，(5-33)，(5-34) である。

(5-35) $\quad \begin{cases} y_1 = g_1 - g^* \\ y_2 = g_2 - g^* \\ z = \lambda - \lambda^* \end{cases}$

として，(5-19)，(5-33)，(5-34) を均衡で一次近似し，均衡からの乖離 (y_1, y_2, z) についての線型系に換えると，

---

[6] 以下，これを前提する。

$$(5\text{-}36)\quad \begin{cases} \dot{y}_1 = \beta\left\{(1+ck)y_1 + \lambda^*(1+ck)y_2 + g^*\left(1-\dfrac{c}{\lambda^*}\right)z\right\} \\ \dot{y}_2 = \beta\left\{(c+k)y_1 + \lambda^*(c+k)y_2 + g^*\left(c-\dfrac{1}{\lambda^*}\right)z\right\} \\ \dot{z} = \lambda^*(-y_1 + y_2) \end{cases}$$

$$k = \dfrac{\partial r_2}{\partial r_1}, \quad \beta = \dfrac{\alpha'}{\sigma_1}{}^{7)}$$

となる。

(5-36) の固有方程式は,

$$(5\text{-}37)\quad \begin{vmatrix} \rho - \beta(1+ck) & -\beta\lambda^*(1+ck) & -\beta g^*\left(1-\dfrac{c}{\lambda^*}\right) \\ -\beta(c+k) & \rho - \beta\lambda^*(c+k) & -\beta g^*\left(c-\dfrac{1}{\lambda^*}\right) \\ \lambda^* & -\lambda^* & \rho \end{vmatrix} = 0$$

あるいは展開して,

$$(5\text{-}38)\quad \rho^3 - \beta\{1+\lambda^*k + c(k+\lambda^*)\}\rho^2 + \beta\sigma_1(1-c)\rho + \beta^2\sigma_1(1+\lambda^*k)(c^2-1) = 0$$

である。

$c = 0$ のとき[8], (5-38) は

$$(5\text{-}39)\quad \{\rho - \beta(1+\lambda^*k)\}(\rho^2 + \beta\sigma_1) = 0$$

と整理できる。(5-39) により (5-36) の固有方程式は, 一正根と二純虚根を持つことが分る。従って運動は振動しつつ, 結局のところ

$$(5\text{-}40)\quad \begin{cases} y_1 = A_1 e^{\rho_\bigcirc t} \\ y_2 = A_2 e^{\rho_\bigcirc t} \\ z = A_3 e^{\rho_\bigcirc t}, \quad \bigcirc = \beta(1+\lambda^*k) \end{cases}$$

なる形の解によって決定される。そこで (5-40) に注目すると, (A_1, A_2, A_3) は $\beta(1+\lambda^*k)$ に属する固有ベクトルであるから,

---

7) 微係数 $\dfrac{\partial r_2}{\partial r_1}, \alpha'$ は, 均衡での値である。以下同様。

8) これが, 前掲置塩論文で分析された場合である。

第Ⅴ章 消費財部門の不調による恐慌の可能性

(5-41) $\begin{cases} \lambda^* k A_1 - \lambda^* A_2 - g^* A_3 = 0 \\ \lambda^* A_1 - \lambda^* A_2 + \beta(1+\lambda^*k) A_3 = 0 \end{cases}$

が成り立つ。従って (41) より,

(5-42) $A_2 = \dfrac{\beta(1+\lambda^*k)k + g^*}{\beta(1+\lambda^*k) + g^*} A_1$

(5-43) $A_3 = \dfrac{(k-1)\lambda^*}{\beta(1+\lambda^*k) + g^*} A_1$

(5-42) より,

(5-44) $A_1 + \lambda^* A_2 = \dfrac{\beta(1+\lambda^*k)^2 + g^*(1+\lambda^*)}{\beta(1+\lambda^*k) + g^*} A_1$

(5-45) $\dfrac{A_2}{A_1} = \dfrac{\beta(1+\lambda^*k)k + g^*}{\beta(1+\lambda^*k) + g^*}$

であることが分る。

さて $1+\lambda^*k > 0$[9] より, (5-42), (5-43), (5-44), (5-45) の分母は正である。

1. (5-44) の分子も正であるから, $A_1 + \lambda^* A_2$ と A_1 は同符号である。
2. $k < 1$[10] より (5-43) の分子は負であるから, A_3 と A_1 は異符号である。
3. 最後に A_2 と A_1 は異符号でありうる[11]。同符号である場合でも, (5-45) より, $|A_1| > |A_2|$ である。($\because 1+\lambda^*k > 0, k < 1$ より, $A_2/A_1 < 1$)

1., 2., 3. より, 次のように結論できる。$A_1 + \lambda^* A_2 > 0$ のとき, 即ち $y_1 + \lambda^* y_2$ (経済全体としての資本蓄積率の均衡からの乖離) が累積的に増大して行く。上方への不均衡累積過程では $y_1 = g_1 - g^*$ は累積的に増大し, $z = \lambda - \lambda^*$ は減少して行く。

しかし $y_2 = g_2 - g^*$ は, 減少して行くかもしれない。このとき経済全体としては, 資本蓄積率が均衡水準から累積的に上昇して行きながら, 消費財部門

---

9) (5-31) より,

$$1 + \lambda^* k = \dfrac{f'(1+\lambda^*)(R_1^* \sigma_1 n_1)}{f' R_1^* \sigma_1 n_1 + \lambda^*(1-f'r^*)} > 0$$

10) (5-31) より

$$k - 1 = \dfrac{(1+\lambda^*)(f'r^*-1)}{f' R_1^* \sigma_1 n_1 + \lambda^*(1-f'r^*)} < 0$$

11) 例えば, $k < 0$ で, α' が十分大なるとき, $\beta(1+\lambda^*k)k + g^* < 0$ となる。

では，利潤率，稼働率の低下が進行しているのである。$y_2 = g_2 - g^*$ が増大して行く場合でも，y_1 の増大には遅れて行く。

　$c > 0$ のとき，この結果はどうなるだろうか。まず生産財部門では過度稼働，消費財部門では過少稼働というような不均衡が，$c > 0$ によっては少なくとも調和的には解消されないことをみよう。

(5-36) が安定である必要十分条件は，行列

$$(5\text{-}46) \quad \begin{bmatrix} -\beta\{1+\lambda^*k+c(k+\lambda^*)\} & 1 & 0 \\ \beta^2\sigma_1(1+\lambda^*k)(c^2-1) & \beta\sigma_1(1-c) & -\beta\{1+\lambda^*k+c(k+\lambda^*)\} \\ 0 & 0 & \beta^2\sigma_1(1+\lambda^*k)(c^2-1) \end{bmatrix}$$

のすべての主座小行列式が正であることである[12]。即ち，

$$(5\text{-}47) \quad -\beta\{1+\lambda^*k+c(k+\lambda^*)\} > 0$$

$$(5\text{-}48) \quad \begin{vmatrix} -\beta\{1+\lambda^*k+c(k+\lambda^*)\} & 1 \\ \beta^2\sigma_1(1+\lambda^*k)(c^2-1) & \beta\sigma_1(1-c) \end{vmatrix}$$
$$= -\beta^2\sigma_1(1-c)c(k+\lambda^*-1-\lambda^*k) > 0$$

$$(5\text{-}49) \quad \begin{vmatrix} -\beta\{1+\lambda^*k+c(k+\lambda^*)\} & 1 & 0 \\ \beta^2\sigma_1(1+\lambda^*k)(c^2-1) & \beta\sigma_1(1-c) & -\beta\{1+\lambda^*k+c(k+\lambda^*)\} \\ 0 & 0 & \beta^2\sigma_1(1+\lambda^*k)(c^2-1) \end{vmatrix}$$
$$= \beta^4\sigma_1^2(1+\lambda^*k)(\lambda^*+c)(c+1)(c-1)^2(k-1) > 0$$

である。

　ところで (5-47) より，$k+\lambda^* < 0$ でなければならない。他方 (5-49) より，$k > 1$ でなければならない。これらは両立しない[13]。従って (5-36) は $c = 0$ が，$c > 0$ となることによって，不安定から安定になることはない。だから生産財部門で過度稼働，消費財部門で過少稼働というような不均衡状態が，解消されて行くこともない。

　もちろんこれだけでは，この不均衡状態がそのまま拡大してゆくのか，あ

---

12) ポントリャーギン『常微分方程式』（木村俊房校閲，千葉克裕訳）共立出版（昭和 43 年）を参照。

13) $1 - f'r^* > 0$ を前提すれば $k > 1$ ではありえず，これだけで (5-36) は安定でないことが分る。

第V章　消費財部門の不調による恐慌の可能性

るいは均衡をかするようにして逆の方向への不均衡過程（生産財部門で過少稼働，消費財部門で過度あるいは過少稼働）へ移って行くのかは分らない。そこで $\lambda^* = 1$ なる場合について，このことを探ってみよう。

このとき固有方程式（5-38）は，

(5-50) $\{\rho - \beta(1+k)(1+c)\}\{\rho^2 + \beta\sigma_1(1-c)\} = 0$

と整理できる。従って $c < 1$ ならば，（36）の運動は，結局，唯一の正根 $\beta(1+k)(1+c)$ と，これに属する固有ベクトルによって決る。

これを (A_1, A_2, A_3) とすると，

(5-51) $\begin{cases} \beta(c+k)A_1 - \beta(1+ck)A_2 - \beta g^*(1-c)A_3 = 0 \\ A_1 \qquad\qquad - A_2 + \beta(1+k)(1+c)A_3 = 0 \end{cases}$

が成り立つ。従って（5-51）より，

(5-52) $A_1 = \dfrac{1}{k-1}\left\{g^* + \dfrac{\beta(1+k)(1+c)(1+ck)}{1-c}\right\}A_3$

(5-53) $A_2 = \dfrac{1}{k-1}\left\{g^* + \dfrac{\beta(1+k)(1+c)(c+k)}{1-c}\right\}A_3$

従って（5-52），（5-53）より，

(5-54) $A_1 + A_2 = \dfrac{1}{k-1}\left\{2g^* + \dfrac{\beta(1+k)^2(1+c)^2}{1-c}\right\}A_3$

(5-55) $\dfrac{A_1}{A_2} = \dfrac{g^*(1-c) + \beta(1+k)(1+c)(1+ck)}{g^*(1-c) + \beta(1+k)(1+c)(c+k)} < 1$

であることが分る。

そして（5-52）より，A_1 と A_3 は異符号であり，（5-53）より A_2 と A_3 は同符号でありうる[14]。（5-54）より $A_1 + A_2$ と A_3 は，異符号である。A_1 と A_2 が同符号のときでも，（5-55）より $|A_1| > |A_2|$ である。

このように $\lambda^* = 1, c < -k < 1$ のときには，$c = 0$ の場合と類似の結論を主張できる。なお $c = 1$ のときは，次の $\lambda^* = 1$ なる特別の場合と形式上同じである。

次に資本家は，資本蓄積率を，両部門の稼働率を部門比率で酌酌して決定するとしよう。即ち，

---

14) 例えば $c + k < 0$ で α' が十分大なるとき，$g^* + \dfrac{\beta(1+k)(1+1)(1+ck)}{1-c} < 0$，従って A_2 と A_3 は同符号となる。

$$（5\text{-}56）\quad \begin{cases} \dot{g}_1 = \alpha\,[x_1(g_1, g_2, \lambda) - 1] + \lambda\alpha\,[x_2(g_1, g_2, \lambda) - 1] \\ \dot{g}_2 = \lambda\alpha\,[x_2(g_1, g_2, \lambda) - 1] + \alpha\,[x_1(g_1, g_2, \lambda) - 1] \end{cases}$$

とする。前の場合と同様，均衡 (g^*, g^*, λ^*) からの乖離 (y_1, y_2, z) に関する一次近似系に注目すると，

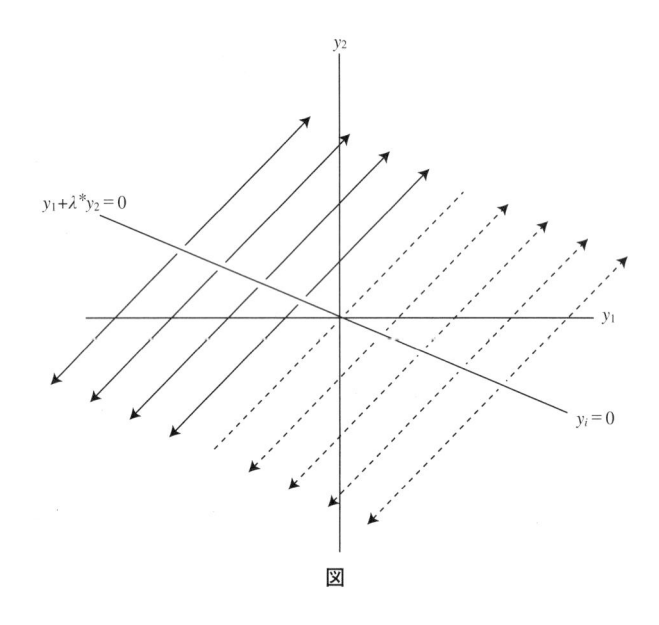

図

$$（5\text{-}57）\quad \begin{cases} \dot{y}_1 = \beta\,(1 + \lambda^* k)\,(y_1 + \lambda^* y_2) \\ \dot{y}_2 = \beta\,(1 + \lambda^* k)\,(y_1 + \lambda^* y_2) \\ \dot{z} = -\lambda^*\,(y_1 - y_2) \end{cases}$$

となる。z 軸に沿って射影すると，運動は図のようになる。但し破線は z が減少している運動を，実践は z が増大している運動を示す。明らかに $y_1 + \lambda^* y_2 > 0 (\Leftrightarrow \dot{y}_i > 0)$ の領域（好況）から $y_1 + \lambda^* y_2 < 0$ の領域（不況）へ進む運動はない。

両部門の資本家が共に他部門の稼働状態を考慮して資本蓄積率を決定することによって，必ず不均衡累積過程が逆転するとはいえない。

第Ⅴ章　消費財部門の不調による恐慌の可能性

§3　モデル 2

§2 では生産財部門の上方不均衡累積運動が，消費財部門のゆきづまりによって弱められるが，逆に消費財部門のゆきづまりが，生産財部門の過度稼働によって緩和される直接の契機があった。そこでより強い条件として，生産財部門の資本家だけが消費財部門の稼働率も考慮して，自部門の資本蓄積率を決定するとしてみよう。

即ち，

$$(5\text{-}58) \quad \begin{cases} \dot{g}_1 = \alpha\,[x_1(g_1,\,g_2,\,\lambda)-1] + c\alpha\,[x_2(g_1,\,g_2,\,\lambda)-1] \\ \dot{g}_2 = \alpha\,[x_2(g_1,\,g_2,\,\lambda)-1] \\ \dot{\lambda} = (g_2 - g_1)\,\lambda \end{cases}$$

を検討しよう。均衡からの乖離 $(y_1,\,y_2,\,z)$ に関する一次近似系は

$$(5\text{-}59) \quad \begin{cases} \dot{y}_1 = \beta\left\{(1+ck)y_1 + \lambda^*(1+ck)y_2 + g^*\left(1-\dfrac{c}{\lambda^*}\right)z\right\} \\ \dot{y}_2 = \beta\left(ky_1 + \lambda^*ky_2 - \dfrac{g^*}{\lambda^*}z\right) \\ \dot{z} = -\lambda^*(y_1 - y_2) \end{cases}$$

であり，(5-59) の固有方程式 $\varphi(\rho)=0$ は

$$(5\text{-}60) \quad \varphi(\rho) \equiv \begin{vmatrix} \rho - \beta(1+ck) & -\beta\lambda^*(1+ck) & -\beta g^*\left(1-\dfrac{c}{\lambda^*}\right) \\ -\beta k & \rho - \beta\lambda^*k & \dfrac{\beta g^*}{\lambda^*} \\ \lambda^* & -\lambda^* & \rho \end{vmatrix}$$
$$= \rho^3 - \beta(1+\lambda^*k+ck)\rho^2 + \beta g^*(1+\lambda^*-c)\rho - \beta^2\sigma_1(1+\lambda^*k)$$
$$= 0$$

である。

$1+\lambda^*k>0$ より，$\varphi(0) = -\beta^2\sigma_1(1+\lambda^*k)<0$ だから，(5-60) は少なくとも一つ正根をもつ。これより (5-59) は不安定であり，従って少なくとも生産財部門で過度稼働，消費財部門で過少稼働という不均衡も，調和的には解消されないことが分る。

(5-60) の最大根を ρ^* とし，ρ^* に属する固有ベクトルを $(A_1,\,A_2,\,A_3)$ とす

ると,

(5-61)
$$\begin{cases} \{\rho^* - \beta(1+ck)\}A_1 - \beta\lambda^*(1+ck)A_2 - \beta g^*\left(1 - \dfrac{c}{\lambda^*}\right)A_3 = 0 \\ -\beta k A_1 + (\rho^* - \beta\lambda^* k)A_2 + \dfrac{\beta g^*}{\lambda^*}A_3 = 0 \\ \lambda^* A_1 \qquad - \lambda^* A_2 + \qquad \rho^* A_3 = 0 \end{cases}$$

が成り立つ[15]。ρ^* は,重根でないとしよう。以下,運動を結局のところ決定する ρ^* と ρ^* に属する固有ベクトルに着目しよう[16]。

1. $0 < c < \lambda^*$ のとき[17] (5-61) より,

(5-62) $\quad A_1 = \dfrac{(c-\lambda^*)\left\{\rho^* - \dfrac{\lambda^*}{\lambda^* - c}\beta(1+\lambda^* k)\right\}}{\rho^* - \beta(1+\lambda^* k)} A_2$

(5-63) $\quad A_3 = \dfrac{\lambda^*(1+\lambda^* - c)\left\{\rho^* - \dfrac{1+\lambda^*}{1+\lambda^* - c}\beta(1+\lambda^* k)\right\}}{\rho^*\{\rho^* - \beta(1+\lambda^* k)\}} A_2$

(5-62) より,

(5-64) $\quad A_1 + \lambda^* A_2 = \dfrac{c\rho^*}{\rho^* - \beta(1+\lambda^* k)} A_2$

を得る[18]。

さて,$0 < c < \lambda^*$ のとき

(5-65) $\quad \beta(1+\lambda^* k) < \dfrac{1+\lambda^*}{1+\lambda^* - c}\beta(1+\lambda^* k) < \dfrac{\lambda^*}{\lambda^* - c}\beta(1+\lambda^* k)$

であるが,ρ^* との大小関係はどうだろうか。これを知る必要がある。

(5-60) より,

---

15) もちろん,これらは独立ではない。表現の便宜上示しているだけである。
16) ρ^* 以外の固有根が複素根の場合,その実部は $\dfrac{\beta}{3}(1+\lambda^* k + ck)$ である。ところで,$\varphi\beta(1+\lambda^* k + ck) = \beta^2 g^* c(k-1-ck)$ であるが,$k < 0$ のとき $1 - \dfrac{1}{k} > 1 + \lambda^*$ が成り立つから,$1+\lambda^* \geqq c$ ならば $1 - \dfrac{1}{k} > c$,従って $\varphi\beta(1+\lambda^* k + ck) < 0$ となる。従って $\dfrac{\beta}{3}(1+\lambda^* k + ck) < \rho^*$ であるから,運動は振動しつつ,結局 ρ^* とそれに属する固有ベクトルによって規定される。
17) 資本家が λ^* を知っていることを必要としない。資本家が採用した c が,たまたま $0 < c < \lambda^*$ である場合という意味である。以下同様。
18) $\rho^* \neq \beta(1+\lambda^* k)$ としてよい。∵ (5-71)

第Ⅴ章　消費財部門の不調による恐慌の可能性

(5-66) $\varphi'(\rho) = 3\rho\left\{\rho - \frac{2}{3}\beta(1+\lambda^*k+ck)\right\} + \beta g^*(1+\lambda^*-c)$

であるから,

(5-67) $\rho \geqq \max\left\{0, \frac{2}{3}\beta(1+\lambda^*k+ck)\right\} \Rightarrow \varphi' > 0$

である。ところで,

(5-68) $\varphi\{\beta(1+\lambda^*k)\} = -\beta^2 c(1+\lambda^*k)\{\beta(1+\lambda^*k)k+g^*\}$

(5-69) $\beta(1+\lambda^*k) - \frac{2}{3}\beta(1+\lambda^*k+ck) = \frac{2}{3}(1+\lambda^*k-2ck)$

であるから, $k<0$ のとき, (69) より $\beta(1+\lambda^*k) > \frac{2}{3}\beta(1+\lambda^*k+ck)$, 従って (5-67) より,

(5-70) $\rho \geqq \beta(1+\lambda^*k) \Rightarrow \varphi' > 0$

である。

他方, $\beta(1+\lambda^*k)k+g^* < 0$ のとき[19]は, (5-68) より

(5-71) $\varphi\{\beta(1+\lambda^*k)\} > 0$

であり, 且つ少なくとも $k<0$ でなければならないから,

(5-72) $\rho^* < \beta(1+\lambda^*k)$

である[20]。

(5-62), (5-63), (5-64) において, (5-65), (5-72) を考慮すると,

1. A_1 と A_2 は異符号,
2. A_3 と A_2 は同符号,
3. $A_1+\lambda^*A_2$ と A_3 は同符号,

であることが分る。

2. $c=\lambda^*$ のとき, (5-61) より,

(5-73) $A_1 = \frac{\lambda^*\beta(1+\lambda^*k)}{\rho^*-\beta(1+\lambda^*k)}A_2$

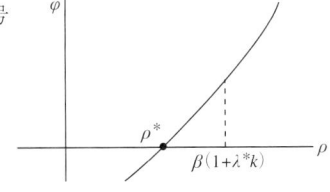

---

19) このとき $c=0$ の場合にも, A_1 と A_2 が異符号となったことに注意。
20) 右図を参照。

(5-74) $\quad A_3 = \dfrac{\lambda^*\{\rho^* - \beta(1+\lambda^*k)(1+\lambda^*)\}}{\rho^*\{\rho^* - \beta(1+\lambda^*k)\}} A_2$

従って (5-73) より,

(5-75) $\quad A_1 + \lambda^* A_2 = \dfrac{\lambda^* \rho^*}{\rho^* - \beta(1+\lambda^*k)} A_2$

であることが分る. 1と同様, $\beta(1+\lambda^*k)k + g^* < 0$ のとき,

(5-76) $\quad \rho^* < \beta(1+\lambda^*k) < \beta(1+\lambda^*k)(1+\lambda^*)$

が成立するから, (5-73), (5-74), (5-75) において (5-76) を考慮すると, $A_1, A_2, A_3, A_1 + \lambda^* A_2$ の符号について, 1), 2), 3) が成り立つことが分る.

3. $\lambda^* < c < 1 + \lambda^*$ のとき, $\beta(1+\lambda^*k)k + g^* < 0$ とすれば,

(5-77) $\quad \dfrac{\lambda^*}{\lambda^* - c} \beta(1+\lambda^*k) < 0 < \rho^* < \beta(1+\lambda^*k) < \dfrac{1+\lambda^*}{1+\lambda^* - c} \beta(1+\lambda^*k)$

であるから, (5-77) を (5-63), (5-64), (5-65) において考慮すれば, 1, 2 と同様, 1), 2), 3) が成り立つことが分る.

4. $c = 1 + \lambda^*$ のとき, (5-61) より,

(5-78) $\quad A_1 = \dfrac{\rho^* + \lambda^* \beta(1+\lambda^*k)}{\rho^* - \beta(1+\lambda^*k)} A_2$

(5-79) $\quad A_3 = \dfrac{-\lambda^*(1+\lambda^*)\beta(1+\lambda^*k)}{\rho^*\{\rho^* - \beta(1+\lambda^*k)\}} A_2$

(5-78) より,

(5-80) $\quad A_1 + \lambda^* A_2 = \dfrac{(1+\lambda^*)\rho^*}{\rho^* - \beta(1+\lambda^*k)} A_2$

である. $\beta(1+\lambda^*k)k + g^* < 0$ のとき, $\rho^* < \beta(1+\lambda^*k)$ であるから, (5-78), (5-79), (5-80) より, 1, 2, 3 と同様, 1), 2), 3) が成り立つ.

以上, 生産財部門の資本家が, 消費財部門の状況を考慮する程度について詳しくみたが, 次のように結論できる.

生産財部門の資本家が, かなりの程度, 消費財部門の不調を考慮するとしても, 生産財部門の活況に引っぱられて, 経済全体としては, 上方不均衡累積過程が続きうる. 更に, この程度がいかに高くても, 生産財部門の過度稼働, 消費財部門の過少稼働が調和的に解消されることはない.

第Ⅴ章　消費財部門の不調による恐慌の可能性

§4　結び

結論をまとめておこう。

1. 資本家が，いかに他部門の状態を重視して，資本蓄積率を決定するとしても，不均衡——両部門の同方向への不均衡のみならず，生産財部門の過度稼働，消費財部門の過少稼働という不均衡も——が，調和的に解消されることはない。
2. むしろ生産財部門の活況に牽引されて，消費財部門の不調を伴いながら，経済全体としては上方不均衡累積過程が続きうる[21]。
3. 資本家が，かなり他部門の状態をも考慮するとしても，そのことから直ちに 2. のような上方不均衡累積過程さえ必ず逆転するとは主張できない。要するに生産財需要の自部門内循環が経済全体の動向を決定する力は，かなり強いようである。

---

[21] 永続し得るとの主張ではない。続き得るが，永続しえない。どの程度続き得るかは，先に控える別の難題である。

第Ⅵ章

スタグフレーション[*]

序

　現在，私達は不況下のインフレーション，即ちスタグフレーション；stag-flation（＝stagnation＋inflation）という新現象に直面している。本章の目的は，従来のマクロ経済学を基礎にして，その原因に接近することである。

　まず§1で，本章での考察の理論的基礎となるマクロ経済学を整理する。但し貨幣賃金率の決定が，未完である。§2, 3, 4ではこの点について，それぞれ代替的な方法で完結したモデルを示す。何れの節でもスタグフレーションがどういう意味で新しい現象か，なぜ興味深いか，即ちどの点で従来のマクロ経済学が違和感を覚える現象であり，それ故なぜ何らかの理論的対応が必要であるかを説明することが目的である。

　§5で，それまでの分析の基礎となっている限界生産力説を要求分配率として再解釈する。§6では，それを基礎にスタグフレーションを比較静学で示す。§7は投資関数を導入した不均衡動学，§8は更に稼働率調整も導入した不均衡動学である。

　本章の意義は，上述の新造語さえ生んだほど注目されている経済現象を理解することを目的とし，既に広く受入れられているマクロ経済学の基礎理論をできるだけ尊重して活用し，且つ変更せざるを得ない点をできるだけ明確にしつつ拡張する線に沿いながら，当該現象の一理論的解釈例を示そうと努めた点にあると考える。

---

[*]本章は，「スタグフレーション」『現代インフレーションの研究』（関西大学経済・政治研究所1978年9月，所収）を基礎にしている。

§1 雇用の決定

従来のマクロ経済学の基礎理論を，雇用決定論という面から整理しよう。貨幣賃金率 w で割った貨幣残高 M_w が与えられると，次のように財・サービス市場，及び貨幣需給の均衡をもたらす貨幣賃金率で割った産出額 Y_w 及び利子率 i が決る。

即ち

(6-1) $Y_w = I(i) + C(Y_w)$

(6-2) $M_w = L(i, Y_w)$

I は投資需要，C は消費需要，L は貨幣需要である。従って (6-1) は財・サービス市場の，(6-2) は貨幣需給の均衡をあらわす[1]。ここでは未だ雇用量は現れない。(6-1)，(6-2) で決まる Y_w と雇用量を結ぶ関係（総供給関数）が必要なのである。

次に，与えられた資本設備のもとでの労働投入量 N と物量単位の産出高 X の関係を

(6-3) $X = F(N)$, $F' > 0$, $F'' < 0$

とし，労働の限界生産力逓減を仮定しよう。ここで，Y_w の定義より

(6-4) $X = \dfrac{w}{p} Y_w$

である。p は価格。完全競争を仮定し，企業は価格，貨幣賃金率を所与とみなし，利潤最大となる産出高，雇用量を決定するとしよう。即ち

---

[1] Bailey [1], Friedman [4], 森嶋 [19], 新野・置塩 [20], 鴇田 [24] を参照してまとめた。これらは，次のような点で少しずつ異っている。
投資需要について，
国民所得と利子率の関数とするか（森嶋 [19]）
利子率のみの関数とするか（Bailey [1], Friedman [4], 新野・置塩 [20]）。
消費需要について，
国民所得と利子率の関数とするか（Friedman [4], 森嶋 [19]）
国民所得のみの関数とするか（Bailey [1], 新野・置塩 [20]）
あるいは一般的に，総需要を国民所得と利子率の関数とするか（鴇田 [24]）。
(6-1) を充す (i, Y_w) が IS 曲線，(6-2) を充す (i, Y_w) が LM 曲線に対応する。Hansen [6] pp.143–6 を参照。

(6-5) $\quad \pi = pX - wN$

を、p, w を所与とみなし最大にしようとする企業行動を仮定する。この必要十分条件は

(6-6) $\quad \dfrac{d\pi}{dN} = pF' - w = 0$

(6-7) $\quad \dfrac{d^2\pi}{dN^2} = pF'' < 0$

である。(6-7) は、現在生産力逓減の仮定 (6-3) により充される。(6-6) より

(6-8) $\quad \dfrac{w}{p} = F'$

を得る。実質賃金率 w/p が労働の限界生産力に等しいとき、その実質賃金率のもとでは利潤は最大となる[2]（限界生産力説）。

これを図で説明しよう（図1を参照）。ある水準の貨幣賃金率、価格が与えられたとしよう。このとき、労働投入量に応じて利潤は決る。例えば、A で表わされる生産は、どれだけの利潤をもたらすだろうか。A を通り、傾きがこのときの実質賃金率に等しい直線を考える。この直線が OX 軸と交わる点を B とすれば、BO だけの利潤（実物単位）がもたらされる。

---

[2] (6-8) において、pF' は限界収入、w は限界費用である。従って (6-8) は、限界収入と限界費用が等しいとき、そのときの実質賃金率のもとでは利潤が最大になるとも読める。

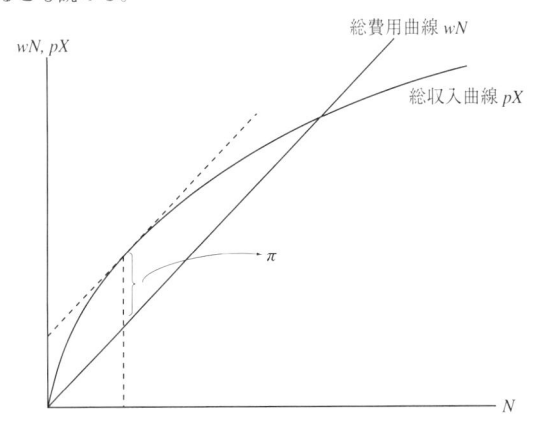

というのは実質賃金率は AC/BC，雇用量は BC であるから，実質賃金（＝実質賃金率×雇用量）は AC となる。産出高はもちろん AD，従って実質利潤（＝産出高−実質賃金）は，$CD = AD - AC$ 即ち BO となる。このように直線と OX 軸の交点の高さは，その直線が通る生産（F との交点）が実質賃金率がその直線の傾きに等しいとき，どれだけ実質利潤を生むかを表す。

こうしてある実質賃金率が与えられたとすれば（例えば $\dfrac{AC}{BC}$ としよう），それに等しい傾きの直線が F と接する A' で利潤が最大となる。

それ以外のすべての生産は，その実質賃金率のもとでは必ず実質利潤がより少なくなる（$B'O > BO$）。ある価格体系のもとでは，もちろん利潤は実質利潤が最大のとき最大となる。

さて（6-8）が成立すれば，Y_w に対応する雇用量を決定することができる。即ち（6-3），（6-4），（6-8）より

(6-9)　　$Y_w = \dfrac{p}{w} X = F(N)/F'(N)$

である。これを $\phi(N)$ と書き，総供給関数と呼ぼう。ϕ について，(6-9) より

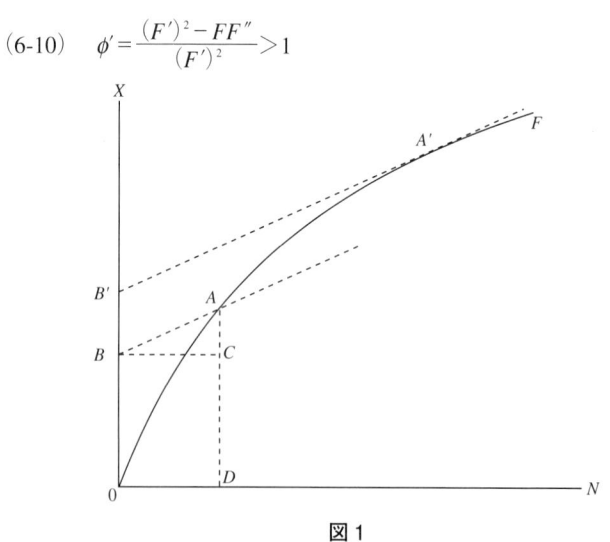

(6-10)　　$\phi' = \dfrac{(F')^2 - FF''}{(F')^2} > 1$

図1

であることが分る。

IS-LM 曲線（(6-1)，(6-2)）によって所得（労働単位，Y_w）が決定されると，総供給関数によって雇用量が決定される。即ち，独立な方程式（6-1），(6-2)，(6-3)に対し，未知数は Y_w, i, N, M_w であるから，M_w を与えると他の未知数が決る。結局雇用量 N は，貨幣賃金率で割った貨幣供給量 M_w，貨幣需要関数 L，投資関数 I，消費関数 C，総供給関数 ϕ によって決ることが分った[3]。

ところで，こうして決った雇用量が労働供給に等しいとは限らない。雇用量 N が労働供給 N^s を下回れば，失業が発生することになる（図2参照）。

さて，これだけの準備で現実の好況過程を描写すれば，次のようになるだろう。財・サービス市場において，より多くの投資需要，あるいは政府支出，輸出などの需要が発生し，IS 曲線が上方へ移動するとしよう。また貨幣需要の増加に見合う貨幣供給の増加によって，LM 曲線が上方へと移動して行くとする。その結果，産出額 Y_w と利子率 i が共に上昇して行くとしよう。このとき雇用は増加し，失業は減少する（図3参照）。

では，価格はどう変化しているのだろうか。価格は上昇し，実質賃金率は下落している。財・サービス市場では均衡が持続している（IS 曲線上にあ

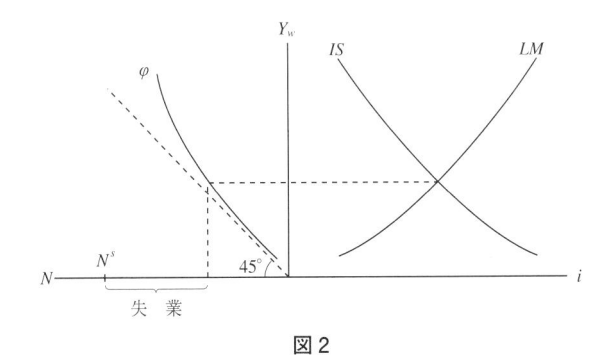

図2

---

3) これはフリードマンがケインズ理論と数量説に共通したもの（(6-1) と (6-2)）に総供給関数を追加したものである。Friedman [4] pp.27–9 を参照。またマネタリストとケインジアンの異同については，Mayer [11] が詳しい。

図3

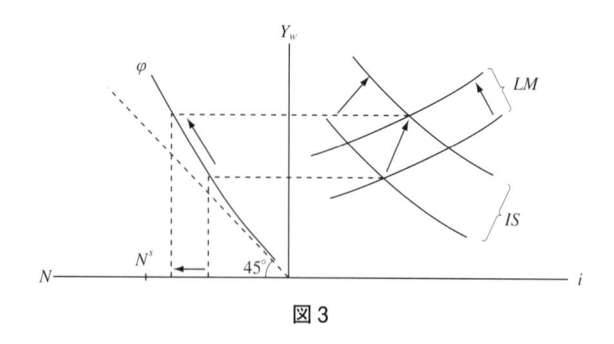

る）にもかかわらず，なぜ価格は上昇するのだろうか。

この理由は，次のように考えることができる。需要が増大したとき，仮に企業は価格が一定に保たれるほど生産を増加させたとしよう。すると，限界生産力は実質賃金率より低くなる。というのは価格，従って実質賃金率が一定であるのに対し，限界生産力は逓減するからである。

即ち，利潤最大条件が破れている。企業は，限界生産力が小さすぎる点まで生産を増加させてしまった。そこで生産を減少させる。すると，財・サービス市場で超過需要が発生し，価格は上昇する。そして結局，より高い価格，より低い実質賃金率，より高い産出高のもとでのみ，均衡は再び回復する[4]。

逆に，有効需要の収縮によって IS 曲線が下方へ移動し，貨幣需給のバランスを保ちながらの減少によって LM 曲線が下方へ移動し，その結果例えば，(i, Y_w) が下落して行くとしよう。この過程は，不況が深刻になって行く過程とみなすことができる。このとき好況とは逆に価格が下落し，実質賃金率は上昇している。

以上のような分析は，古典的な景気局面の描写ではありえよう。しかし，スタグフレーションを説明し難い。というのは古典的な景気局面では，価格が上昇（下落）し，実質賃金率が下落（上昇）して行くとき，生産，雇用は

4）本章は，このような調整過程の収束を前提している。Y_w, N が上昇しているとき，実質賃金率が下落していることは，形式的には (6-8) より容易に分る。ここで，貨幣賃金率を与えられたとすれば，価格は上昇していることになる。

増加（減少）して行く。ところが説明さるべきは，価格が上昇し実質賃金率が下落しているにもかかわらず生産，雇用が増加しないという現象なのである[5]。

§2 労働供給と失業

前節では貨幣賃金率が与えられたとして，雇用量の決定，失業の発生を描写した。これに対して次の問題が生じる。ある与えられた貨幣賃金率の水準に対応して，失業が決まる。ここまではいい。しかし失業が貨幣賃金率へ及ぼす反作用を考慮しなければ，最終的に雇用，失業がどう決まるかを論じたことにはならない。

これに対する形式的に最も安易な回答は，失業が存在するにもかかわらず貨幣賃金率が下落しない事情を挙げ，分析の現実性を主張することだろう。例えば労働組合の存在など。そして，もしそうなら失業から貨幣賃金率への反作用がないのだから，当初の失業は変化せず，それが最終的な失業となる。

では失業が貨幣賃金率を下落させるなら，雇用，失業は最終的にはどの水準に決るのか。この問題を考える際に，労働供給についての仮定を重視する見解がある。そこで労働者の労働供給態度について，古典的な次のような仮定から出発しよう。

労働者は賃金で買う財からの効用と労働の苦痛（不効用）を比較し，その差を最大にすべく労働を提供しようとする。そのとき彼は貨幣賃金率，価格は変化しないと考える。即ち，労働者は

---

[5] ごく形式的に考えて，スタグフレーションを価格上昇が貨幣賃金率の上昇を下（上）回って実質賃金率の上昇（下落），従って生産，雇用の減少（増大）が発生したと説明することもできる。このとき価格上昇と生産，雇用の減少が起る。例えば辻村[25]。また Bronfenbrenner [2] は，こういう意味に解することもできる。しかし，もしスタグフレーションがこういう現象であるなら，従来の理論にとって興味ある現象ではない。問題は実質賃金率の下落と生産，雇用の減少が並存するところにある。

(6-11) $\quad V = U\left(\dfrac{w}{p}N^s\right) - D(N^s)$

を, w, p が一定とみなし最大にしようとすると仮定する。

その必要十分条件は

(6-12) $\quad \dfrac{dV}{dN^s} = U'\dfrac{w}{p} - D' = 0$

(6-13) $\quad \dfrac{d^2V}{dN^{s2}} = U''\left(\dfrac{w}{p}\right)^2 - D'' < 0$

である。限界効用は逓減 ($U'' < 0$), 労働の限界不効用は逓増する ($D'' > 0$) と仮定すれば, (6-13) は充される (図4参照)。

そして (6-12) は, 実質賃金率と労働供給の関係を決定する。即ち $\dfrac{w}{p}$ を R と書けば, (6-12) より

(6-14) $\quad \dfrac{dN^s}{dR} = -\dfrac{U'\left(\dfrac{N^sR}{U'}\dfrac{dU'}{dN^sR} + 1\right)}{U''R^2 - D''} \gtreqless 0 \quad \Leftarrow \quad \dfrac{N^sR}{U'}\dfrac{dU'}{dN^sR} + 1 \gtreqless 0$

である。但し図5 (A) の労働供給曲線は, $\dfrac{N^sR}{U'}\dfrac{dU'}{dN^sR} + 1 > 0$ で, 限界効用逓減の程度, あるいは労働の限界不効用逓増の程度がますます大きくなることを仮定している。これは, 労働供給を一単位引き出すために実質賃金率の上昇が非常に大でなければならない, 逆に言えば, かなりの実質賃金率上昇

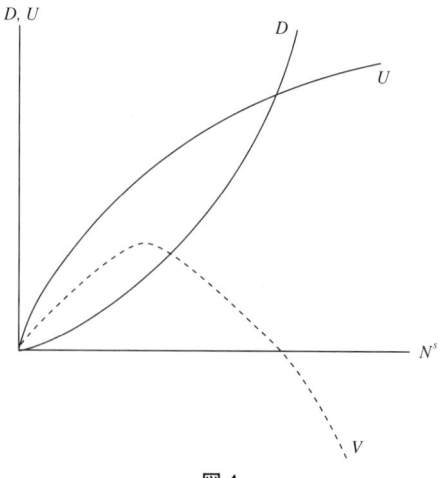

図4

第Ⅵ章 スタグフレーション

があっても,ほとんど労働供給は増加しないということである。

更に(6-14)からも分るように,限界効用減少の程度が大きければ,実質賃金率の上昇は労働供給の減少を引き起こす。実質賃金が非常に高いならば,こういう現象が起るかもしれない(図5(B)参照)。

これに対し,労働供給曲線が図5(A)のようであると想定することが,完全雇用を想定することであるという見解がある[6]。そして労働供給曲線が,図6のようであることの重要性を強調する。労働者は,貨幣賃金率に応じて労働供給を決める,しかも一定の最低貨幣賃金率 w_0 を持っていると

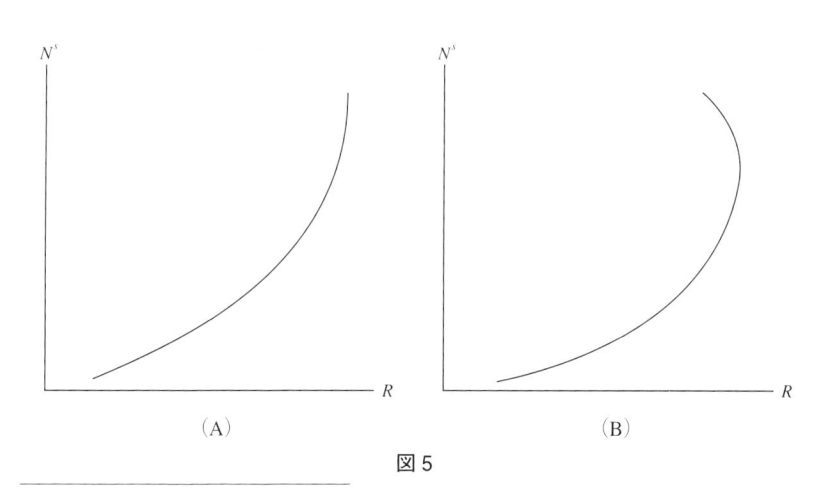

図5

[6] 例えば,Klein [9] pp.82〜3。実質賃金率が $(w/p)_0$ であって失業が発生しても,賃金が低下して完全雇用が達成されるというわけである。しかし,それは価格が貨幣賃金率以上に下落しないことが,前提されているからなのである。

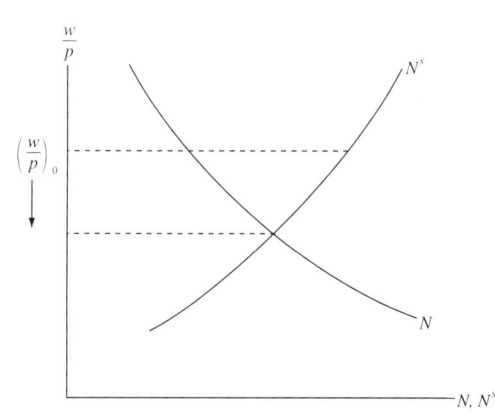

図6

図7

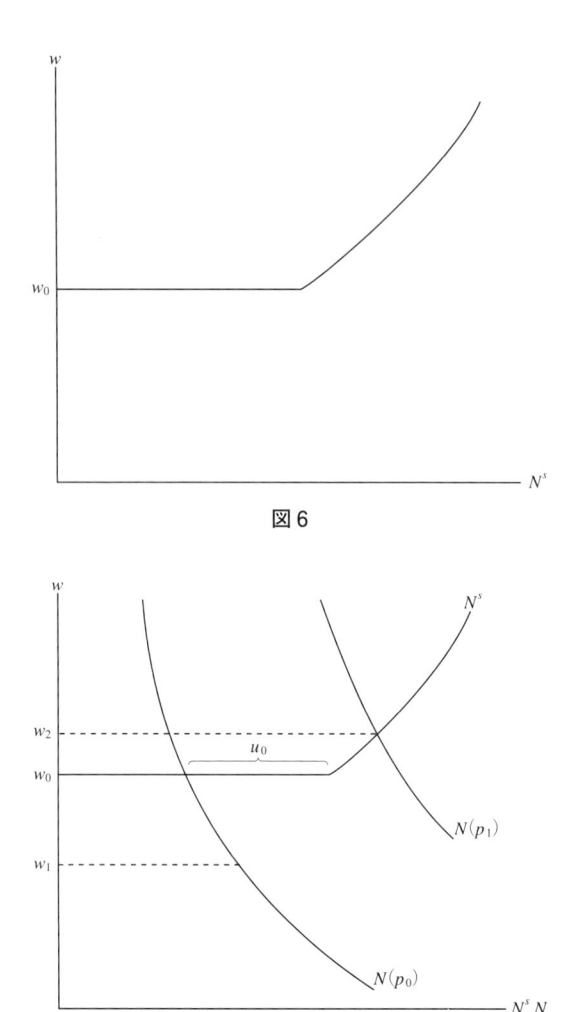

いうわけである[7]。このような場合でも，話はそんなに簡単ではないことをみておこう。

---

7) Klein [9] pp.74～5 を参照した。但し彼自身が，ケインズの貢献を労働供給曲線の変更に求める見解に賛成しているのではない。

第VI章 スタグフレーション

まず図6に,労働需要曲線を描こう。ある価格水準 p_0 を固定すると,より高い貨幣賃金率に対応してより高い実質賃金率が対応する。従ってより高い貨幣賃金率に対応して,より少ない労働需要が対応する。こうして価格 p_0 に対して,労働需要曲線 $N(p_0)$ が定まる。$N(p_0)$ は,例えば図7のようであるとしよう。

次に任意の貨幣賃金率に対して p_0 より高い価格 p_1 を想定すれば,実質賃金率はより低く,従ってより多くの雇用が対応する。こうして $N(p_0)$ が $N(p_1)$ の右側に,例えば図7のように定まる。

いま (w_0, p_0) に対応して,失業 u_0 が存在しているとする。何が起るかを検討してゆこう。失業により,貨幣賃金率が w_0 から例えば w_1 へ下落する。すると労働供給はなくなるから,労働市場で超過需要が発生し,貨幣賃金率は再び上昇する。

このとき貨幣賃金率が w_0 以上に上昇したとしても,失業が発生するとは限らない。というのは貨幣賃金率が w_1 へ下落したとき,労働需要曲線は次のような事情でかなり右上方へ(例えば $N(p_1)$ へ)移動しているからである。

第1に,労働供給がなくなるから生産はできず,従って財・サービス市場で超過需要が発生し価格は上昇する。第2に,貨幣賃金率の下落 $(w_0 \rightarrow w_1)$ は,実質貨幣供給 M_w を増加させ,利子率下落,投資需要増加を経て財・サービス市場の超過需要,価格上昇を一層強める。

このような労働需要曲線の移動,貨幣賃金率の上昇の結果,たまたま完全雇用が成立したとしよう $(N(p_0) \rightarrow N(p_1), w_1 \rightarrow w_2)$。しかし,この完全雇用は一時的なものにすぎない。財・サービス市場,貨幣需給の均衡が成立していないかぎり価格が変化し,労働需要曲線は $N(p_1)$ から移動する。結局 u_0 は維持せず,失業がどうなるかもこれだけでは決らない。議論は,労働市場だけでは完結しないのである[8]。

貨幣賃金率が伸縮的ならば,図7の失業 u_0 も持続しない。また既にみた

---

8) 雇用,失業に関する議論が労働市場で完結しないこと,この認識が重要である。

図8

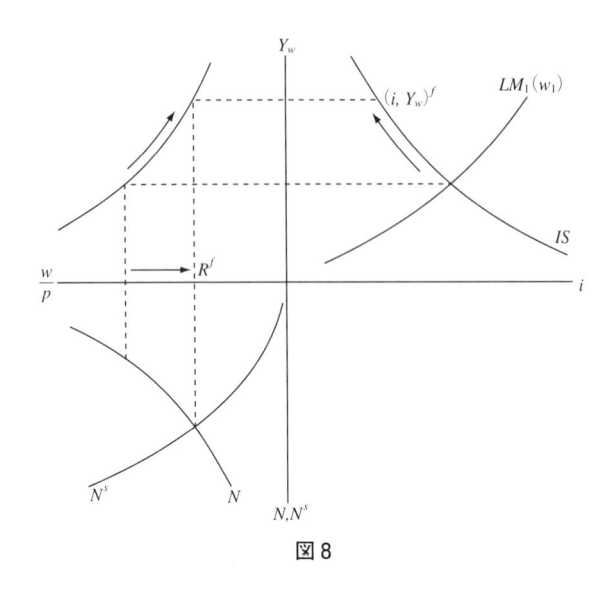

ように，貨幣賃金率が硬直的なら図5 (A) のような労働供給曲線の場合でも，失業は持続する。結局，労働供給曲線の形態は，貨幣賃金率の伸縮性と失業という問題にとって重要な論点ではない[9]。

実際には，貨幣賃金率は硬直的であり，労働供給曲線は図6のようであるかもしれない。にもかかわらず問題の中心は，もし労働市場の均衡が存在し，貨幣賃金率が伸縮的ならば，失業は解消されて行くのかという点にある[10]。

この結論は，貨幣賃金率の下落による実質貨幣残高の増大がどの程度利子

---

9)「たとえケインズの労働供給曲線が，実質賃金（率）であらわされた古典派の供給曲線によっておきかえられたにしても，貯蓄を投資に転化せしめる問題は残されたままとなっているのである。」(Klein [9] p.81)。
10) 疑問は，論敵から次のように出されている。「失業が存在するとき，失業者は現行貨幣賃金率より低い賃金率で労働を提供しようとするだろう。この力は，どのようにして押さえ込まれてしまうのか。」(Friedman [5] p.214) 彼は，図5 (A) のような労働需給曲線を前提している。ここで財・サービス，貨幣両需給が均衡したとき，労働市場の均衡が存在することは前提となっている。これが問われるべき別の問題であることは，いうまでもない。

第Ⅵ章 スタグフレーション

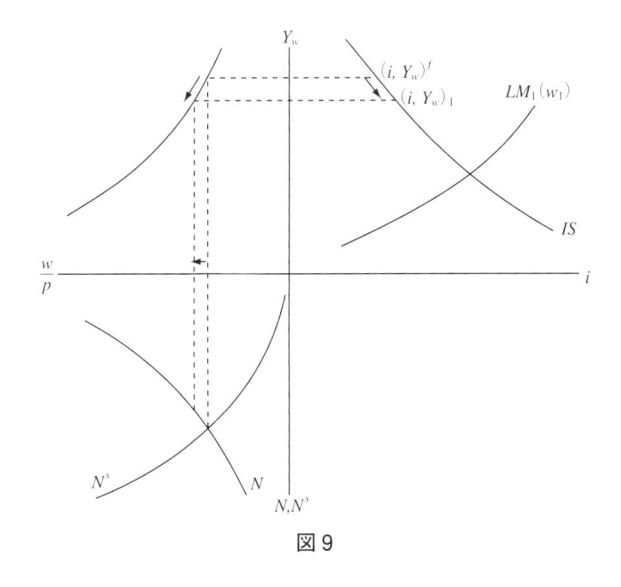

図9

率を下落させるか,利子率の下落がどの程度財・サービス需要を増加させるかに依存している。もし利子率が貨幣需給に応じて伸縮的であり財・サービス需要に大きな影響を与えるなら,次のようなことになるだろう(図8参照)。

　実質賃金率が $R > R^f$ であって失業が発生し,貨幣賃金率が下落したとしよう。すると実質賃金率も下落し(∵当初の財・サービス市場では均衡を前提),従って産出高,及び雇用量は増大する。このとき財・サービス市場で均衡を維持するには利子率が下落し,投資需要が増加せねばならない。

　この過程が続いて,労働市場で完全雇用が成立したとしよう。そのとき貨幣需給には何が起っているか。もしこのとき LM 曲線が $(i, Y_w)^f$ を通る(≡貨幣需給が均衡している)ならば,完全雇用はそのまま維持される。しかし LM 曲線が,$(i, Y_w)^f$ を通っているとは限らない。そこで例えば LM 曲線は,LM_1 のようなところにあるとしよう。即ち貨幣は,超過需要状態であるとしよう。また,このときの貨幣賃金率を w_1 とする。

　この状態では,完全雇用はそのまま維持するわけではない。貨幣の超過需要により利子率が上昇し,それは投資需要を減少させる。従って財・サービ

95

図 10

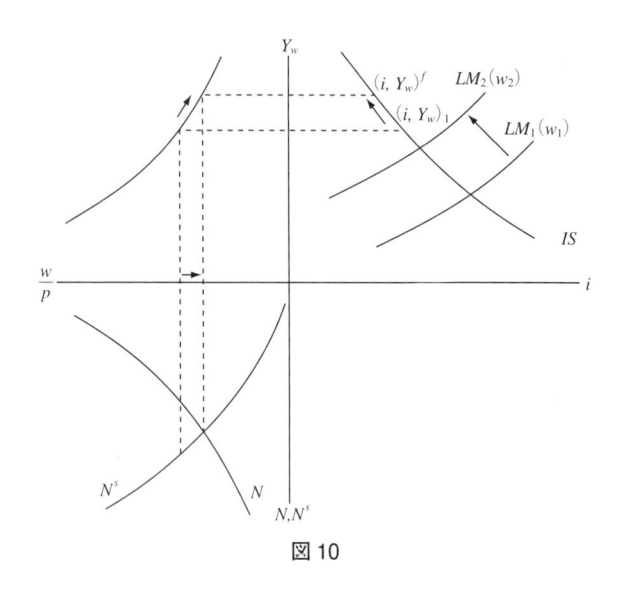

ス市場の均衡が維持されるとすれば，産出高は減少する。これは雇用量を減少させ，再び失業が発生する（図9参照）。

このときの利子率，産出高を $(i, Y_w)_1$ としよう。こうして再び失業が発生するが，この失業は完全雇用という労働市場の事情により貨幣賃金率が上昇し，そのために実質賃金率が上昇し，その結果発生したのではない。財・サービス需要が減少し（∵利子率上昇，投資需要減少），価格が下落したために実質賃金率が上昇し，その結果発生したのである。

とにかく失業が発生し，その結果貨幣賃金率は w_1 よりも下落する。例えば，w_2 としよう（$w_1 > w_2$）。従って実質賃金率下落，産出高及び雇用量の増大と LM 曲線の上方への移動（例えば $LM_1 \to LM_2$）が起る（図10参照）。このような過程は，結局 LM 曲線が $(i, Y_w)^f$ を通るほど上方へ移動し（≡貨幣賃金率が下落し），完全雇用均衡が成立するまで繰り返される。

完全雇用と財・サービス市場均衡を成立させる貨幣賃金率の初期値が，貨幣の超過供給をもたらす場合も，平行的な議論によって一般均衡が成立する。

利子率が伸縮的で財・サービス需要に強い影響をもつとし，財・サービス市場の均衡を前提すれば完全雇用均衡は安定であるが，その実現する過程は

第Ⅵ章 スタグフレーション

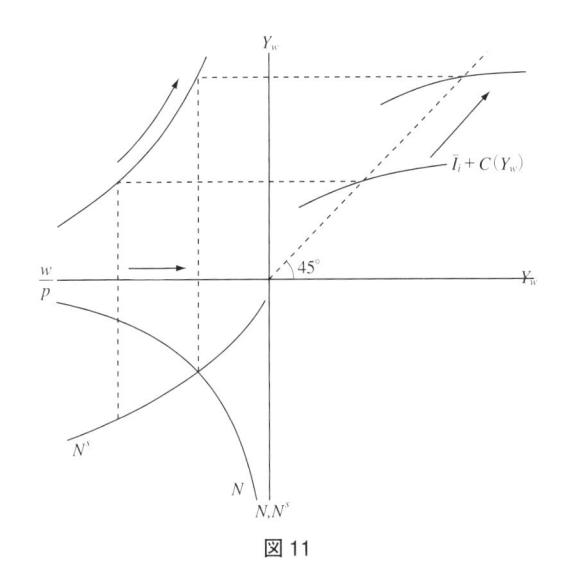

図11

以上のとおりである。

　利子率が硬直的（いわゆる流動性トラップの領域にある）か，投資需要が利子率の影響を受けないなら，実物経済は完結している。労働市場で失業が存在し財・サービス市場は均衡しているなら，貨幣賃金率の下落により実質賃金率は下落する。従って，産出高，雇用量は増加する。財・サービス市場の均衡を前提し続けるなら，結局完全雇用へ達する[11]（図11参照）。完全雇用到達後も財・サービス市場で超過需要が存在するなら，価格上昇が続くだろう[12]。

　では完全雇用に達したとき財・サービス市場で超過供給が存在するなら，どうなるだろうか。価格は下落し，再び実質賃金率は上昇し，産出高，雇用

---

[11] 財・サービス市場で超過需要が存在し続けても，完全雇用へ到達する。価格上昇によって実質賃金率の下落，産出高，雇用量の増加がより大幅になるだけである。
[12] これが，ケインズのいう「真のインフレーション」である。彼は，完全雇用到達後は物的な生産増加を伴わない価格上昇が起るので「真の」と名づけた。Keynes [7] pp.118〜9, p.303 を参照。なお正確には財・サービス，労働両市場で超過需要が存在し，価格，貨幣賃金率が同率で上昇する状態へ収束する。本章第9節（1）を参照。

97

図12

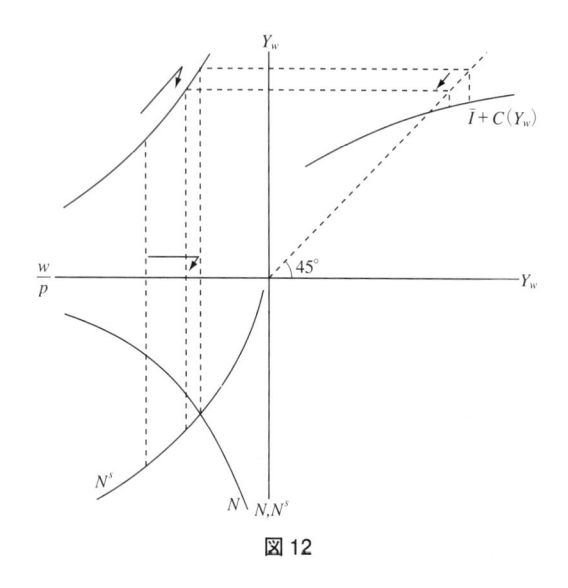

は減少し，失業が発生する。しかし初期状態へは戻らず，貨幣賃金率と価格が同率で下落し，失業と財・サービスの超過供給が持続する状態へ収束するだろう（**図12**参照）。これは，もちろん投資需要が一定である場合の結論である[13]。

§3 価格調整と失業

前節では，完全雇用均衡が安定らしいことをみた。但し，そこでは財・サービス市場の均衡は前提され，労働市場，貨幣需給の不均衡調整過程だけが考慮された。本節では，財・サービス市場の不均衡調整過程も同時に考慮する。まず財・サービス市場が均衡していないとき，価格が変動すると想定しよう。そこで

$$(6\text{-}15) \quad \dot{p} = \alpha \left[\frac{I(i) + C(Y_w)}{Y_w} \right], \quad \alpha' > 0, \quad \alpha(1) = 0$$

とする。これは，財・サービス市場で超過需要が存在すれば $(I(i)+C(Y_w)>Y_w)$，価格が上昇する $(\dot{p}>0)$ ことを意味する（逆は逆）。産出高の変

---

[13] 本章第9節 (1) を参照。

第VI章　スタグフレーション

動による調整が行われる場合については，後に第4節で検討する。

次に，労働市場について。労働供給は，図5で仮定したように実質賃金率の関数であるとすると

(6-16) $\quad N^s = j\left(\dfrac{w}{p}\right), \quad j' > 0$

と書くことができる。

労働需要 N は，実質賃金率の減少関数である（限界生産力逓減）から

(6-17) $\quad N = h\left(\dfrac{w}{p}\right), \quad h' < 0$

とする。h は F' の逆関数。そして貨幣賃金率は，労働市場の状態に応じて伸縮的であり

(6-18) $\quad \dot{w} = \beta(-u), \quad \beta' > 0, \quad \beta(0) = 0$

とする。ここで，u は失業率であって，$u = \dfrac{N^s - N}{N^s}$。$N \leq N^s$ ならば，N は現実の雇用量となる。$N > N^s$ ならば N^s が現実の雇用量となり，N は単なる計画された雇用にすぎなくなる。

最後に，貨幣需給の結果について

(6-19) $\quad \dot{i} = \gamma\left[\dfrac{L(i, Y_w)}{M_w}\right], \quad \gamma' > 0, \quad \gamma(1) = 0$

を前提する。

さて

(6-20) $\quad \begin{cases} I(i) + C(Y_w) - Y_w = 0 \\ N - N^s = 0 \\ L(i, Y_w) - M_w = 0 \end{cases}$

のとき，すべての市場と貨幣需給の均衡が成立する。このような均衡をもたらす価格，貨幣賃金率，利子率を (p^*, w^*, i^*) とし，その性質を検討しよう[14]。

(6-21) $\quad \begin{cases} x = p - p^* \\ y = w - w^* \\ z = i - i^* \end{cases}$

と書き換えて，(6-15)，(6-18)，(6-19) を均衡の近傍で展開すると，一次近

似系は

$$(6\text{-}22)\quad \begin{bmatrix} \dot{x} \\ \dot{y} \\ \dot{z} \end{bmatrix} = \begin{bmatrix} \dfrac{\alpha'\phi'h'w^*(1-C')}{p^{*2}\phi^*} & -\dfrac{\alpha'}{\phi^*}\left\{\dfrac{I^*}{w^{*2}}+\dfrac{\phi'h'(1-C')}{p^*}\right\} & \dfrac{\alpha'I'}{\phi^*w^*} \\ \dfrac{\beta'u'w^*}{p^*} & -\beta'u' & 0 \\ -\dfrac{\gamma'L_2'\phi'h'w^*}{M_w^*p^{*2}} & \dfrac{\gamma'}{M_w^*}\left(\dfrac{L_2'\phi'h'}{p^*}+\dfrac{M_w^*}{w^{*2}}\right) & \dfrac{\gamma'L_1'}{M_w^*} \end{bmatrix} \begin{bmatrix} x \\ y \\ z \end{bmatrix}$$

である。ここで，$L_1' = \partial L/\partial i$, $L_2' = \partial L/\partial Y_w$, $u' = \dfrac{j'-h'}{p^*j^*}$ である。(6-22) の固有方程式は

$$(6\text{-}23)\quad \begin{vmatrix} \rho-\dfrac{\alpha'\phi'h'w^*(1-C')}{p^{*2}\phi^*} & \dfrac{\alpha'}{\phi^*}\left\{\dfrac{I^*}{w^{*2}}+\dfrac{\phi'h'(1-C')}{p^*}\right\} & -\dfrac{\alpha'I'}{\phi^*w^*} \\ -\dfrac{\beta'u'w^*}{p^*} & \rho+\beta'u' & 0 \\ \dfrac{\gamma'L_2'\phi'h'w^*}{M_w^*p^{*2}} & \dfrac{\gamma'}{M_w^*}\left(\dfrac{L_2'\phi'h'}{p^*}+\dfrac{M_w^*}{w^{*2}}\right) & \rho-\dfrac{\gamma'L_1'}{M_w^*} \end{vmatrix} = 0$$

である。あるいは展開して，

$$\rho^3 + a_1\rho^2 + a_2\rho + a_3 = 0$$

と書くと

$$(6\text{-}24)\quad \begin{cases} a_1 = -\left\{\dfrac{\alpha'\phi'h'w^*(1-C')}{p^{*2}\phi^*} - \beta'u' + \dfrac{\gamma'L_1'}{M_w^*}\right\}, \\ a_2 = \dfrac{\gamma'}{M_w^*p^*}\left\{-\beta'u'L_1'p^* + \dfrac{\alpha'\phi'h'L_1'w^*(1-C')}{p^*\phi^*} + \dfrac{\alpha'I'L_2'\phi'h'}{p^*\phi^*}\right\} \\ \qquad + \dfrac{\alpha'\beta'u'I^*}{p^*\phi^*w^*}, \\ a_3 = -\dfrac{\alpha'\beta'\gamma'u'}{p^*\phi^*M}(M_w^*I' + I^*L_1') \end{cases}$$

である。

---

14) $h\left(\dfrac{w}{p}\right) = j\left(\dfrac{w}{p}\right)$ を充たす $\left(\dfrac{w}{p}\right)$ を $\left(\dfrac{w}{p}\right)^*$ としよう。次に，$Y_w^* = \dfrac{F\left\{h\left(\left(\dfrac{w}{p}\right)^*\right)\right\}}{\left(\dfrac{w}{p}\right)^*}$ とし，$I(i) + C(Y_w^*) = Y_w^*$ を充たす i を i^* とする。最後に $L(i^*, Y_w^*) = M_w$ を充たす w を w^*, $p^* = \dfrac{w^*}{\left(\dfrac{w}{p}\right)^*}$ とする。こうして，p^*, w^*, i^* が決まる。

100

第Ⅵ章　スタグフレーション

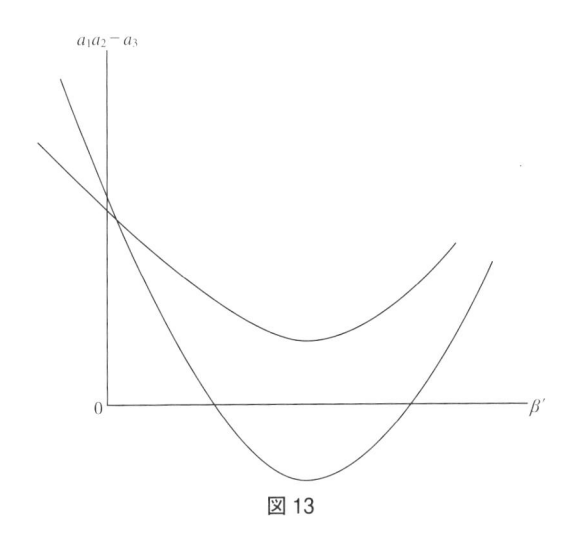

[図: $a_1a_2-a_3$ を縦軸、β' を横軸とするグラフ]

図13

(6-22) が安定であるための必要十分条件は

(6-25)　$a_1, a_2, a_3 > 0$

(6-26)　$a_1a_2 - a_3 > 0$

である[15]。(6-25) が成り立つことは，容易に分る。$a_1a_2-a_3$ を実際に計算し，β' に関して整理すると，

(6-27)　$\begin{cases} \beta'^2 \text{の係数} = -\dfrac{\alpha'\gamma'(u')^3 L_1' I^*}{Mp^*\phi^*} > 0 \\ \beta'^0 \text{の係数} = -\left\{\dfrac{\alpha'\phi'h'w^*(1-C')}{p^{*2}\phi^*} + \dfrac{\gamma' L_1'}{M_w^*}\right\}\dfrac{\alpha'\gamma'h'\phi'}{p^{*2}\phi^* M_w^*} \\ \qquad\qquad\{L_2'(1-C')w^* + I'L_1'\} > 0 \end{cases}$

である。

従って少なくとも，β' が十分小さいならば，あるいは十分大ならば，(6-26) は成立する（図13参照）。このとき，(6-15)，(6-18)，(6-19) は局所的に安定となる。

また，$a_1a_2-a_3$ を α' に関して整理すると

---

15) ポントリャーギン（千葉克裕訳）『常微分方程式』共立出版，1968年を参照。

$$\alpha'^2 \text{の係数} = \frac{\phi' h' w^*(C'-1)}{p^{*3}\phi^{*2}} \left(\frac{\gamma'\phi'h'\{L_1'(1-C')w^* + I'L_2'\}}{M_w^* p^*} + \frac{\beta' u' I^*}{w^*} \right) > 0$$

$$\alpha'^0 \text{の係数} = -\left(-\frac{\beta' u'}{p_*} + \frac{\gamma' L_1'}{M_w^*} \right) \frac{\beta' u' \gamma' L_1'}{M_w^*} > 0$$

であるから，β'に関して整理した場合と平行的な議論が成立する．

体系（6-15），（6-18），（6-19）が安定である場合の事情は，次のように描くことができるだろう．

失業が発生し，貨幣賃金率が下落しているとしよう．貨幣賃金率の下落は，まず実質賃金率を下落させる．実質賃金率の下落は労働需要を増加させ，労働供給を減少させるので失業は減少して行く．他方，実質賃金率の下落の結果，財・サービス市場で発生した超過供給は，価格下落による実質賃金率の上昇によって生産が減少するので解消されて行く．

この間，利子率の動きは安定的である．所得増加による貨幣需要の増加の結果，利子率はまず上昇する．しかし利子率の上昇は，それ自身貨幣需要を抑制するし，他に財・サービス需要を抑え従って価格上昇，実質賃金率下落，生産増加を抑え，結局所得増加による貨幣需要の増加を抑える．

消費需要が，次のように利子率の減少関数でもあるとすると[16]

$$C = C(Y_w, i), \quad C_1' > 0, \quad C_2' < 0$$

より，a_1は変化しないが

$$a_2 = \frac{\gamma'}{M_w^* p^*} \left[\beta' L_1'(-u') p^* + \frac{\alpha'\phi'h'w^*}{p^*\phi^*} \left\{ L_1'(1-C_1') + L_2'\left(\frac{I'}{w^*} + C_2'\right) \right\} \right]$$
$$+ \frac{\alpha'\beta' u' I^*}{p^*\phi^* w^*}$$

$$a_3 = \frac{\alpha'\beta'\gamma' u'}{\phi^* M p^*} \left\{ M\left(\frac{I'}{w^*} + C_2'\right) + I^* L_1' \right\} > 0$$

となる．

しかしながら，これは結局利子率が上昇したとき，財・サービス需要を減少させるという作用を強めるだけである（$I' < 0$ が $I' + C_2' < 0$ に変る）．もち

---

16) Friedman [4] を参照した．

ろん，利子率の上昇が消費需要の増加をもたらし，投資需要の減少を補い総需要を増加させるようなら，安定性に関する結論は逆になる。

以上，調整機構が十分働く（α', β'の大きさ）ならば，均衡が安定であることをみた。このとき失業は，価格機構の調整によって結局解消することになる。但し，それには利子率の総需要に対する効果（$I' + C_2' < 0$）が，大きな要因となっている。現実にはこの利子率効果が弱く，そのため経済が不安定になることが十分考えられる[17]。いずれにせよ貨幣的要因は現実には存在するのであり，これは経済に安定な作用をしているといえよう。

§4 生産調整と失業

価格調整（6-15）の代わりに，生産調整が働く場合を考えよう[18]。企業は，商品市場の需給状態に応じて生産量を増減させるとし

$$(6\text{-}28) \quad \dot{X} = \alpha \left[\frac{I(i) + C(Y_w)}{Y_w} \right], \quad \alpha' > 0, \quad \alpha(1) = 0$$

とする。前節のモデル（6-15），（6-18），（6-19）において，（6-15）を（6-28）に換えると完結する。

即ち

$$(6\text{-}29) \quad \begin{cases} \dot{X} = \alpha \left[\dfrac{I(i) + C(Y_w)}{Y_w} \right] \\ \dot{w} = \beta \left[-u\left(\dfrac{w}{p}\right) \right] \\ \dot{i} = \gamma \left[\dfrac{L(i, Y_w)}{M_w} \right] \end{cases}$$

である。(6-29) は，$\dfrac{w}{p} = F'(N)$, $X = F(N)$, $Y_w = \dfrac{p}{w}X$ であるから，(X, w, i) に関する微分方程式系になっている。

$$(6\text{-}30) \quad \begin{cases} \dfrac{w}{p} = F'\{F^{-1}(X)\} \equiv J(X) \\ Y_w = \dfrac{pX}{w} = \dfrac{X}{J(X)} \equiv \varphi(X) \end{cases}$$

---

17) 例として，本章第9節（2）を参照。
18) 鴇田 [24] を参照した。なお彼は，ケインズの意義を価格調整に代えて生産調整を採用したことに求めているが，本節にそのような意図はない。

と書こう。

さて労働市場で $u\{J(X)\} = 0$ を成立させる X を, $X*$ としよう。すると財・サービス市場の均衡も同時に成立するには, i は $I(i*) + C(\varphi(X*)) = \varphi(X*)$ で決る $i*$ でなければならない。更に貨幣需給の均衡も成立するならば, $L(i*, \varphi(X*)) = M_w*$ より, $w = w*$ である。こうして均衡 $(X*, w*, i*)$ が決る。

前節と同様に, (6-29) の局所的安定性を検討しよう。

$$x = X - X*$$
$$y = w - w*$$
$$z = i - i*$$

として, (6-29) を均衡で展開し, 一次項だけに着目すると

$$(6\text{-}31) \quad \begin{bmatrix} \dot{x} \\ \dot{y} \\ \dot{z} \end{bmatrix} = \begin{bmatrix} \dfrac{\alpha'\varphi'(C'-1)}{\varphi*} & -\dfrac{\alpha'I*}{\varphi*w*^2} & \dfrac{\alpha'I'}{\varphi'w^\perp} \\ \beta'u' & 0 & 0 \\ \dfrac{\gamma'L_2'\varphi'}{M_w*} & \dfrac{\gamma'}{w*} & \dfrac{\gamma'L_1'}{M_w*} \end{bmatrix} \begin{bmatrix} x \\ y \\ z \end{bmatrix}$$

となる。(6-31) の固有方程式は

$$(6\text{-}32) \quad \begin{vmatrix} \rho - \dfrac{\alpha'\varphi'(C'-1)}{\varphi*} & \dfrac{\alpha'I*}{\varphi*w*^2} & -\dfrac{\alpha'I'}{\varphi*w*} \\ -\beta'u' & \rho & 0 \\ -\dfrac{\gamma'L_2'\varphi'}{M_w*} & -\dfrac{\gamma'}{w*} & \rho - \dfrac{\gamma'L_1'}{M_w*} \end{vmatrix} = 0$$

あるいは展開して, $\rho^3 + a_1\rho^2 + a_2\rho + a_3 = 0$ と書くと

$$a_1 = \dfrac{\alpha'\varphi'(1-C')}{\varphi*} - \dfrac{\gamma'L_1'}{M_w*}$$

$$a_2 = \dfrac{\alpha'\gamma'\varphi'}{\varphi*M_w*}\left\{ L_1'(C'-1) - \dfrac{L_2'I'}{w*}\right\} + \dfrac{\alpha'\beta'u'I*}{\varphi*w*^2}$$

$$a_3 = -\dfrac{\alpha'\beta'\gamma'u'}{\varphi*w*^2}\left[I' + \dfrac{L_1'I*}{M_w*}\right]$$

である。

$1-C'>0$, $I'<0$ などを考慮すれば, a_1, a_2, a_3 はすべて正であることが分る。ところが

$$(6\text{-}33) \quad a_1 a_2 - a_3 = \frac{\alpha' \gamma' \varphi'}{\varphi^* M_w^*} \left\{ \frac{\alpha' \varphi'(1-C')}{\varphi^*} - \frac{\gamma' L_1'}{M_w^*} \right\} \left\{ L_1'(C_1'-1) - \frac{L_1' I'}{w^*} \right\} + \left[\frac{\alpha' \varphi'(1-C') I^*}{\varphi^*} + I' \gamma' \right] \frac{\alpha' u' \beta'}{\varphi^* w^{*2}}$$

は, β' が十分大ならば負となりえ, 従って (6-31) は不安定となりえる。これは価格調整の場合と, まったく逆である。

　この経済的理由を考えよう。(6-29) において, 産出高と利子率は安定的な関係にある。財・サービス市場で超過需要が発生し, 生産が増加するなら所得増加によって貨幣需要が増加し, 利子率が上昇する。そして利子率の上昇は, 財・サービス需要を減少させる。財・サービス市場で超過供給が生じた場合, 結局利子率が下落し, 財・サービス需要を増加させる。実際 $\beta' = 0$ のとき, $a_1 a_2 - a_3 > 0$ となり, (6-31) は安定的である。

　では $\beta' > 0$ は, どのような要因をつけ加えることになるのだろうか。財・サービス市場で超過需要が生じ, 生産が増加し, 失業が減少してゆくと, 貨幣賃金率は上昇し, 実質貨幣残高を減少させる。これは, 所得増加による貨幣需要の増加と共に利子率を上昇させ, 財・サービス需要を減少させる。

　$\beta' > 0$ は, この利子率上昇, 財・サービス需要の減少をより強める。従って, これが不安定性をもたらすのは, 利子率上昇, 財・サービス需要の減少を強め, 財・サービス市場で逆に超過供給を発生させるからである。更に, この財・サービス市場の超過供給によって結局利子率が下落するのであるが, この振幅がますます大きくなって行くのである。

§5 限界生産力説と要求分配率

　3, 4節では労働市場も含め, 動学的に分析した。しかし, それは経済的な意味では, 依然として非常に短期的な分析である。せいぜい市場均衡が成立するかどうか, 成立するまでの経済諸量の動きはどうか, といった問題への接近にすぎないからである。資本蓄積 (生産設備の増加) を考慮するという意味で, 長期の分析が必要である。その前に, これまでの分析の前提を再検

討しておくのが便利である[19]。

これまで限界生産力説を採用し，そこから貨幣賃金率で割った産出額と雇用量の関係を導いた。しかし限界生産力説には，次のような欠点がある。
1．価格，貨幣賃金率によって生産を決定するという受身の企業態度である。
2．限界生産力が逓減する局面，つまり資本設備の過度稼働を前提している。ここで過度稼働を，次のように定義する。

資本設備が与えられたときそれを稼働させる労働量を増加させてゆくと，平均生産性は次第に高くなり，ある点 (N^*, X^*) からは再び低下してゆくであろう。平均生産性が最も高い稼働度を正常稼働とする。正常稼働以上の労働投入による生産を過度稼働，逆は過少稼働と呼ぶ（図14参照）。なお平均生産性 X/N は，その生産性 (N, X) と原点を結ぶ直線の傾きで表わされ

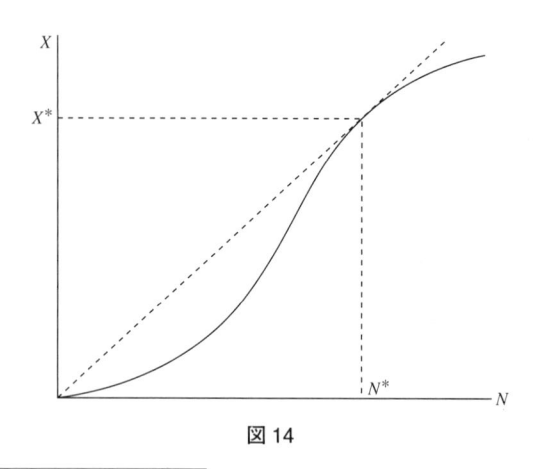

図14

[19) 本節では限界生産力説を検討の対象とする。しかし本章第3節，第4節におけるもう一つの重要な前提は，労働市場の調整機構として採用したいわゆる Phillips curve（フィリップス曲線）である。これに対して「長期的にはフィリップス曲線は成立しない」という批判がある。例えば，Friedman [3]，[12]。これについてさしあたり，本章第3節，第4節はフィリップス曲線が成立するような短期の分析であると答えておこう。しかし，なぜ短期的には成立すると考えるのかについても，その根拠は異る。これについてのフリードマンの意見は，Friedman [5] Chap.12 を参照。

第Ⅵ章　スタグフレーション

る。

前記第一の点に関して，もっと積極的な企業態度がより現実的であると考える[20]。そして第二の点は，不況期の分析としては特に弱点であろう。これらの点を改善しよう。

まず限界生産力説により導出された総供給関数 ϕ は，雇用量と貨幣賃金率で割った産出額を結びつけるものであった[21]。ところで総供給関数 ϕ は，雇用量に対応する分配率も決定する[22]。なぜなら

$$(6\text{-}34) \quad 労働分配率 = \frac{wN}{Y}$$

$$= \frac{N}{Y_w}$$

$$= \frac{N}{\phi(N)}$$

であるから。これを図で説明しよう（図15参照）。

図15において雇用量 OC に対応する労働分配率は，(6-34) より $\frac{OC}{AC}$ あるいは $\frac{BC}{AC}$ である。また $\frac{AB}{AC}$ は利潤分配率を表し，AB は貨幣賃金率で割った利潤を表している。この関係を，第1節で限界生産力説によって導いたのであった。

しかし，これを要求利潤関数，要求分配率関数と解することができる。OC の雇用量を維持するに際し，企業は AC の売上額（貨幣賃金率で割った），AB の利潤（同じく貨幣賃金率で割った），従って $\frac{AB}{AC}$ の利潤分配率を要求すると読むわけである。それ故図15のように $\phi'' > 0$ であることは，より大なる雇用を維持するには，企業はより高い利潤分配率を要求することを意味する[23]。要求分配率が雇用量に関りなく一定である場合，ϕ は原点を通り

---

20) 本章第1節で説明した限界生産力説をより忠実な線で現実的なものに修正することについては本章第9節 (6) を参照。
21) この点については，本章第1節で説明した。
22) 総供給関数のこのような性質をはじめ，その経済的意味，及びケインズ体系における役割については，新野・置塩 [20] を参照した。
23) 限界生産力説によって ϕ を導出する場合，$\phi'' > 0$ のためには稼働関数 F について，$F' > 0$, $F'' < 0$ 以上の強い条件が必要となる。

図 15

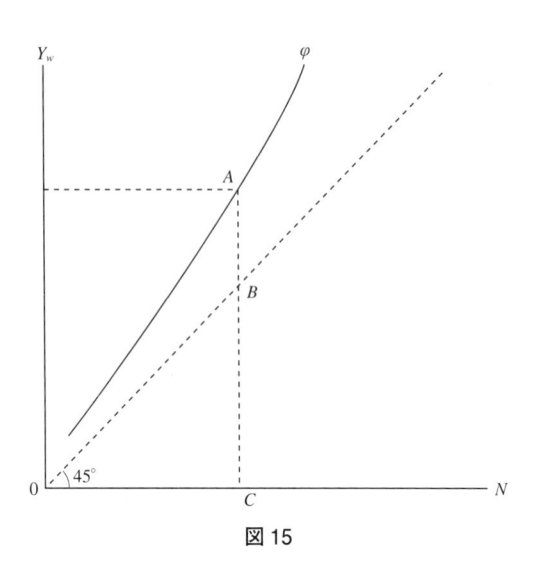

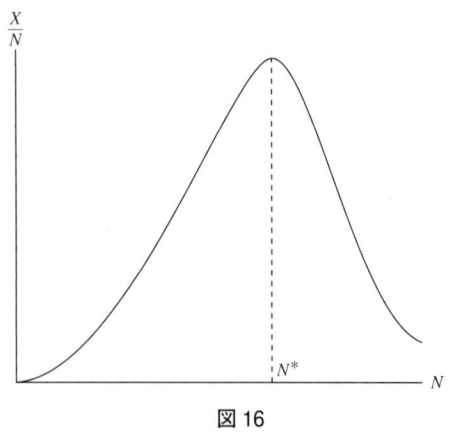

図 16

傾きが 45° 以上の直線となるから。

　総供給関数をこのように読んだ場合，雇用量と実質賃金率はどのような関係になるだろうか。まず雇用量と平均生産性の関係は，図 14 から分るように図 16 のようになる。

　次に平均生産性と実質賃金率の関係は，どうか。いま要求分配率 π を雇用量に関りなく一定であるとすれば,

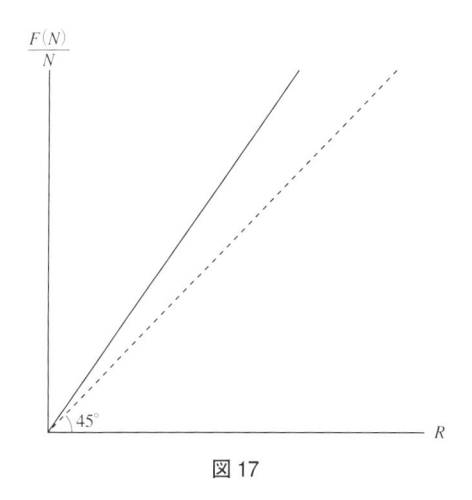

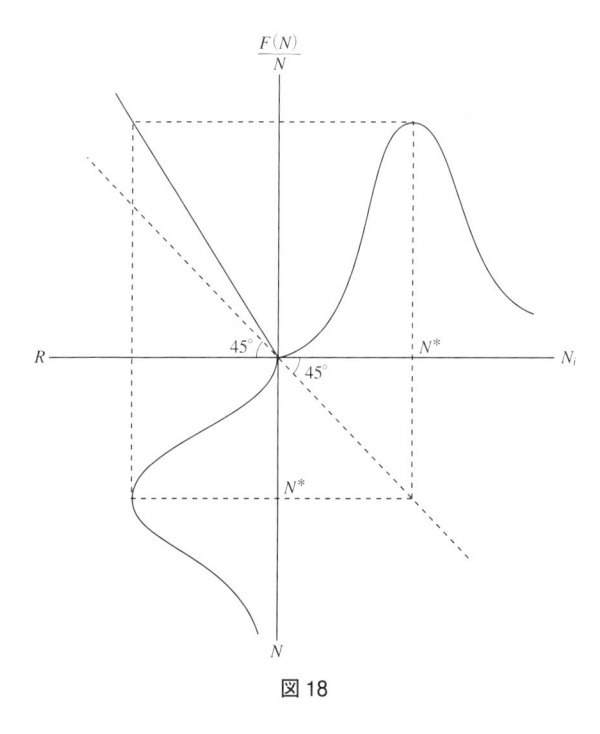

第Ⅵ章　スタグフレーション

図 17

図 18

$$\pi = \frac{F(N) - RN}{F(N)}, \quad 0 < \pi < 1$$

より

(6-35) $\quad \dfrac{F(N)}{N} = \dfrac{1}{1-\pi} R$

である。従って例えば，図 17 のような関係になる。

　これで雇用量と実質賃金率の関係を，決めることができる。図 16 と図 17 より，図 18 を得る。これは技術的要因（F）だけでなく，社会的要因（π）によっても決定されていることが重要である[24]。実際，技術は変化しない場合でも要求分配率が高くなるほど図 19 のように，実質賃金率と雇用量の関係を示す曲線は平らになってゆく。

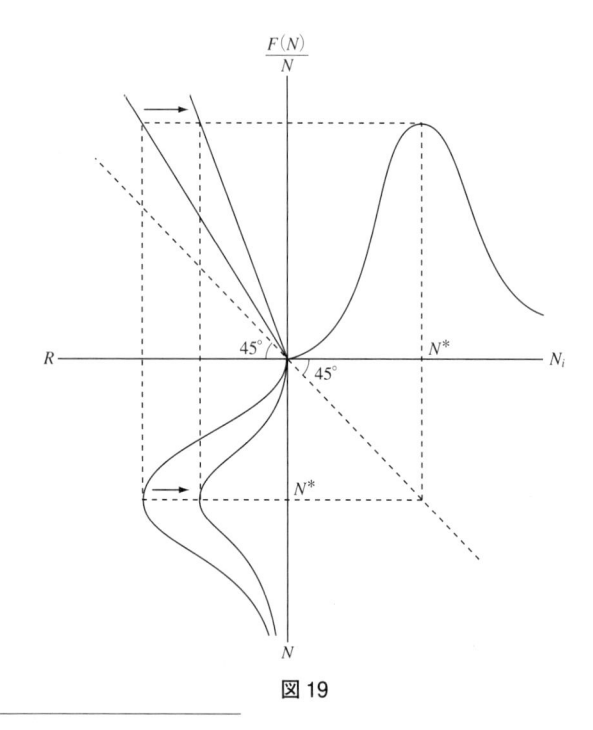

図 19

---

24) もちろん限界生産力説によって労働需要と実質賃金率の関係を導く場合でも，社会的要因が介在している。例えば特定の資本設備稼働態度を前提しているという意味で。

第Ⅵ章　スタグフレーション

なお稼働関数 F が図14のような場合，限界生産力説によれば総供給関数，及び雇用量と実質賃金率の関係は，図20のようになるだろう。というのは正常稼働以下では，

　　平均生産力＜限界生産力

であるから，限界生産力説によって

　　限界生産力＝実質賃金率

が成立するとき

　　平均生産力＜実質賃金率

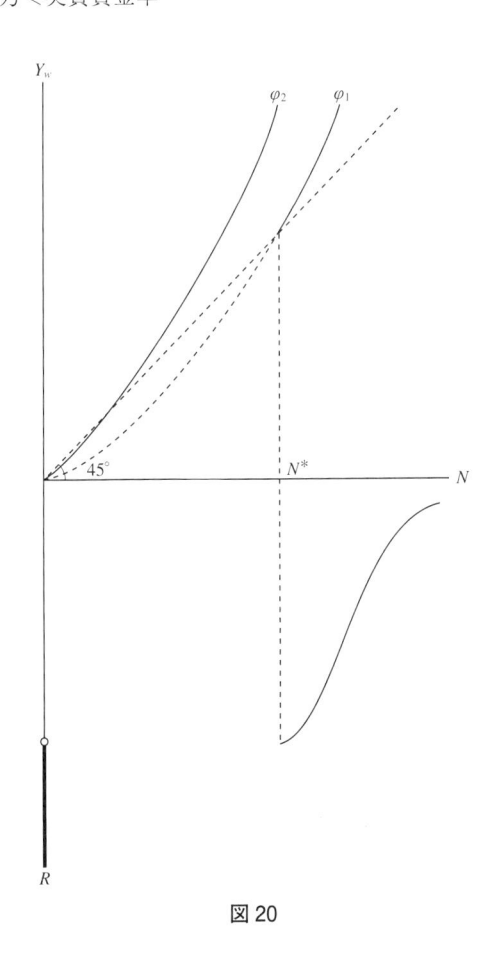

図20

となる．このとき利潤 π は

(6-36) $\quad \pi = pX - wN$

$\qquad = pN\left(\dfrac{X}{N} - \dfrac{w}{p}\right)$

$\qquad = pN$（平均生産力 – 実質賃金率）

から分るように負となる．

　このような状態では，企業は雇用，生産を行わないとしよう．すると過少稼働は行われないから，N^* より小なる雇用量は $Y_w = 0$ に対応し，対応する実質賃金率をもたない．こうして実質賃金率に対応する雇用量は不連続となり，総供給数は例えば ϕ_1 のようになる[25]．

　同じ技術的条件のもとで要求利潤分配率説によれば，総供給関数は例えば ϕ_2 のようになりうる[26]．もちろんこの場合 ϕ_2 は，対応する実質賃金率の下での利潤最大という条件を充してはいない．

§6　比較静学

　前節をもとにして，次のような問題を考えよう．

　企業はある要求利潤分配率をもっており，それを実現すべく価格を設定する[27]．即ち

(6-37) $\quad p = \dfrac{1}{1-\pi}\dfrac{wN}{F(N)}, \qquad 0 > \pi > 1$

ここで wN は総費用だから，$\dfrac{wN}{F(N)}$ は生産物一単位当りの費用である．従って (6-37) は，マーク・アップ方式で価格設定が行われることと同じである．その場合，マーク・アップ率は $\dfrac{1}{1-\pi}$ である．

　企業は，こうして設定した価格が市場で維持できるよう稼働率を調整し，その結果，財・サービス市場で均衡が成立するとしよう[28]．即ち

---

[25] 実際のところ，これを防ぐため，本章第1節では $F' > 0$, $F'' < 0$ を前提したのである．

[26] 図20 での ϕ_2 は，もちろん一例にすぎない．過少稼働が行われること，過度稼働の局面でも ϕ_1 と必ずしも同じでないことが重要なのである．

[27] このように価格が設定されるだけでなく実際に維持されるのは，企業が生産調整を行うからである．

第Ⅵ章　スタグフレーション

(6-38)　　$Y_w = I(i) + C(Y_w)$

このとき，もちろん正常稼働が行われているとは限らない。需給の不均衡は市場には現れず，稼働率に現れるのである。

貨幣需給の均衡を前提して

(6-39)　　$L(i, Y_w) = M_w$

とすると，(6-37)，(6-38)，(6-39) より M_w が与えられたとき (Y_w, i, N) が決る。これは既に，本章第1節でみた[29]。では貨幣賃金率がより上昇した場合，それらはどう変化するか。特に雇用量と価格は，どう動くか。これが問題である。

他の事情が変化しなければ，より高い貨幣賃金率は，より低い実質貨幣残高 M_w を意味する。すると同一の利子率に対して，より低い産出額 Y_w が対応しないと，貨幣需給の均衡は維持できない。即ち LM 曲線は，下方へ移動する。従って Y_w の均衡値はより小さく，均衡利子率はより高くなる。Y_w の低下に伴い，雇用量は減少する。

では価格は，どう変化しているか。正常稼働以下の局面では雇用量，生産額の減少とともに，実質賃金率も低下している（図 21 参照）。従って価格は，貨幣賃金率の上昇を上回って上昇している[30]。

この理由は明白である。雇用量の低下が労働生産性の低下を伴う局面で，

---

28) ここまでは Sherman [13] の問題設定と同じである。彼は高い管理価格による高い利潤分配率（＝低い労働分配率）から消費需要の不足→総需要の不足→失業を導出し，高物価と失業の並存を示そうとする。

　筆者が不十分だと思うのは，消費需要不足から総需要不足を主張している点である。高い利潤分配率にもかかわらずなぜ投資需要が少ないのか。この説明が必要，且つ重要である。

29) (6-37) は，$Y_w = \dfrac{1}{1-\pi} N$ と変形できる。

30) 過度稼働の局面であっても，雇用減，生産性上昇の割合が，貨幣賃金率の上昇率より小さければ価格は上昇する。分配率一定を前提してしまえば

　　　　労働分配率 ＝ $\dfrac{貨幣賃金率}{価格 \times 労働生産性}$

　　より

　　　　価格上昇率 ＝ 貨幣賃金率上昇率 － 労働生産性上昇率

　を得る。

図21

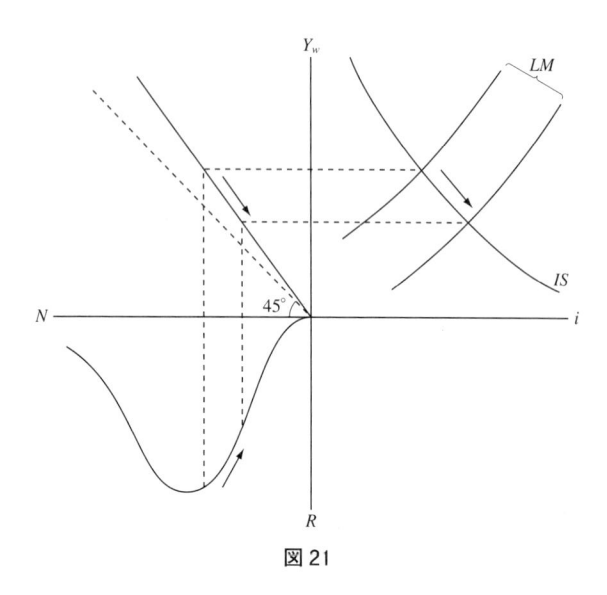

貨幣賃金率がより上昇したとき利潤分配率を維持しようとするから，価格は貨幣賃金率を上回って上昇し，実質賃金率を押し下げ，労働生産性低下を補うのである。こうして不況下でのインフレ，即ちスタグフレーションが発生する[31]。

ここでは，まず貨幣賃金率がより高くなったと想定した。しかし，それは賃金上昇だけがスタグフレーションのきっかけであることを意味しないし，

---

31) 従って，スタグフレーションはコスト・プッシュ型インフレの一変種である。このような考えには，例えば Samuelson [12] がある。但し，この用語はコストの上昇が自動的に価格上昇を引き越すかのような誤解を生じやすい。コストが上昇したとき，企業は製品価格を上げたいと思うだろう。しかし，この希望が実現するにはある条件が必要であろう。この条件が問題なのである。コストの上昇は，きっかけの一つにすぎない。

「資本家の意志は，たしかに，できるだけ多く取ることである。われわれのなすべきことは，彼の意志を論じることではなくて，彼の力，この力の限界，この限界の性格を探究することである。」(Marx [10] p.13)

「しかし，もっとも重要なのは労働組合と賃金交渉を行う大企業が賃金の上昇を消費者に転嫁し，けっこう利潤を維持してきているという事実である。」(Samuelson [12] p.825)

第VI章 スタグフレーション

その原因であることも意味しない。本章第5節で分析した Y_w の均衡値をより低くする要因すべてが同じ資格で，スタグフレーションのきっかけである。

最後に，しかし非常に重要な要因は，要求分配率の変化である。前述のようなきっかけがなくても要求利潤分配率が上昇するなら，同一水準の Y_w に対応する雇用量は低下し，不況期には一方で低稼働，失業を，他方で価格上昇を引き起こす（図22）。

逆に，前述のきっかけが存在し要求分配率が変化しないならスタグフレーションが発生する場合でも，要求利潤分配率を低下させることができるなら，価格上昇を防ぐことができる[32]。

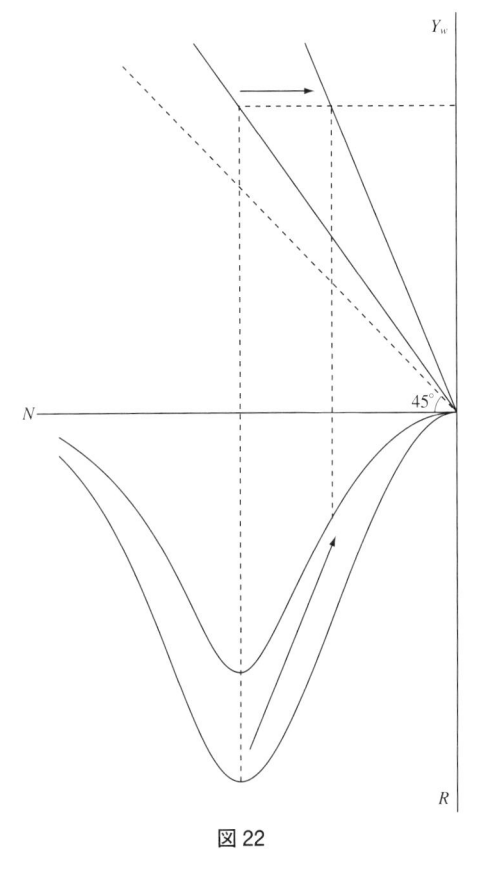

要求利潤分配率は，単純化して稼働水準に関しては一定としてきた。しかし実際は，おそらく財・サービス市場の需給関係を反映し，稼働水準が高いほど要求利潤分配率も高いだろう。この修正は容易である。

そこで典型的なスタグフレーションの描写は，図23のようになる。財・

図22

---

[32] Bronfenbrenner [2] は，総供給曲線の移動にスタグフレーションの原因を求めているという意味では，筆者と同意見である。但し彼の考えは，価格の上昇以上に貨幣賃金率が上昇して（実質賃金率が上昇して）雇用，生産が減少するという意見にも読みうる。この点を区別することは，分配率の動向にとって重要である。

図 23

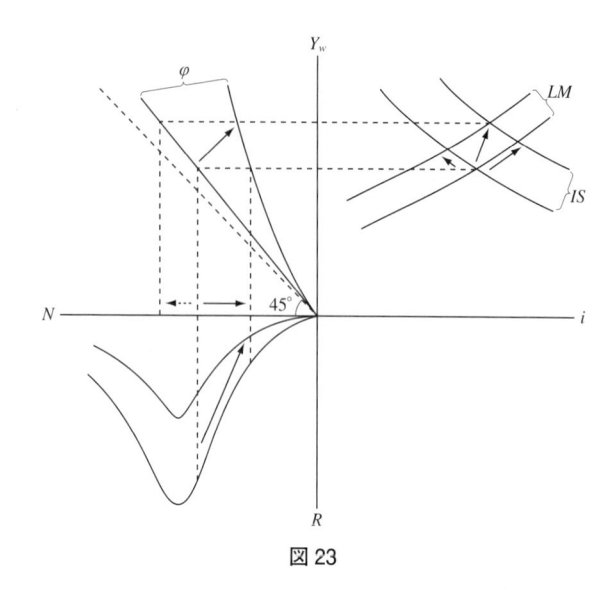

サービス市場及び貨幣需給において，第1節でみたような典型的な好況的現象（IS, LM 曲線の上方移動による（i, Y_w）の上昇）が生じているとしよう。ところが要求利潤分配率が上昇したために，雇用量，物的な産出高は減少する。もし要求利潤分配率が上昇しなかったなら，雇用量，物的産出高は増加したであろう。この過程で，実質賃金率は雇用量の減少にもかかわらず低下している。即ち失業が増加し，他方価格は貨幣賃金率以上に上昇している[33]。

§7 不均衡動学（1）

前節では企業がある要求をもち，それを実現すべく行動し，実際に実現できると仮定した。しかし労働者の要求については，何も触れなかった。本節では，次のように仮定する。労働者も彼の商品（≡労働）の価格（≡貨幣賃

---

[33] スタグフレーション下の目だつ現象には価格上昇，失業の他に倒産がある。これを分析するには企業間の格差を考える必要があるが，本章では捨象されている。この点を分析したものとして，北野［17］がある。
　またスタグフレーション期の利潤分配率の低下という事実を反証として挙げる人がいるかもしれない。この説明には，もっと詳しい分析が必要である。

第Ⅵ章　スタグフレーション

金率）設定力を持っている。これは実際には、労働者の現在の力を過大評価していることになるだろう[34]。

労働者は要求実質賃金率 R^e を持ち、財・サービス価格が変化しないならそれが実現されるような貨幣賃金率を設定する[35]。即ち

(6-40)　　$w_{t+1} = R^e p_t$

ここで R^e は、たぶん労働市場の需給関係によって影響されると考えた方が適当であろう。しかし分析の便宜上、一定として扱う。

企業は要求分配率 π^e を持っており、これを実現すべく価格を設定する。しかし、(6-40) によって設定された今期の貨幣賃金率に対応して、次期の価格しか決定できないとする[36]。即ち

(6-41)　　$p_{t+1} = \dfrac{1}{1-\pi^e} \cdot \dfrac{w_t N_t}{F(N_t)}$

である。π^e はたぶん市場状態、稼働率などによって影響を受けるであろう。しかし、これも一応、一定として考える。

(6-40)、(6-41) より

(6-42)　　$R_{t+1} = \dfrac{R^e(1-\pi^e)n_t}{R_t}$

を得る。ここで、$n_t = F(N_t)/N_t$。図14のような稼働関数を前提とすると、労働生産性 n_t は稼働率 δ_t の関数であって

$n_t = n(\delta_t)$,　$n' \gtreqless 0$　$\Leftarrow$　$\delta_t \gtreqless 1$

となる。但し、$\delta_t = X_t / X^*$。

$\dot{R} = R_{t+1} - R_t$

---

34) 労働者の要求態度を明示的に考慮して資本蓄積過程を分析したものとして、例えば西掘 [21] がある。そこでは、労働者は分配率によって貨幣賃金率を設定できると仮定されている。
35) 置塩 [22] 191ページを参照した。
36) もし今期の価格を決定できると想定するなら、企業は実質賃金率、従って分配率を彼の希望どおりの水準に決定できることを意味する。菊本 [8]、[15]、[16]、三野 [18] は、このような状態の分析である。おそらく現実の労資の力関係は、これに近いであろう。しかし、この制限を緩めて考えてみようというのが、本章の一つの目的である。

として，(6-42) を微分数に変えると

$$(6\text{-}43) \quad \dot{R} = \frac{R^e(1-\pi^e)n(\delta)}{R} - R$$

である。利潤の貯蓄性向を 1，賃金の貯蓄性向を 0 とすると，総貯蓄は利潤に等しい。従って，市場均衡を前提すると

$$(6\text{-}44) \quad I = X - RN$$

が成立する。(6-44) より

$$(6\text{-}45) \quad g = \sigma\delta\left\{1 - \frac{R}{n(\delta)}\right\}$$

である。ここで，$g = I/K$，$\sigma = X^*/K$[37]。$1 - \frac{R}{n(\delta)}$ は利潤分配率である。(6-44) 又は (6-45) は，企業の計画した資本蓄積 (I) が現実の資本蓄積 ($\dot{K} = X - RN$) に等しいと仮定したとも読むことができる。

正常稼働 ($\delta = 1$) のとき，労働生産性，資本係数は変化しないとする。即ち，技術進歩は捨象する (図 24 参照)。

最後に，企業は稼働率によって資本蓄積率を変化させるとして

$$(6\text{-}46) \quad \dot{g} = \alpha(\delta - 1), \quad \alpha > 0$$

とする。

さて (6-43)，(6-45)，(6-46) で，体系は完結している。未知数は R，δ，g。均衡は

$$(6\text{-}47) \quad \begin{cases} R^e(1-\pi^e)n(\delta) = R^2 \\ \delta = 1 \\ g = \sigma\delta\left\{1 - \frac{R}{n(\delta)}\right\} \end{cases}$$

によって一意的に決る。また $\delta = 1$ のとき，(6-47) より

$$(6\text{-}48) \quad \begin{cases} R^* = \sqrt{R^e(1-\pi^e)n(1)} \\ g^* = \sigma\left\{1 - \frac{R^*}{n(1)}\right\} = \sigma\left\{1 - \frac{\sqrt{R^e(1-\pi^e)}}{n(1)}\right\} \end{cases}$$

---

37) $\frac{I}{K} = \frac{X^*}{K}\frac{X}{X^*}\left(1 - \frac{RN}{X}\right)$。但し I は実物単位。なお図 24 は，資本蓄積 ($K_1 \to K_2$) による稼働関数の移動を表す。正常稼働のときの労働生産性は変らない。即ち，$\frac{X_1^*}{N_1^*} = \frac{X_2^*}{N_2^*}$ である。このとき，$\frac{X_1^*}{K_1} = \frac{X_2^*}{K_2}$ とする。

第VI章　スタグフレーション

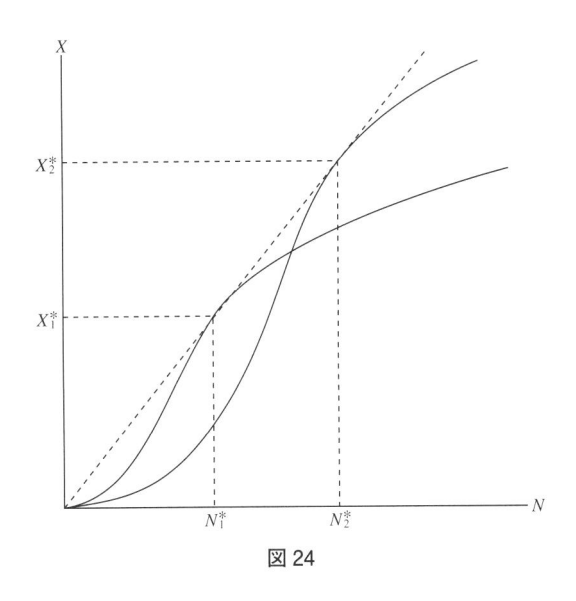

図24

を得る。

　均衡資本蓄積率 g^* が正であるためには，均衡実質賃金率 R^* は正常稼働時の労働生産性より小でなければならない。また，そのためには要求実質賃金率 R^e は，$\dfrac{n(1)}{1-\pi^e}$ より小でなければならない。$R^e > \dfrac{n(1)}{1-\pi^e}$ ならば (6-47) を充す (R, δ, g) が存在しない。このとき企業が正常稼働を行うなら，市場均衡が破れる。市場均衡を維持しようとすれば，過度稼働を行わざるをえない。

　g^* を決定する要因は，(6-48) より容易に分る。これをまとめると

	σ	$n(1)$	R^e	π^e
g^*	+	+	−	+

となる。

　現実の資本蓄積率 g が g^* より高い状態を好況，g^* より低い状態を不況と名付けるなら，g^* はその境界である。R^e がより高いことは均衡実質賃金率を高め，好不況の境界を低くする。好不況の境界が技術的要因 $(\sigma, n(1))$ だけでなく，社会的要因 (R^e, π^e) によって決定されることが重要である。不

況対策を考えるとき，この点に注意することが必要である。

次に (g, R, δ) が最初均衡にないとき，どんな運動をするかを検討しよう。まず，(6-46) より

(6-49)　　$\dot{g} = 0 \Leftrightarrow \delta = 1$

従って (6-45)，(6-49) より，$\dot{g} = 0$ をもたらす (R, g) を決定できる。即ち，$\delta = 1$ を (6-45) に代入して

(6-50)　　$g = \sigma \left\{ 1 - \dfrac{R}{n(1)} \right\}$

を得る。(R, g) が (6-50) を充さない場合，$\delta \neq 1$ である。

では $\delta > 1$ なのか，$\delta < 1$ なのか。1より小さい任意の δ を固定すると，(6-45) を充す (R, g) は，例えば直線 A となり，$g < \sigma \left\{ 1 - \dfrac{R}{n(1)} \right\}$ の領域に含まれる（図25参照）。つまり，$g < \sigma \left\{ 1 - \dfrac{R}{n(1)} \right\}$ の領域の (R, g) に対し，1より小なるある δ によって，市場均衡が成立する。即ち (6-45) が成り立つ。そして $g > \sigma \left\{ 1 - \dfrac{R}{n(1)} \right\}$ の領域の (R, g) に対して $\delta < 1$ ならば，決して市場均衡は成立しない。

逆に，1より大なる任意の δ を固定すると (6-45) を充す (R, g) は，例えば直線 B となり，$g \gtreqless \sigma \left\{ 1 - \dfrac{R}{n(1)} \right\}$ のどの領域も通る。即ち $g < \sigma \left\{ 1 - \dfrac{R}{n(1)} \right\}$ の領域の (R, g) に対しても，1より大なる δ によって市場

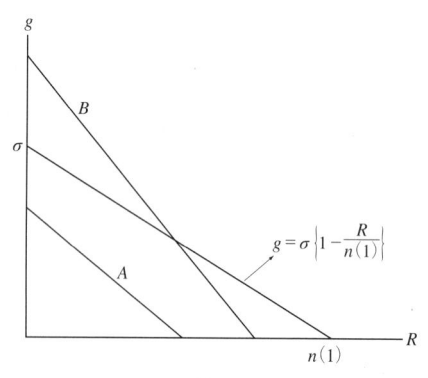

図25

第Ⅵ章 スタグフレーション

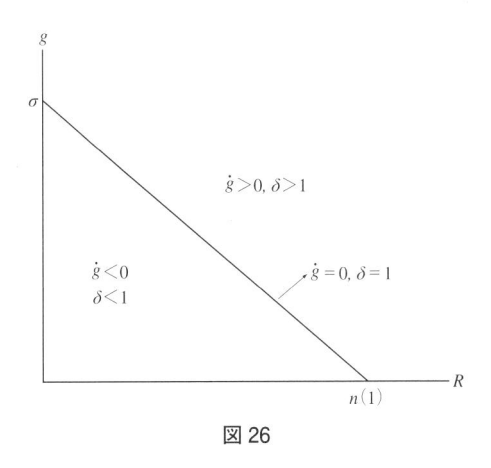

図 26

均衡を成立させることが可能である。

しかし企業は，同じく市場均衡が成立している場合，低稼働で対応していると考えよう[38]。かくして $g>\sigma\left\{1-\dfrac{R}{n(1)}\right\}$ ならば $\delta>1$，$g<\sigma\left\{1-\dfrac{R}{n(1)}\right\}$ ならば $\delta<1$ である（図 26 参照）。

同様に（6-43）より

---

[38] $g<\sigma\left\{1-\dfrac{R}{n(1)}\right\}$ なる任意の $(\bar{R},\bar{g})$ に対し
$g=\sigma\delta\left\{1-\dfrac{R}{n(\delta)}\right\}$ を充たす δ の値が二つ存在する（$\delta_1>\delta_2$）。しかし低稼働で対応した方が，利潤分配率は高い。なぜなら
$\sigma\delta_1\left\{1-\dfrac{\bar{R}}{n(\delta_1)}\right\}$
$=\sigma\delta_2\left\{1-\dfrac{\bar{R}}{n(\delta_2)}\right\}$，$\delta_1>\delta_2$
より，$1-\dfrac{\bar{R}}{n(\delta_1)}<1-\dfrac{\bar{R}}{n(\delta_2)}$ を得るから。

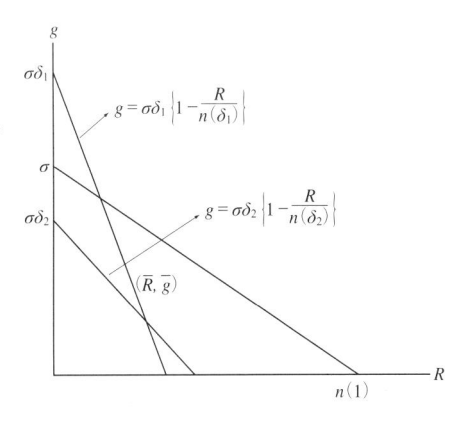

(6-51) $\quad \dot{R}=0 \Leftrightarrow \dfrac{R^e(1-\pi^e)n(\delta)}{R}=R$

である。従って (6-45), (6-51) より, $\dot{R}=0$ となる (R, g) を決定することができる。

まず (6-45) より

(6-52) $\quad dg = \sigma\left\{1-\dfrac{R}{n(\delta)}+\dfrac{\delta R n'(\delta)}{n(\delta)^2}\right\}d\delta - \dfrac{\sigma\delta}{n(\delta)}dR$

(6-51) より

(6-53) $\quad R^e(1-\pi^e)n'(\delta)d\delta = 2RdR$

従って (6-52), (6-53) より

(6-54) $\quad \dfrac{dg}{dR}=\sigma\left\{\left(1-\dfrac{R}{n(\delta)}\right)\dfrac{2n(\delta)}{n'(\delta)R}+\dfrac{\delta}{n(\delta)}\right\}$

を得る。

さて次の三点より, $\delta<1\left(g<\sigma\left\{1-\dfrac{R}{n(1)}\right\}\right)$ の領域での $\dot{R}=0$ をもたらす (R, g) を決定できる。

1. $\delta<1 \Rightarrow \dfrac{dg}{dR}>0$
2. R は $\delta=1$ のとき最大値 $\sqrt{R^e(1-\pi^e)n(1)}$ をとる。
3. $\delta\to 0 \Rightarrow (R, g)\to (0, 0)$

従って $\dot{R}=0$ をもたらす (R, g) は, ほぼ図 **28** のようになる。

次に, $\delta>1\left(g>\sigma\left\{1-\dfrac{R}{n(1)}\right\}\right)$ の領域での, $\dot{R}=0$ をもたらす (R, g) について考えよう。

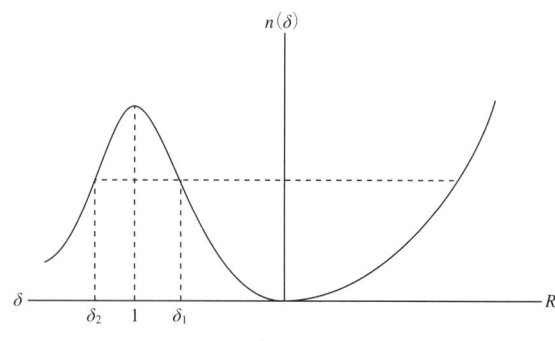

図 27

第Ⅵ章 スタグフレーション

$\sqrt{R^e(1-\pi^e)n(1)}$ より小なる任意の R に対して, $R^e(1-\pi^e)n(\delta)=R^2(\Leftrightarrow \dot{R}=0)$ を充す δ の値は二つ存在する。これを δ_1, δ_2 としよう。但し, $\delta_1<1<\delta_2$ (図 27 参照)。こうして決った δ_1 に対応する (R, g) の集りについては, 既に検討した。

では δ_2 に対し, $g=\sigma\delta\left\{1-\dfrac{R}{n(\delta)}\right\}$ を充す g は, 存在するだろうか。$\delta>1$ の範囲で, δ を上昇させて行ったとき, 労働生産性があまり低下しないなら, このような g は存在する[39]。こうして $\delta>1$ の領域でも, $g=\sigma\delta\left\{1-\dfrac{R}{n(\delta)}\right\}$ (市場均衡) と $R^e(1-\pi^e)n(\delta)=R^2(\dot{R}=0)$ を同時に充す (R, g) の集りが決る (図 28 における点 A の集り)。

以上より $\dot{R}=0$ をもたらす (R, g) の集りは, 図 29 の曲線のようであることが分った。ところで, この曲線より右の領域は, 任意の g に対し $\dot{R}=0$ をもたらす R より大なる R の領域であるから, (6-51) より $\dot{R}<0$ となる領域である (逆は逆)。

図 26 と図 29 より (R, g) の運動を, 大体知ることができる (図 30 参照)。図 30 より (R, g) は結局, g が上昇し R が下落する領域か, g, R が共に下落する領域へ進んで行くことが分る。

g が上昇し, R が下落する領域では, 次のようなことが起っていると考

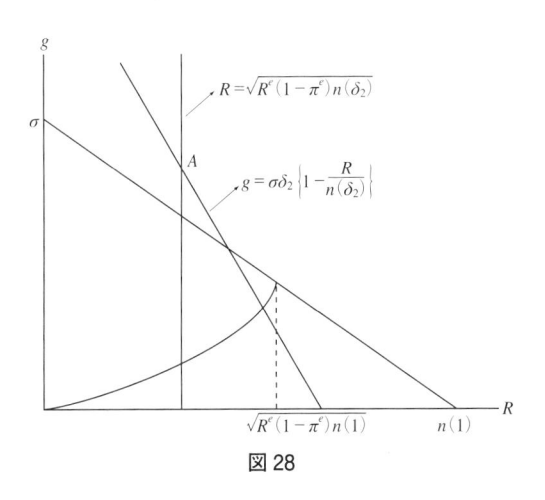

図 28

図29

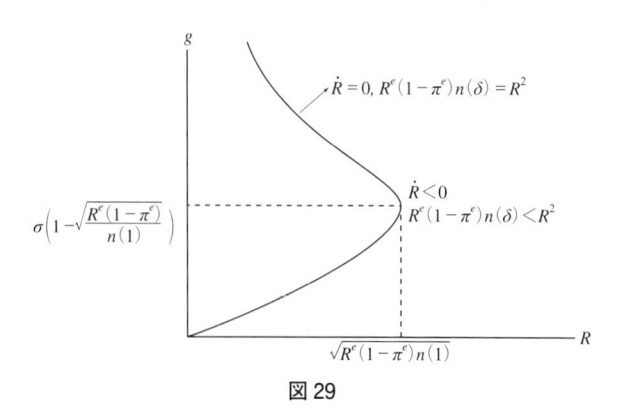

えられる。g が上昇したとき，稼働率や利潤分配率が上昇して市場均衡が成立する。他方で稼働率の上昇により労働生産性は低下しているから，実質賃金率は労働生産性よりも激しく低下せざるをえない。稼働率の上昇は一層本蓄積率を上昇させ，以下同じことが繰り返される。

但し労働生産性の下落が著しいときには，実質賃金率の下落にもかかわら

---

39) $\delta > 1$, 従って, $\dfrac{dn}{d\delta} < 0$ の範囲で，任意の R を固定したとき

$$\dfrac{dg}{d\delta} = \sigma \left\{ 1 - \dfrac{R}{n(\delta)} + \dfrac{R\delta}{n(\delta)^2} \dfrac{dn(\delta)}{d\delta} \right\}$$
$$= \sigma \left\{ 1 - \dfrac{R}{n(\delta)} + \dfrac{R}{n(\delta)} e \right\}$$

である。ここで，$e = \dfrac{\delta}{n(\delta)} \dfrac{dn(\delta)}{d\delta}$

従って

$$e > 1 - \dfrac{n(\delta)}{R}$$

ならば，$g = \sigma\delta \left\{ 1 - \dfrac{R}{n(\delta)} \right\}$ と $R = \sqrt{R^e(1-\pi^e)n(\delta)}$ は，$g > \sigma \left\{ 1 - \dfrac{R}{n(1)} \right\}$ の領域で交わる。

もし $e \leq 1 - \dfrac{n(\delta)}{R}$ ならば，どうなるか。資本蓄積が活発（g が大）なとき，市場均衡が成立するには，稼働率が上昇しなければならない。しかし稼働率上昇に伴う労働生産性の低下が大きいため，どうしても市場均衡が成立しない。従って市場均衡は破れ，$g > \sigma\delta \left\{ 1 - \dfrac{R}{n(\delta)} \right\}$ となる。

第VI章　スタグフレーション

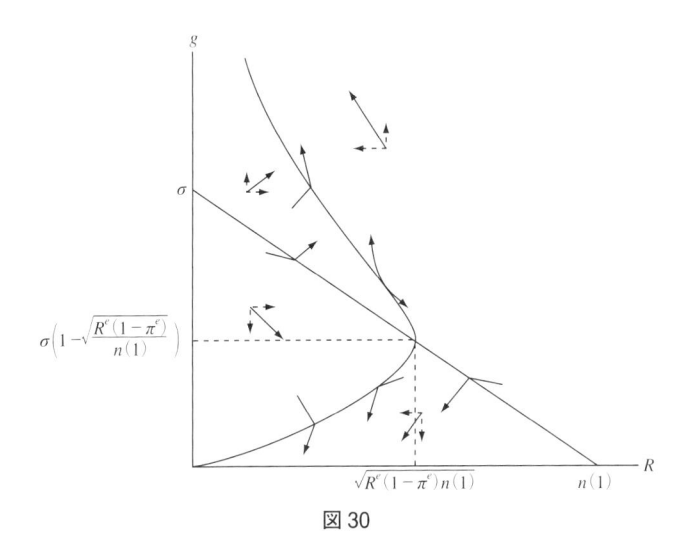

図30

ず，利潤分配率は低下している。しかし，これは稼働率のより大幅な上昇によってはじめて可能なのであって，それは資本蓄積率の上昇をより強めることになる。このような過程は，現実の景気循環では好況期にあたる[40]。

ところで興味があるのは，むしろ g が下落し，R も下落している領域である。というのは，ここでは好況期と対称的に g の下落，R の上昇が起っているはずなのに，逆に R は下落しているからである。そして，これこそスタグフレーションが注目に値する理由なのである。この領域では，何が起っているのだろうか。

ここでは g の低下に対応し，稼働率及び利潤分配率の低下が起って，市場均衡が成立している。稼働率の低下が激しいほど，利潤分配率の低下は緩やかで済む。むしろ稼働率が十分低下するなら，利潤分配率は上昇する。つまり稼働率が低下するなら，利潤分配率は著しく低下しないのである。

ところで，この局面での稼働率低下は労働生産性の低下を伴っているか

---

[40] 好況の最中に利潤分配率が低下するというのは，既成概念に反している。これは，労働生産性の低下が著しいほど過度稼働が行われているという条件からの帰結である。それほどまで好況が進むということが，あまり現実的ではないのである。

125

ら，実質賃金率が一定であっても利潤分配率は低下する。もし実質賃金率が上昇するなら利潤分配率は著しく低下し，市場均衡を維持するには稼働率はむしろ上昇しなければならなくなるのである[41]。

こうして実質賃金率は，低下する。稼働率低下の割に労働生産性が低下しないなら利潤分配率は上昇し，逆に労働生産性低下の程度が大きいなら利潤分配率は下落する。いずれにせよ，不況期に実質賃金率が下落するには，稼働率及び労働生産性の低下が大いに影響している。

もし稼働率があまり低下しえない点に達するなら，資本蓄積率の低下は利潤分配率を著しく低下させる。ここで労働生産性もあまり低下しないとすれば，実質賃金率が上昇するほかはない。稼働率及び労働生産性の低下が著しいから，実質賃金率が低下して行くのである[42]。

§8 不均衡動学 (2)

本章第6節，第7節で稼働率調整の結果，市場均衡が成立することを前提に，スタグフレーションを分析した。本節では，稼働率調整過程も同時に考慮しよう。

企業は，超過需要（供給）が発生すれば稼働率を上（下）げ，市場均衡を成立させようとすると仮定し，

$$(6\text{-}55) \quad \dot{\delta} = \alpha\left(\frac{I}{X - RN}\right)$$
$$= \alpha\left(\frac{g}{\sigma\delta\left\{1 - \dfrac{R}{n(\delta)}\right\}}\right), \quad \alpha' > 0, \quad \alpha(1) = 0$$

とする。

前節のモデル (6-43)，(6-45)，(6-46) において，市場均衡を表す (6-45)

---

[41] このとき資本蓄積率と稼働率の累積運動は生じない。三野[58]は，市場均衡 $g = \sigma\delta\pi$，及び $\pi = \pi(g)$ を仮定し，π' が十分大なら投資関数を $\dot{g} = \alpha(\delta - 1)$，$\alpha > 0$ としても，不安定性が生じないことを示している。

[42] 企業がいかに強い市場支配力を持っていたとしても，需要の減少している時期に稼働率を下げないなら，製品在庫が増えるばかりであろう。在庫調整をしないとすれば，時間が十分経てば価格は下落せざるをえず，実質賃金率は上昇することになろう。貨幣数量説による管理価格論批判は，この点を指摘している限り正しい。

第VI章 スタグフレーション

の代わりに (6-55) を採用すると完結したモデルが得られる。即ち

$$(6\text{-}56) \quad \begin{cases} \dot{R} = \dfrac{R^e(1-\pi^e)n(\delta)}{R} - R \\ \dot{\delta} = \alpha\left(\dfrac{g}{\sigma\delta\left\{1 - \dfrac{R}{n(\delta)}\right\}}\right) \\ \dot{g} = \beta(\delta - \delta^*), \quad \beta > 0, \quad 0 < \delta^* \leq 1 \end{cases}$$

である。(6-56) には, $\delta = \delta^*$, $R^* = \sqrt{R^e(1-\pi^e)n(\delta^*)}$, $g^* = \sigma\delta^*\left\{1 - \dfrac{R^*}{n(\delta^*)}\right\}$ なる一意的な均衡が存在する。

この均衡の性質を検討しよう。その際, 実質賃金率と資本蓄積率の動きに特に注意しよう。(6-56) を均衡で展開し, 一次項のみに着目すると

$$(6\text{-}57) \quad \begin{bmatrix} \dot{x} \\ \dot{y} \\ \dot{z} \end{bmatrix} = \begin{bmatrix} -2 & \dfrac{R^e(1-\pi^e)n'}{R^*} & 0 \\ \dfrac{\alpha'}{n(\delta^*)-R^*} & -\alpha'\left[\dfrac{n(\delta^*)-R^*+\dfrac{\delta^*R^*n'}{n(\delta^*)}}{\delta^*(n(\delta^*)-R^*)}\right] & \dfrac{\alpha'}{g^*} \\ 0 & \beta y & 0 \end{bmatrix} \begin{bmatrix} x \\ y \\ z \end{bmatrix}$$

となる。ここで, $x = R - R^*$, $y = \delta - \delta^*$, $z = g - g^*$。

(6-57) の固有方程式 $\psi(\rho) = 0$ は

$$(6\text{-}58) \quad \psi(\rho) = \begin{vmatrix} \rho+2 & -\dfrac{R^e(1-\pi^e)n'}{R^*} & 0 \\ -\dfrac{\alpha'}{n(\delta^*)-R^*} & \rho+\alpha'\left[\dfrac{n(\delta^*)-R^*+\dfrac{\delta^*R^*n'}{n(\delta^*)}}{\delta^*\{n(\delta^*)-R^*\}}\right] & -\dfrac{\alpha'}{g^*} \\ 0 & -\beta & \rho \end{vmatrix} = 0$$

である。(6-58) より

$$(6\text{-}59) \quad \psi(0) = -\dfrac{2\alpha'\beta}{g^*} < 0$$

を得る。従って (6-58) は, 少なくとも一つの正根をもち, (6-57) は不安定となる。

ところで (R, δ, g) が均衡から乖離してゆく過程で，R や g はどのような動きをするのだろうか。(6-58) の最大根を ρ_1 とすると運動の大筋は，ρ_1 の項によって決る。ρ_1 の項を

$$(6\text{-}60) \quad \begin{cases} x = C_1 e^{\rho_1 t} \\ y = C_2 e^{\rho_1 t} \\ z = C_3 e^{\rho_1 t} \end{cases}$$

とすると，(6-60) は (6-57) の解であるから

$$(6\text{-}61) \quad \begin{cases} (\rho_1 + 2)C_1 - \dfrac{R^e(1-\pi^e)n'}{R^*}C_2 = 0 \\ -\dfrac{\alpha'}{n^*-R^*}C_1 + \left\{ \rho_1 + \dfrac{\alpha'\left(n^*-R^* + \dfrac{\delta^* R^* n'}{n^*}\right)}{\delta^*(n^*-R^*)} \right\}C_2 - \dfrac{\alpha'}{g^*}C_3 = 0 \\ -\beta C_2 + \rho_1 C_3 = 0 \end{cases}$$

が成り立つ。(6-61) から容易に分るように，C_1, C_2, C_3 は同符号である。つまり (R, δ, g) は，均衡から同方向へ乖離してゆくことが分る。この経済的説明は，次のようなことになろう。

例えば財・サービス市場で超過供給が発生したとしよう。企業は稼働率を低下させ，需給の均衡をとろうとする。しかし次のような理由で，財・サービス市場の超過供給は，ますます激しくなる。まず第一に，稼働率低下は投資需要を減少させる。次に稼働率低下は労働生産性を低下させるが，企業は要求利潤分配率を維持すべく価格を上げ，従って実質賃金率は下落する。実質賃金率の下落は，労働分配率を低下させ消費需要を減少させる。こうして一層の稼働率低下，資本蓄積率の低下，実質賃金率の低下が起る。

章末注

(1) 投資需要（貨幣賃金率で割った）が利子率の変化に反応しない，あるいは利子率が変化しないとすれば

$$(6\text{-}62) \quad \hat{p} = \alpha\left[\dfrac{\bar{I}(i) + C(Y_w)}{Y_w}\right]$$

$$(6\text{-}63) \quad \hat{w} = \beta\left[-u\left(\dfrac{w}{p}\right)\right]$$

第Ⅵ章 スタグフレーション

で，体系は完結する。ここで $\hat{p} = \dfrac{\dot{p}}{p}$, $\hat{w} = \dfrac{\dot{w}}{w}$。

$\hat{R} = \hat{w} - \hat{p}$ を考慮すると，(6-62)，(6-63) より

(6-64) $\quad \hat{R} = \beta[-u(R)] - \alpha\left[\dfrac{\bar{I}(i) + C(\phi(h(R)))}{\phi(h(R))}\right]$

を得る。(6-64) より

(6-65) $\quad \dfrac{d\hat{R}}{dR} = -\beta' u' - \dfrac{\alpha' \phi' h'}{\phi^2}\left\{C(\phi)\left(\dfrac{\phi}{C(\phi)}\dfrac{dC}{d\phi} - 1\right) - \bar{I}(i)\right\} < 0$

$\left(\text{但し，}\dfrac{\phi}{C(\phi)}\dfrac{dC}{d\phi} < 1 \text{ を仮定する}\right)$

である。(6-65) より図 31 を得る。

このとき均衡 R^* は，図 31 のように安定である。従って当初，価格と貨

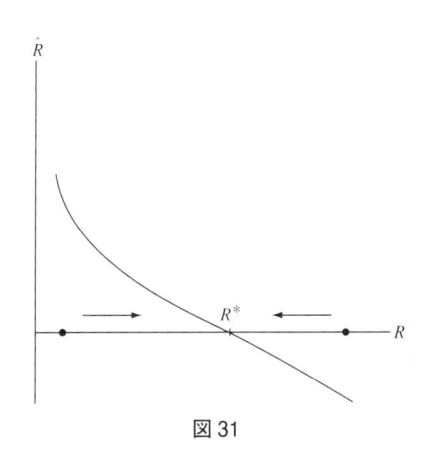

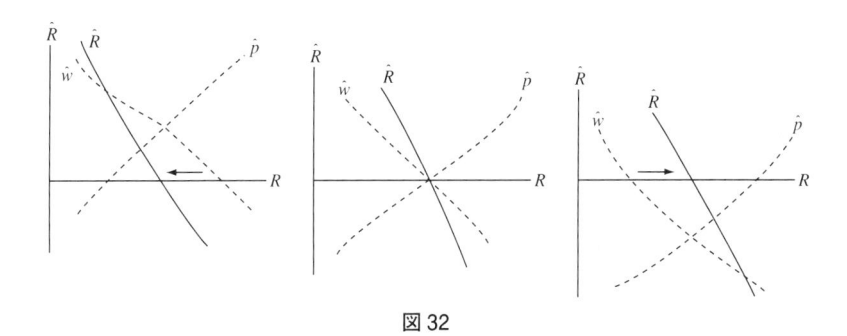

図 31

図 32

幣賃金率の変化率が異なり，実質賃金率が変化しても結局，実質賃金率一定の状態へ収束する。

この実質賃金率が一定値を維持する状態は，労働，財・サービス両市場が均衡しているとは限らない（図32参照）。完全雇用に到達したとき財・サービス市場で超過需要が存在する場合は図32（A），同じく超過供給が存在する場合は図32（C）である。

(2) 投資需要に対する利子率の効果は，現実には弱いだろう。そこで例えば，実質賃金率の関数としてみよう。その際
$$I = I(R), \quad I' < 0$$
とするのが妥当だろう。すると

(6-66) $\quad \hat{p} = \alpha \left[\dfrac{I(R) + C(\phi(h(R)))}{\phi\{h(R)\}} \right]$

(6-67) $\quad \hat{w} = \beta\{-u(R)\}$

で，体系は完結する。(6-66)，(6-67) より

(6-68) $\quad \hat{R} = \beta\{-u(R)\} - \alpha \left[\dfrac{I(R) + C(\phi\{h(R)\})}{\phi\{h(R)\}} \right]$

を得，(6-68) より

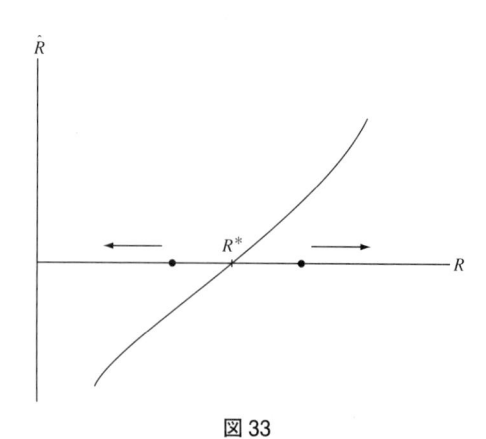

図33

130

第Ⅵ章　スタグフレーション

$$(6\text{-}69)\quad \frac{d\hat{R}}{dR} = -\beta' u' - \frac{\alpha'}{\phi^2}\left[(I' + C'\phi'h')\phi - (I + C(\phi))\phi'h'\right]$$

を得る。(6-69) より，$I' < 0$ が十分小ならば，$\dfrac{d\hat{R}}{dR} > 0$ となることが分る。従って，(6-68) において

$$\beta(-u(R^*)) = \alpha\left[\frac{I(R^*) + C\{\phi(h(R^*))\}}{\phi\{h(R^*)\}}\right]$$

を充たす均衡 R^* が存在するとき，$I' < 0$ が十分小ならば，均衡は不安定となる（図33参照）。

(3) 実質貨幣残高効果を考慮に入れた場合，モデルは次のように変更される。

$$(6\text{-}70)\quad \begin{cases} \dot{p} = \alpha\left[\dfrac{I(i, M_w) + C(Y_w, M_w)}{Y_w}\right],\quad I_2' > 0,\quad C_2' > 0 \\ \dot{w} = \beta[-u] \\ \dot{i} = \gamma\left[\dfrac{L(i, Y_w, M_w)}{M_w}\right],\quad L_3' > 0 \end{cases}$$

他の条件には，すべて変化はない。

$$(6\text{-}71)\quad \begin{cases} I(i, M_w) + C(Y_w, M_w) = Y \\ u = 0 \\ L(i, Y_w, M_w) = M_w \end{cases}$$

で決まる (p^*, w^*, i^*) からの乖離を

$x = p - p^*$
$y = w - w^*$
$z = i - i^*$

とすれば，(6-70) の一次近似系は

$$(6\text{-}72)\quad \begin{bmatrix} \dot{x} \\ \dot{y} \\ \dot{z} \end{bmatrix} = \begin{bmatrix} \dfrac{\alpha'\phi h' w^*(1 - C_1')}{\phi^* p_*^2} & \dfrac{\alpha'}{\phi^*}\left\{\dfrac{\phi' h'(C_1' - 1)}{p_*} - \dfrac{M_w^*\left(\dfrac{I_2'}{w^*} + C_2'\right) + I_w^*}{w^*}\right\} & \dfrac{\alpha' I_1'}{\phi^* w^*} \\ \dfrac{\beta' u' w^*}{p_*} & -\beta' u' & 0 \\ -\dfrac{\gamma' L_2' \phi h' w^*}{M_w^* p_*^2} & \dfrac{\gamma'}{M_w^*}\left(\dfrac{L_2' \phi' h'}{p_*} - \dfrac{L_3' M_w^*}{w^*} + \dfrac{M_w^*}{w^*}\right) & \dfrac{\gamma' L_1'}{M_w^*} \end{bmatrix} \begin{bmatrix} x \\ y \\ z \end{bmatrix}$$

である。(6-72) の固有方程式は

$$\begin{vmatrix} \rho - \dfrac{\alpha'\phi'h'w^*(1-C_1')}{\phi^* p_*^2} & \dfrac{\alpha'}{\phi^*}\left\{\dfrac{M_w^*\left(\dfrac{I_2'}{w^*}+C_2'\right)+I_w^*}{w^*} + \dfrac{\phi'h'(1-C_1')}{p^*}\right\} & -\dfrac{\alpha' I_1'}{\phi^* w^*} \\ -\dfrac{\beta'u'w^*}{p^*} & \rho+\beta'u' & 0 \\ \dfrac{\gamma' L_2'\phi'h'w^*}{M_w^* p_*^2} & -\dfrac{\gamma'}{M_w^*}\left(\dfrac{L_2'\phi'h'}{p^*} - \dfrac{L_3' M_w^*}{w^*} + \dfrac{M_w^*}{w^*}\right) & \rho-\dfrac{\gamma' L_1'}{M_w^*} \end{vmatrix}$$

$$= 0$$

である。これを展開して，$\rho^3 + a_1\rho^2 + a_2\rho + a_3 = 0$ と書くと，a_1 は変化せず，a_2 は

$$a_2 = \dfrac{\gamma'}{M_w^*}\left(-\beta'u'L_1' + \dfrac{\alpha'\phi'h' L_1' w^*(1-C_1')}{\phi^* p^{*2}} + \dfrac{\alpha' I_1' L_2'\phi'h' w^*}{\phi^* p^{*2}}\right)$$
$$+ \dfrac{\alpha'\beta'u' M_w^*}{p_*^2}\left(\dfrac{I_2'}{w^*} + I_w^* + C_2'\right) > 0$$

となる。a_3 は

$$a_3 = -\dfrac{\alpha'\beta'\gamma'u'}{\phi^* p_* w^*}\left\{I_1'(1-L_3') + L_1'\left(I_2' + \dfrac{I^*}{M_w^*} + \dfrac{C_2'}{w^*}\right)\right\}$$

となる。従って，$a_1 a_2 - a_3$ の β'^2 の係数は

$$-\dfrac{\gamma' L_1' u'^2}{M_w^*} + \dfrac{\alpha' u'^2 M_w^*}{\phi^* p_*}\left(\dfrac{I_2'}{w^*} + \dfrac{I_w^*}{M_w^*} + C_2'\right) > 0$$

となり，β'^0 の係数は変化しない。

以上より，第3節の議論に変化は生じない。

(4) 実質貨幣残高効果を考慮すれば，モデルは次のように変化する。

$$(6\text{-}73) \begin{cases} \dot{X} = \alpha\left[\dfrac{I(i, M_w) + C(Y_w, M_w)}{Y_w}\right], & I_2' > 0, \quad C_2' > 0 \\ \dot{w} = \beta\,[-u] \\ \dot{i} = \gamma\left[\dfrac{L(i, Y_w, M_w)}{M_w}\right], & L_3' > 0 \end{cases}$$

さて

第VI章　スタグフレーション

$$(6\text{-}74)\quad \begin{cases} I(i, M_w) + C(Y_w, M_w) = Y_w \\ u = 0 \\ L(i, Y_w, M_w) = M_w \end{cases}$$

を成立させる (X^*, w^*, i^*) からの乖離を

$x = X - X^*$

$y = w - w^*$

$z = i - i^*$

とすれば，(6-73) の一次近似系は

$$(6\text{-}75)\quad \begin{bmatrix} \dot{x} \\ \dot{y} \\ \dot{z} \end{bmatrix} = \begin{bmatrix} \dfrac{\alpha'\varphi'(C_1'-1)}{\varphi^*} & \dfrac{\alpha' M_w^*\left(-\dfrac{I_2'}{w^*} - \dfrac{I_w^*}{M_w^*} - C_2'\right)}{\varphi^* w^*} & \dfrac{\alpha' I_1'}{\varphi^* w^*} \\ -\beta' u' & 0 & 0 \\ \dfrac{\gamma'\varphi' L_2'}{M_w^*} & \dfrac{\gamma'(-L_3'+1)}{w^*} & \dfrac{\gamma' L_1'}{M_w^*} \end{bmatrix} \begin{bmatrix} x \\ y \\ z \end{bmatrix}$$

となる。(6-75) の固有方程式は

$$(6\text{-}76)\quad \begin{vmatrix} \rho - \dfrac{\alpha'\varphi'(C_1'-1)}{\varphi^*} & \dfrac{\alpha' M_w^*\left(\dfrac{I_2'}{w^*} + \dfrac{I_w^*}{M_w^*} + C_2'\right)}{\varphi^* w^*} & -\dfrac{\alpha' I_1'}{\varphi^* w^*} \\ \beta' u' & \rho & 0 \\ -\dfrac{\gamma'\varphi' L_2'}{M_w^*} & -\dfrac{\gamma'(-L_3'+1)}{w^*} & \rho - \dfrac{\gamma' L_1'}{M_w^*} \end{vmatrix} = 0$$

である。従って，これを展開し $\rho^3 + a_1\rho^2 + a_2\rho + a_3 = 0$ と書けば，a_1 に変化はなく，a_2 に $\dfrac{\alpha'\beta' u' M_w^*\left(\dfrac{I_2'}{w^*} + C_2'\right)}{\phi^* w^*} > 0$ が追加され

$$a_2 = \dfrac{\alpha'\gamma'\varphi'}{\ast\varphi\, M_w^*}\{L_1'(C_1'-1) - L_2' I_1'\} + \dfrac{\alpha'\beta' u' M_w^*\left(\dfrac{I_2'}{w^*} + C_2'\right)}{\varphi^* w^*} > 0$$

となる。a_3 には，$\dfrac{\alpha'\beta'\gamma' u'}{\varphi^* w^{*2}}\{-I_1' L_3' + L_1'(I_2' + w^* C_2')\}$ が追加され

133

$$a_3 = \frac{\alpha'\beta'\gamma'u'}{\varphi^*w^*}\left\{I_1'(-L_3'+1)+L_1'\left(I_2'+\frac{I^*}{M_w^*}+C_2'\right)\right\}>0$$

となる。従って $a_1a_2-a_3$ における β' の係数は

$$\frac{\alpha'u'}{\varphi^*w^*}\left\{-\frac{\alpha'\varphi'M_w^*\left(I_2'+\frac{I^*}{M_w^*}+C_2'\right)(C_1-1)}{\varphi^*}+\gamma'I_1'(L_3'-1)\right\}$$

となり，本章第 4 節の議論が成立するのは，

$$(6\text{-}77)\quad -\frac{\alpha'\phi'M_w^*\left(I_2'+\frac{I^*}{M_w^*}+C_2'\right)(C_1-1)}{\phi^*}>\gamma'I_1'(L_3'-1)$$

の場合である。

(5) フリードマンのフィリップス曲線に関する議論を説明し，それを検討しよう。

（ⅰ）まず「貨幣賃金と実質賃金の混同」という論点をとりあげる。彼はフィリップス曲線を，次のように説明する[43]。

労働需給が，貨幣賃金率によって決るとせよ。すると，図 34 が得られ

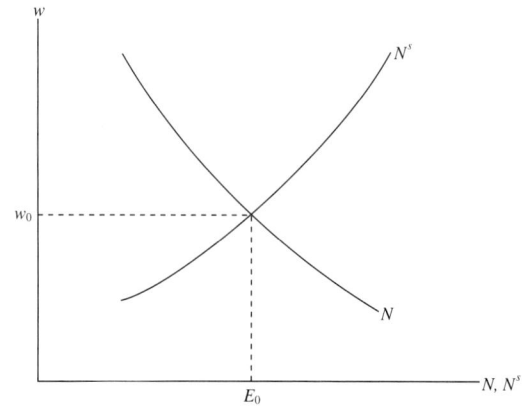

N : 労働需要、N^s : 労働供給

図 34

---

43) Friedman [5] pp.216〜9

第Ⅵ章 スタグフレーション

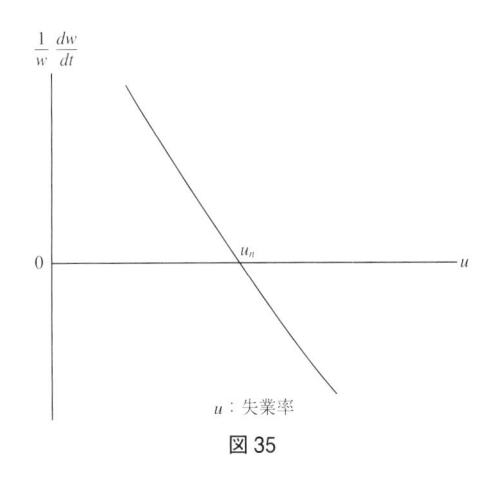

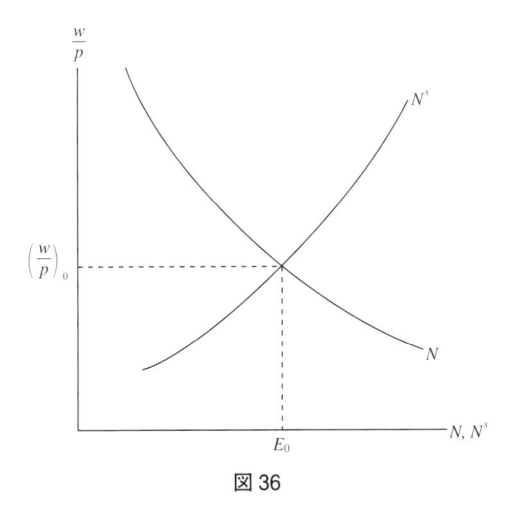

図 35

図 36

る。ここで (E_0, w_0) は労働市場の均衡であるが,いわゆる「摩擦的」失業を含んでいる。そして,このときの失業率を「自然」失業率と名づける。

さて,$w > w_0$ ならば,労働市場の超過供給により,貨幣賃金率は下落する(逆は逆)。これを,横軸に失業率 u 縦軸に貨幣賃金率の上昇率をとって,明示したのがフィリップス曲線(図 35)である。図 34 の (E_0, w_0) は,図 35 の $(u_n, 0)$ に対応している。

彼は，このようにフィリップス曲線を説明し，次のように批判する[44]。

労働需給は，貨幣賃金率ではなく実質賃金率によって決る。従って図 34 の縦軸には，w/p がとられるべきである（図 36 参照）。ところが，図 36 は貨幣賃金率，価格に何が起るかを語らない。

例えば $\left(\dfrac{w}{p}\right)_0$ では実質賃金率は停止しているが，貨幣賃金率と価格は同率で変化しているかもしれない。にもかかわらず，貨幣賃金率の動きを図 36 から決定しようとするフィリップス曲線（図 35）は，実質賃金率と貨幣賃金率を混同したものである。

彼の議論を検討しよう。彼は，労働需給が貨幣賃金率によって決るなら図 34 が成立し，従って図 35（フィリップス曲線）が成立すると考え，また労働需給が実質賃金率によって決るなら図 34 ではなく図 36 が成立し，従って図 35 は成立しないと考えている。だからこそ労働需給が実質賃金率によって決るという前提から，フィリップス曲線の誤謬を結論した。

しかしフリードマンの図 34 の説明には，互いに独立な二つの主張が含まれている。一つは労働を取引する労資の態度に関するものであって，労働需給が貨幣賃金率によって決るという主張である。もう一つは貨幣賃金率の変動に関するものであって，$w > w_0$（⇒労働市場の超過供給）ならば貨幣賃金率が下落する（逆は逆）という主張である。これらは独立の命題であって，それぞれ当否を検討すべきである[45]。

これは次のように考えると，分りやすいかもしれない。一つは今期の N, N^s を決定するという労資の行動に関する仮定

1. $w_t \Rightarrow N_t, N_t^s$

である。もう一つは今期の N, N^s が今期の w の変化率を決定するという主張，即ち今期の N, N^s, w が次期の w を決定するという主張

2. $N_t, N_t^s, w_t \Rightarrow w_{t+1}$

---

44) Friedman [5] pp.218〜9
45) 図 34 は労資の態度に関する仮定であって，これだけから図 35 を導くことはできない。

第Ⅵ章　スタグフレーション

である。

ところでフィリップス曲線（図 35）は 2. であって，これは一般的に主張すれば，ある商品の価格は競争がある限り，その商品の需給によって変動するということであり，ほとんど自明な事実に関する命題，あるいは妥当な理論的仮定である[46]。とにかく 2. の妥当性は，1. によって支えられているのではない。従って 1. を否定して，図 36 に関する彼の説明が含む一つの主張

3. $\left(\dfrac{w}{p}\right)_t \Rightarrow N_t, N_t'$

を採用しても，2. を否定する根拠にはならない[47]。

もっとも彼は，図 36 の説明に含ませたもう一つの主張

4. $N_t, N_t', \left(\dfrac{w}{p}\right)_t \Rightarrow \left(\dfrac{w}{p}\right)_{t+1}$

によって，2. を否定しようとしたのかもしれない。確かに 4. が正しければ，価格が変動する限り 2. は誤りである。

しかし彼は，2. を捨て 4. を採る根拠を示していない。もちろん労働の需給がどう決まるか（例えば 1. か 3. か）は，フィリップス曲線の当否とは別に重要な問題である。

（ⅱ）次に，フィリップス曲線が広く受入れられた理由について。フリードマンの意見は，次のように要約できる[48]。

ケインズ体系は，方程式を一つ欠いており未完結である。フィリップス曲線は，この求められている一つの方程式を提供するとみなされた。しかしケインズ体系を完結させるために追加されるべきは，価格水準を決定する方程式である。ところがフィリップス曲線は，価格水準を決定しない。だからケインズ体系を完結させるために，フィリップス曲線を採用するのは間違いで

---

46) フリードマンが，「彼（フィリップス）の議論は非常に単純な（simple）分析であって，頭が単純な（simple-minded）とは言わないが……」（Friedman ［5］ p.217）と言うのも，おそらくこういう意味だろう。
47) 実際，第 3 章第 3 節，第 4 節で 2. と 3. を併用した。
48) Friedman ［5］ p.220

ある。

　言うまでもなく，これだけでは何も判断できない。彼が，何をケインズ体系として考えているのかを知る必要がある。フリードマンは，次のような体系をケインズ体系として考えているようである[49]。

$$(*)\begin{cases} \dfrac{C}{p}=C\left(\dfrac{Y}{p},i\right) & :消費関数 \\ \dfrac{I}{p}=g(i) & :投資関数 \\ Y=C+I & :財・サービス市場の均衡 \\ M^D=p\cdot l\left(\dfrac{Y}{p},i\right) & :貨幣需要関数 \\ M^S=h(i) & :貨幣供給関数 \\ M^D=M^S & :貨幣需給の均衡 \end{cases}$$

ここで未知数は，C（消費需要額），Y（国民所得），I（投資需要額），i（利子率），p（価格），M^D（名目貨幣需要），M^S（名目貨幣供給）である。この未完結の体系 $(*)$ を，価格 p を $(*)$ の外から決めることによって完結させる。これがケインズ体系である[50]。

　さて $(*)$ を，価格 p を外生的に与えることによって完結させうることは確かである。但し $(*)$ と共に限界生産力説

$$(**)\begin{aligned}\dfrac{Y}{p}&=F(N):稼働関数\\ \dfrac{w}{p}&=F'(N)\end{aligned}$$

を採用するならば，貨幣賃金率 w を何らかの方法で決めねばならない。その一つが，$w=\text{const.}$ という仮定であり，いま一つはフィリップス曲線である。体系 $(*)$，$(**)$ にとって，フィリップス曲線は必須である。
（ⅲ）最後に，短期フィリップス曲線は存在するが，長期的には右下りのフ

---

49) Friedman［14］p.217〜21
50) これに対しフリードマンは，実質産出量 Y/P を $(*)$ の外から決めることによって完結させるのを数量説と考えている。

第Ⅵ章　スタグフレーション

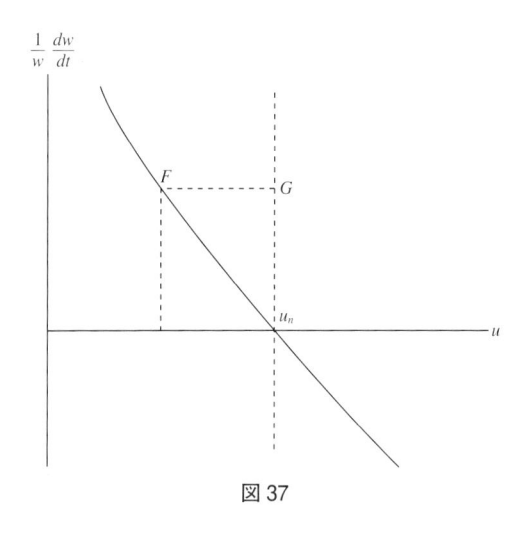

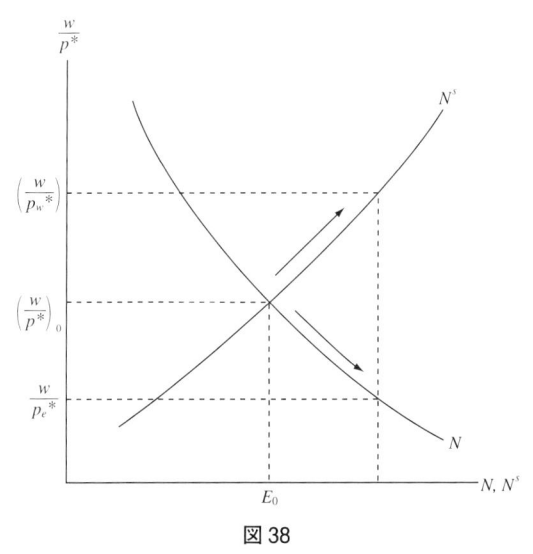

図 37

図 38

ィリップス曲線は存在しないという論点について。彼の議論の骨子は，次のとおりである[51]。

---

51) Friedman [5] pp.221〜7

1．経済は u_n（図37参照）又は $(E_0, (w/p^*)_0)$（図38参照）にあり，価格，貨幣賃金率ともに停止しているとする。労働生産性の上昇は，議論を明瞭にするため捨象する。
2．何らかの原因で，価格，貨幣賃金率が同率で上昇しはじめたとする。
3．労働者は，貨幣賃金率の上昇に注目し，実質賃金率の上昇を予想する $\left(\left(\dfrac{w}{p^*}\right)_0 \to \dfrac{w}{p_e^*}\right)$。他方，企業は自社製品の価格上昇を予想し，自社製品ではかった実質賃金率の下落を予想する $\left(\left(\dfrac{w}{p^*}\right)_0 \to \dfrac{w}{p_e^*}\right)$。
4．労働の需給は，実質賃金率ではなく，正確には実質賃金率の予想によって決る。従って労働者はより多くの労働を提供しようとし，企業はより多くの労働を雇用しようとする。その結果，失業率は減少する（$u_n \to F$）。
5．しかし予想実質賃金率が修正され，現実の実質賃金率に等しくなると $\left(\dfrac{w}{p_w^*}, \dfrac{w}{p_e^*} \to \left(\dfrac{w}{p^*}\right)_0\right)$，失業率はともに戻る。ところが相変わらず価格，貨幣賃金率は同率で上昇を続けている（$F \to G$）。

1.～5. から分るように，彼は予想実質賃金率と現実の実質賃金率が食い違う間だけ，いわゆる「失業とインフレの逆行関係」が存在するという意味で，短期フィリップス曲線の存在を認めている。また彼の推論が正しいとすれば，インフレによって失業率を下げたとしても，いずれ失業率は"自然"失業率に戻り，インフレが残るだけという結論も避け難い。

彼の主張の現実経済に持つ意味は大きい。彼の推論を検討しよう。その際，3. の予想形成について異論はありうるが，彼の推論どおりとしよう。

第1点は，自然失業率の定義に関わる。それは貨幣賃金率が変動しないような失業率なのか，非自発的失業がないときの失業率なのか。

第2点は，分配率の決定に関わる。彼は分配率が結局どのような水準に落ち着くと主張しているのだろうか。その論拠は何か。

まず第1の点について。もし自然失業率を貨幣賃金率の変化がないときの失業率と定義すれば，彼の主張は大量の非自発的失業率を伴っても貨幣賃金率の上昇を防げば，価格上昇を避けえるという意味である。この意見は陳腐である。

第Ⅵ章　スタグフレーション

　もし自然失業率を非自発的失業がないときの失業率と定義すれば，非自発的失業がないとき貨幣賃金率が下落しないことを示す必要がある。しかし彼はこれをやっていない。むしろ当然のことながら，非自発的失業が吸収される前に貨幣賃金率が上昇しはじめることを示そうとする試みがある[52]。これを否定できる根拠も，彼は挙げていない。

　次に第2の点について。予想は別にして，現実の価格，貨幣賃金率は同率で変化する。従って現実の実質賃金率，分配率は一定である（∵労働生産性一定を仮定）。これが彼の前提であり，結論である。なぜなら2. で現実の価格，貨幣賃金率が同率で変化すると仮定し，最後には実質賃金率は変らず，ただ価格，貨幣賃金率が同率で上昇していることが結論されている（5.）から。この間に起ったことは，実質賃金率に関する予想が事実と食違い，その後事実通りに修正されたことだけなのである。

　これに対して，次のような反論があるかもしれない。分配率は一定ではなく，さまざまな要因によって決定される。例えば財・サービス需要とくに投資需要，稼働率，労働市場の状態，更には労資の力関係等々。これらの要因によって分配率がどのように決定されるかを分析すべきであって，分配率の一定を仮定してしまうのは問題を回避することである。

　この意見は，間違ってはいない。しかしフリードマンへの反論としては当を得ていない。おそらく彼は，これらすべての要因は一時的撹乱要因ではあるが，それ以上ではなく，分配率は長期的には一定である（労働生産性に変化がない場合）と考えているのである。

　問題は，むしろ次の点にある。予想の形成，修正という過程を通じて現実の価格，貨幣賃金率は同率で変化していると考えられているが，その根拠の経済的意味は何かということである。彼は，これを説明していない。しかし，たぶん次のようなことだろう。

　資本設備 K をある一定の稼働率で稼働させると σK の産出量があるとすると，

---

52) Tobin [14]

(6-78) $\sigma K = X$

ここで，X は産出量。労働生産性（n）が一定と仮定して

(6-79) $nN = X$

ここで N は雇用量。資本家の消費，労働者の貯蓄を無視すると，財・サービス市場の均衡は

(6-80) $I + RN = X$

で表わされる。左辺は需要，右辺は供給である。但し，I は投資需要，R は実質賃金率。

(6-80) より

(6-81) $\dfrac{I}{K} = \dfrac{X}{K}\dfrac{X-RN}{X}$

を得る。$\dot{K} = X - RN$ であるから，(6-78)，(6-79)，(6-81) に代入すると

(6-82) $\hat{K} = \sigma\left(1 - \dfrac{R}{n}\right)$

を得る。労働供給が一定率 λ で増加しているとし，失業率が一定（完全雇用も含む）であるとすれば

(6-83) $\hat{N} = \lambda$

でなければならない。(6-78)，(6-79) より

(6-84) $\hat{K} = \hat{N}$

であるから，(6-82)，(6-83)，(6-84) より

(6-85) $\sigma\left(1 - \dfrac{R}{n}\right) = \lambda$

を得る。

(6-85) より R は一定，従って分配率 $\left(1 - \dfrac{R}{n}\right)$ も一定である（∵ σ, n, λ は一定）。以上を要するに，ある条件の下では実質賃金率は一定でなければならない。

さて，これがフリードマンの根拠だとすれば，それは

 i   財・サービス市場の均衡
 ii 稼働率一定
 iii 失業率一定

第Ⅵ章　スタグフレーション

という前提からの論理的帰結である[53]。

　ところで，ⅰ，ⅱ，ⅲはいずれも，一時的にはともかく長期的に充されないならば，資本制経済が持続不可能となるような条件である。例えばⅰ，ⅱは充すが失業率が上昇（あるいは低下）を続けるような経路，またⅰ，ⅲは充されるが稼働率は上昇（あるいは低下）してゆくような経路は持続できない。

　こうして彼の根拠は，持続可能な発展経路の仮定ということになる。ところでこのような発展経路は無数にあり，失業率を特定してはじめて一つに定まる。ここに彼が"自然"失業率を仮定せねばならない理由がある。

　彼の議論は，"自然"発展経路では実質賃金率は一定でなければならない，あるいは経済が自然発展経路に沿って発展するなら実質賃金率は一定であるということに尽きる（もちろん技術進歩のない場合）。

　そこで筆者が疑問に思うのは，より高い実質賃金率に対してより高い稼働率が対応して（6-85）を維持することは論理的にできないかということと，失業率のより低い発展経路への切り換えは論理的にできないのかということである。実際上様々な軋轢が伴うことはもちろんである。

(6) 本章第1節で説明した限界生産力説を，より忠実な線で現実的なものに修正する方法は，次のとおりである。

　企業が利潤最大を目的として雇用，生産を決定する際，賃金，価格の変化を考慮するほど大規模であると想定し

$$\pi = p(X)X - w(N)N \to max$$

　　但し，$p' < 0$, $w' > 0$

が彼の問題であるとする。そうすれば，π は結局 N だけの関数となり，$\dfrac{d^2\pi}{dN^2} < 0$ を必要条件とし，$\dfrac{d\pi}{dN} = 0$ のとき最大となる。$\dfrac{d\pi}{dN}$ を実際に計算すると，$\dfrac{d\pi}{dN} = 0$ のとき

---

[53] 稼働率や失業率を特定するのではないことに注意。

$$\frac{w}{p} = F' \frac{E_p + 1}{E_w + 1}$$

が成立する。ここで，$E_p = \dfrac{X}{p}\dfrac{dp}{dX}$, $E_w = \dfrac{N}{w}\dfrac{dw}{dN}$

$E_p = E_p(X)$, $E_w = E_w(N)$

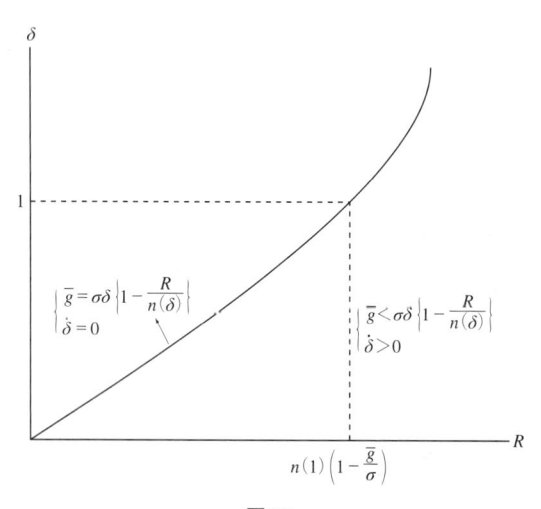

[図 39: δ-R平面の図。曲線上で $\bar{g} = \sigma\delta\left\{1 - \dfrac{R}{n(\delta)}\right\}$, $\dot{\delta} = 0$。曲線右側で $\bar{g} < \sigma\delta\left\{1 - \dfrac{R}{n(\delta)}\right\}$, $\dot{\delta} > 0$。横軸切片 $n(1)\left(1 - \dfrac{\bar{g}}{\sigma}\right)$]

図 39

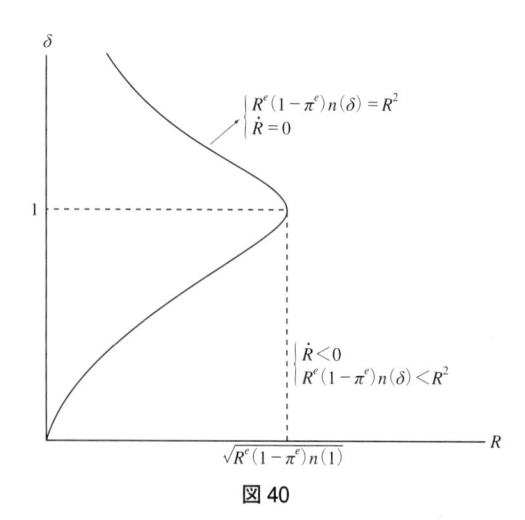

[図 40: δ-R平面の図。曲線上で $R^e(1-\pi^e)n(\delta) = R^2$, $\dot{R} = 0$。曲線右側で $\dot{R} < 0$, $R^e(1-\pi^e)n(\delta) < R^2$。横軸の点 $\sqrt{R^e(1-\pi^e)n(1)}$]

図 40

第Ⅵ章 スタグフレーション

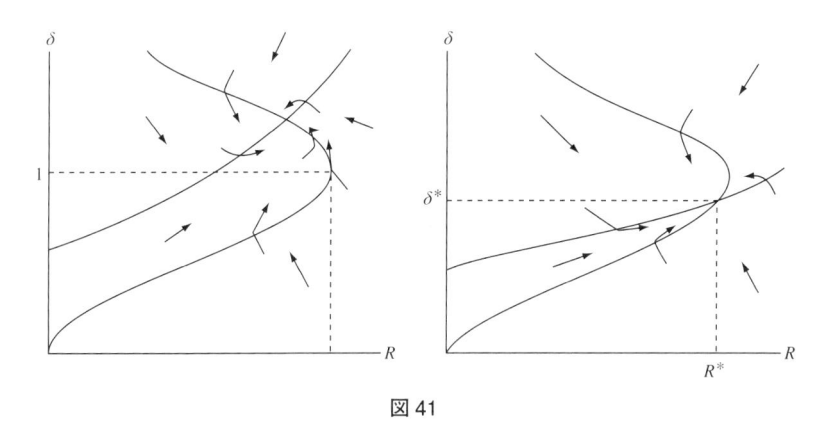

図 41

とすれば

$$\frac{w}{p} = F'(N) \frac{E_p\{F(N)\}+1}{E_w(N)+1}$$

を得る。従って

$$Y_w = \frac{p}{w} F(N) = \frac{F(N)\{E_w(N)+1\}}{F'(N)[E_p\{F(N)\}+1]}$$

これは,雇用量 N と Y_w をつなぐ総供給関数である。このとき

$$\pi = pN\left(\frac{X}{N} - \frac{w}{p}\right)$$
$$= pN\left(\frac{X}{N} - F'(N)\frac{E_p+1}{E_w+1}\right)$$

であるから,$\frac{X}{N} < F'(N)$ でも $\pi > 0$ となりうる。即ち,過少稼働も行われうる。本章の総供給関数 ϕ は,$E_w = E_p = 0$ という簡単な場合のものである。

(7) 第8節のモデルにおいて,g を一定とする。企業は,超過需要(供給)に対し稼働率を上(下)げるとすれば

(6-86) $\quad \dot{\delta} = \alpha\left[\dfrac{\bar{g}}{\sigma\delta\left\{1 - \dfrac{R}{n(\delta)}\right\}}\right], \quad \alpha' > 0, \quad \alpha(1) = 0$

である。実質賃金率の決定は,同じく

(6-87) $\quad \dot{R} = \dfrac{R^e(1-\pi^e)n(\delta)}{R} - R$

145

としよう。(6-86) より図 39，(6-87) より図 40 を得る。

図 39，図 40 より均衡 $\delta = \delta^*, R^* = \sqrt{R^e(1-\pi^e)n(\delta^*)}$ は，安定である（図 41 参照）。

参考文献

[1] Bailey, M. J., *National Income and the Price Level*, McGraw-Hill, 1962（地主重美訳『国民所得と価格水準』東洋経済新報社，1964 年）
[2] Bronfenbrenner, M., "Elements of Stagflation Theory," *Zeitschrift für Nationalökonomie* 1&2, 1976, Spring-Verlag
[3] Friedman, M., "The Role of Monetary Policy," *American Economic Review*, Apr., 1968（新飯田宏訳『インフレーションと金融政策』日本経済新聞社，1972 年，所収）
[4] ────, "The Theoretical Framework of Monetary Analysis," *Journal of Political Economy*, Mar./Apr., 1970
[5] ────, *Price Theory*, Aldine Publishing Company, 1976
[6] Hansen, A. H., *A Guide to Keynes*, McGraw-Hill, 1953（大石泰彦訳『ケインズ経済学入門』東京創元社，1956 年）
[7] Keynes, J. M., *The General Theory of Employment, Interest and Money*, Macmillan, 1936（塩野谷九十九訳『雇傭・利子および貨幣の一般理論』東洋経済新報社，1941 年）
[8] Kikumoto, Y., "An Explanation of the Recent Stagflation," *Working Paper No.36*, Institute of Economic Research（Kobe Universiy of Commerce），Apr., 1977
[9] Klein, L. R., *The Keynesian Revolution*, Macmillan, 1947（篠原三代平・宮沢健一訳『ケインズ革命』有斐閣，1965 年）
[10] Marx, K., *Value, Price and Profit*, George Allen & Unwin, 1899（横山正彦訳『賃金，価格，利潤』マルクス・エンゲルス全集 第 16 巻，大月書店，1966 年）
[11] Mayer, T., "The Structure of Monetarism (1) and (2)" *Kredit und Kapital*, 2/1975 and 3/1975
[12] Samuelson, P. M., *Economics*, 10th ed., McGraw-Hill, 1977（都留重人訳『経済学』岩波書店，1977 年）
[13] Sherman, H. J., *Stagflation*, Harper & Row, 1976
[14] Tobin, J., "Inflation and Unemployment," *American Economic Review*, Mar., 1972（『季刊現代経済』9，日本経済新聞社，1975 年および矢島鈞次・篠塚慎吾訳『インフレと失業の選択』ダイヤモンド社，1976 年に所収）

第Ⅵ章　スタグフレーション

- [15] 菊本義治「独占力と実質賃金率」神戸商大『商大論集』1975 年 3 月
- [16] ─────「要求利潤と不安定性」神戸商大経済研究所『研究資料』No.3, 1977 年
- [17] 北野正一「寡占的諸行動とマクロ的影響について」『立命館経済学』1975 年 10 月
- [18] 三野和雄「寡占経済の成長均衡」『六甲台論集』1977 年 1 月
- [19] 森嶋通夫『資本主義経済の変動理論』創文社, 1955 年
- [20] 新野幸次郎・置塩信雄『ケインズ経済学』三一書房, 1957 年
- [21] 西堀文隆「資本蓄積下における階級対立と賃金」龍谷大『経済経営論集』1977 年 9 月
- [22] 置塩信雄『資本制経済の基礎理論』創文社, 1978 年
- [23] ─────『現代経済学』筑摩書房, 1977 年
- [24] 鴇田忠彦『マクロ・ダイナミックス』東洋経済新報社, 1976 年
- [25] 辻村江太郎「スタグフレーションの解明」(新飯田・新開編『インフレーション』日本経済新聞社, 1974 年, 所収)

第Ⅶ章

市場不均衡における利子率の変動[*]

序

　商品，証券，貨幣市場で均衡をもたらす利子率は，ワルラス法則を想起すると貨幣市場（と商品市場）で決まると考えることと，証券市場（と商品市場）で決まると考えることは同じことである[1]。しかし，どの市場で不均衡が生じたとき利子率がどのように変動するか，あるいはこれに関連して，利子率は何によって決まるかという因果関係については少し混乱が見られる。これを整理することが，本章の目的である。

　§1で問題を考える枠組，大きな仮定を設定し，§2で問題を提起する。§3では諸説を整理して示し検討する。§4では特にパティンキンの論点（再決定仮説）の意義に，本章の問題と接する側面において触れる。最後に§5で，均衡の性質を検討する。

§1 主な仮定

　できるだけ考えやすくするため，次のように仮定する。
1．商品，貨幣，証券が存在する。
2．貨幣は，商品，証券と交換され，またそのために保有される。証券と商品の交換は行われない。
3．証券は一種類しかなく，その一単位（例えば一枚）に対し，毎期一単位の貨幣（例えば1円）を永久に支払い続けることを約束した借金証書であ

---

[*] 本章は，「不均衡における利子率の変動」関西大学『経済論集』第28号第5号（1978年12月）を基礎にしている。
[1] 例えば，Hicks [6] pp.153-62，新野・置塩 [13] 195-8ページを参照。

る。
4. 1円÷証券の市場価格，これを利子率と定義する[2]。これは流動性を手離す（して証券を保有する）ことに対する報酬として定義された利子率に等しい[3]。
5. 労働市場の均衡。労働者は労働力販売計画をたてず，市場に現れる貨幣賃金率と労働需要に従うとする[4]。
6. 貨幣の増加は，政府が証券，商品を買うために増発することによってのみ起る。
7. 証券の増加は，企業が貨幣を手に入れるために新規発行することによってのみ起る。

さて売買ということの性質上，次のことが各経済主体についても経済全体についても成り立つ。

(7-1) 　商品，証券の売り（供給）＝貨幣の需要
　　　　商品，証券の買い（需要）＝貨幣の供給

従って，商品，証券，貨幣の超過需要（需要−供給）の社会的総計を，それぞれ c, b, m と書けば，(7-1) より

(7-2)　　$c + b + m = 0$

が成立する。ここで商品の供給には当期新たに生産されたものを，証券の供給には当期新たに発売されたものを，貨幣の供給には当期新たに発行されたものを含めている[5]。また (7-2) は，価格単位で表されている。

---

2) Hicks [6] pp.148–9 を参照。
3) 但し，流動性を手離して証券を保有することに対する報酬を，次のように計算するとすれば，

$$\frac{予想証券価格(t+1期) + 1円 - 証券価格(t期)}{証券価格(t期)}, \quad 予想証券価格(t+1期) = 証券価格(t期)$$

あるいは，確定利息（1円）の系列を割引いた現在価値を証券価格に等しくするような割引率，即ち次式の γ

$$証券価格 (t 期) = \sum_{n=1}^{\infty} \frac{1円}{(1+\gamma)^n}$$

4) Patinkin [14] を参照。この簡単化が問題を変えないことは，例えば Klein [9] と比較すれば分る。

第VII章　市場不均衡における利子率の変動

　そして b, c は各経済主体の最適行動の結果，商品と証券の価格（従って利子率）によって結局，次のように決定されていると仮定する。まず b について

　　(7-3)　　$b = b(r, p)$,　　$b_r > 0$,　　$b_p < 0$

と仮定する。ここで r は利子率，p は商品の価格，$b_r = \partial b/\partial r$。以下同様。

　$b_r > 0$ の理由は，次のとおりである。利子率がより高いならば（証券価格がより低いならば）証券を保有する有利さがより高く，従って証券需要はより多く，証券供給はより少ないだろう。

　$b_p < 0$ の理由は，次のとおりである。商品価格がより高いならば，生産水準はより高い。従って必要な貨幣もより多く，それを手に入れるために証券供給もより多いだろう。もちろん所得水準もより高いので，証券需要もより多いだろう。しかし，ここでは証券供給の増加の方が，需要の増加より大であると仮定する。商品価格の上昇，実質貨幣残高の減少による証券需要の減少という論点は，$b_r < 0$ の可能性を強める[6]。もちろん $b_p > 0$ の場合も十分考えられるので，b_p の符号が及ぼす影響には注意して行こう。

　次に c について

　　(7-4)　　$c = c(r, p)$,　　$c_r < 0$,　　$c_p < 0$

と仮定する。

　$c_r < 0$ の理由は，次のとおりである。利子率がより高ければ，商品を生産手段として使用したときの予想収益率（予想利潤率）は相対的により低く，従って投資需要はより少ないだろう。消費需要も一部が証券需要へ回り，より少なくなるだろう。

　$c_p < 0$ の理由は，次のとおりである。商品価格がより高ければ，生産水準はより高い。生産の増加は，消費需要も誘発的に増加させるが，生産の増加

5）(7-1)，(7-2) は，それぞれ計画されたフローで考えている。もちろん，ストックと無関係ではない。各経済主体に関し，貨幣需要 − 貨幣供給，は保有貨幣量（ストック）の計画された増加分である。商品，証券についても同様。

6）これは，パティンキンの強調するところである。Patinkin [15] pp.213–21 を参照。

には及ばない。実質貨幣残高の減少による商品重要の減少という論点は，$c_p < 0$ の根拠を強くする[7]。

しかし商品需要として投資需要を考えると，商品価格の上昇が予測利潤率を高め，商品需要を増加させることも十分考えられる。従って，$c_p > 0$ の場合についても留意しよう。

以上，b, c が商品，証券の価格によってどのように決定されているかを確定した。これは（7-2）を考慮すれば，m が何に，どのように決定されるかを確定したことになる[8]。即ち，

(7-5) $\quad m_r = -b_r - c_r$

(7-6) $\quad m_p = -b_p - c_p$

である。

§2 問題

以上の仮定の下で，利子率は何によって決定されるかという問題を考えよう。これに関する一つの問題は，市場均衡を成立させる利子率の決定要因と決定のしかたを問うことである。即ち均衡の比較である。この場合

(7-7) $\quad c = b = 0$

で考えるか

(7-8) $\quad c = m = 0$

---

[7] 再び，これはパティンキンが強調するところである。Patinkin [15] pp.205-7 を参照。

[8] m の形については，多くの異論がありえる。そして例えばクラインは，ケインズの貢献として貯蓄するか消費するか，貯蓄として現金を保有するか証券を買うかという二つの別の決定を指摘したことを挙げ，これら二つの決定が区別されるとき流動性選好説が必要になると主張する。(Klein [8] p.123) そこでは，流動性選好説は b, c（従って m）の形に関する見解として主張されている。そして，これに関する議論が論点をぼかしている。例えば藤原 [1] は，何が利子率の変動を決定するかは，貨幣の超過需要関数の形（m）についての見解に依存すると主張する（藤原 [1] 482 ページ）。しかし，これら二つは別の問題である。本章が扱おうとするのは，何が利子率の変動を決定するかであって，$b, c(m)$ はどのような形態かではない。

第Ⅶ章　市場不均衡における利子率の変動

で考えるかは，(7-2) を考慮すればどちらでもよい。いずれにせよ b, c の形（従って m の形）が，同じ高さの均衡利子率を同じように決定するのである[9]。残る問題は b, c の形，結局，経済主体の最適化行動について，どれがより現実的かということであろう。

もう一つの問題は，次期の利子率が今期の何によって決定されるかということである。これについて諸説がある。2節の仮定にもとづいて考えて行こう。

まず問題を，典型的な場合について示す。証券市場の均衡をもたらす利子率と商品価格の組合せ (r, p) は，$b=0$ で決まる。このような (r, p) について，(7-3) より

$$(7\text{-}9) \quad \frac{dp}{dr} = -\frac{b_r}{b_p} > 0$$

を得る。(7-9) より $b=0$ をもたらす (r, p) は，図の曲線 b のようになる。(7-3) より，曲線 b の左（右）の領域は $b<0$ $(b>0)$ をもたらす (r, p) を表していることが分る。

同様に，$c=0$ で決まる商品市場の均衡をもたらす (r, p) について，(7-4) より

$$(7\text{-}10) \quad \frac{dp}{dr} = -\frac{c_r}{c_p} < 0$$

を得る。(7-10) より，曲線 c を得る。また (7-4) より曲線 c の上（下）の領域は，$c<0$ $(c>0)$ をもたらす (r, p) を表していることが分る。

最後に，貨幣「市場」の均衡をもたらす (r, p) は $m=0$，あるいは (7-2) を考慮して，$b+c=0$ で決る。このような (r, p) を，曲線 m とする。これは，いわゆる LM 曲線に該当する。曲線 m ついて，(7-5), (7-6) より

$$(7\text{-}11) \quad \frac{dp}{dr} = -\frac{b_r + c_r}{b_p + c_p} \gtreqless 0 \quad \text{if} \quad b_r + c_r \gtreqless 0$$

を得る。そこでしばしば採用される，貨幣に対する超過需要は利子率の減少関数であるとの仮定は，そんなに疑問の余地のないものではなく，経済主体

---

[9] もちろん，$b=m=0$ で考えても同じである。これらは均衡利子率の決定について，異る因果関係を主張しているのではない。この点について異論はないようだ。

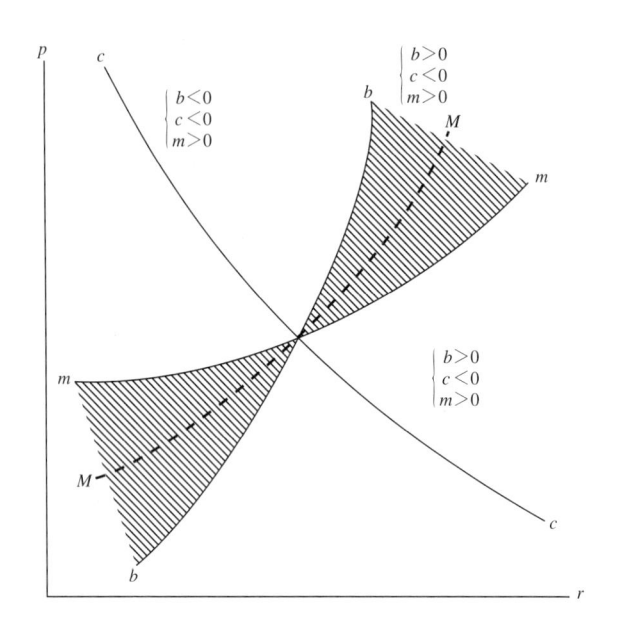

の行動に関するいわば特殊な仮定にもとづいていることが分る。いずれにせよ曲線 m は，(7-2) より曲線 b, c の交点，$b>0, c<0$ の領域及び $b<0$, $c>0$ の領域を通る。そして例えば，$b_r+c_r>0$ のとき，曲線 m の上（下）は $m>0 (m<0)$ をもたらす (r, p) を表している[10]。

以上で任意の (r, p) に対し，各市場で何が起っているかが分った。で

---

10) このような図については，Patinkin [14], [15] を参照した。曲線 c, m は，いわゆる IS, LM 曲線に対応している。縦軸に商品価値をとったが，商品価格と所得水準は同方向へ変化するとするならば問題はない。なお，ハンセンは，IS 曲線を貸付資金の需要（証券の供給）と貸付資金の供給（証券の需要）を均衡させる所得と利子率の組合せとしている。この場合には問題は，次のように表現が「変る」。図の斜線部分（貨幣，証券市場でもとに超過需要あるいは超過供給）では，利子率がどう変動すると仮定するのが現実的か。Hansen [5] pp.143-7 参照。

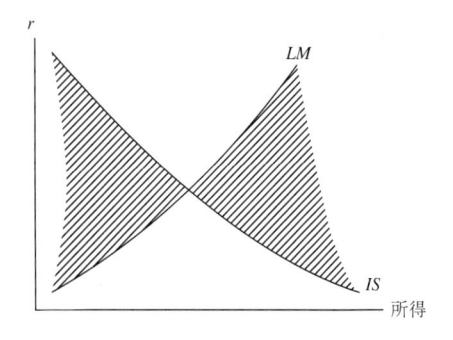

第Ⅶ章　市場不均衡における利子率の変動

は，証券，貨幣に対して共に超過需要（供給）が生じた場合（図の斜線の領域），次期の利子率は今期と比べてどう変化すると仮定するのがより現実的であろうか。貨幣需給に注目すれば，利子率は上昇（下落）するように思われる。が，証券需給に注目すれば，利子率は下落（上昇）するように思われる[11]。

§3　諸説

この問題に対する答は，次のように分類できる[12]。

(7-12)　$r_{t+1} - r_t = dm_t$,　$\alpha > 0$

(7-13)　$r_{t+1} - r_t = -\alpha b_r$

(7-14)　$r_{t+1} - r_t = \alpha \{\lambda m_t - (1-\lambda) b_t\}$,　$0 < \lambda < 1$

(7-14)は，$b > 0, m > 0$ 及び $b < 0, m < 0$ の領域のどこかに境界（図の曲線 M のようなもの）があって，利子率の変化の方向はそこで分れることを主張する[13]。これは (7-12) と (7-13) の，いわば安易な妥協案である。

さて，(7-12)〜(7-14) のいずれを採るかという問題は，どれを採ろうと，他の部分は同じ整合的なモデルをつくりうるという意味で[14]，論理的なものではない。どれがより事実に近いかが問題，即ち事実問題である[15]。筆者の考えでは，正解は (7-13) である。その理由は，次のとおりである。

---

11) このような場合だけに，問題が生じるのではない。問題が，よりはっきりと現れるだけのことである。他の領域では利子率の変化の方向は同じであるが，その程度が何によって決まるかが問題となる。
12) (7-12)〜(7-14) の他に，利子率の変動を決定する貨幣需給，証券需給は m や b のように決まるのではないという説がある。これについては次節で言及する。また，ある期に計画されたフローとしての商品，証券需給（貨幣需給）が同じであっても，その期首に経済主体によってストックとして保有されている商品，証券，貨幣の量は異なりうる。後者が利子率の変動に影響するや否や，は今後の課題としたい。
13) (7-14) について森嶋 [11] 117-8 ページを参照。
14) (7-14) を不合理だと主張する藤原 [2] 898 ページの考えには賛成できない。どういう意味で不合理なのか，が更に説明されねばならない。
15) これについては異論はないようだ。例えば Klein [9]，Lloyd [10]。但し，模索過程を通じて運営される自由市場という枠組のなかでは両者は同じであるというロイドの意見は理解しがたい。そこでは両者の差が，最も大きくなるだろう。

(7-13) は，証券価格は証券需給で変動する，一般的には取引されるものの価格は需給で変動するという常識的な，それだけに非常に強い根拠を持っている。にもかかわらず貨幣需給が利子率に影響すると考えられたのは，次のような根拠からであろう。

　貨幣需要は，貨幣を受取り借金証書を渡すことであり，貨幣供給は貨幣を渡して借金証書を受取ることである。貨幣を借りたい者が，貸したい者より多い（少ない）とき，貨幣を貸すことに対する報酬，貨幣を借りることに対する代償は多く（少なく）なる。

　これが根拠だとして，どこに問題があるのだろうか。それは，この議論の前半にある。貨幣需給が貨幣と借金証書の交換なら，問題はない。それは $c=0$ を前提することであり，そのとき (7-12)～(7-14) は同じである。しかし $c=0$ は，常に成り立つわけではない。貨幣需給の一部は，貨幣と商品の交換だからである。その事情は利子率の変動に影響しないというのが，(7-13) の主張である[16]。

　言葉にこだわった言い方をすれば，流動性を手離すことに対する報酬が利子率なのではない。流動性を手離すにはいろんな方法があり，利子率とは別の収益を予想して，流動性を手離し商品を手に入れることもあろう[17]。利子率は，流動性を手離して証券を保有することに対する報酬なのである[18]。

　利子率は，流動性を手離して証券を保有しようとする力と，証券を手離して流動性を保有しようとする力に応じて変化するであろう。これが (7-13) の主張である。(7-12), (7-14) の間違いは，$c=0$ のときにそうであろうこ

---

16) Tsiang [16] は，流動性選好説と証券市場需給説が同一であることを主張する。ところが彼のいう流動性選好説は，証券需給の対応物としての貨幣需給が利子率を決定するという説である。

　　即ち，彼がワルラス法則の代りに持ち出した「金融制約条件」は，証券の超過供給≡貨幣の超過需要の一部，である。この点について，根岸 [12] 34ページを参照。「金融制約条件」が採用され，ワルラス法則が棄てられるべきであるという，Tsiang の意見には賛成できない。「金融制約条件」とワルラス法則が矛盾するものではないから。

17) 転売あるいは生産手段として使用するために。

18) ケインズがこれを考えていたことは確かである。Keynes [7] p.167 をみよ。

とを，$c \neq 0$ のときまで拡げたところにある。

もし（7-12）か（7-14）を採用するならば，貨幣と商品の交換が，証券価格へ影響する経路を説明すべきである。もちろん，c は（7-2）により m と共に b を決めるという経路以外にである[19]。

§4 商品，証券市場の相互依存

前節では，商品（証券）需給が商品（証券）価格の変動を決定することが強調された。これに対し，パティンキンはその仮定が自明ではないという論点を提起している[20]。彼は，ある市場の需給だけがその市場の価格に影響するという仮定そのものに疑問を呈し，ある市場の需給が他のあらゆる市場の価格変動に影響することを強調する。その根拠は，次のとおりである。

例えば商品市場の不均衡を，従って計画した商品売買がそのままでは実現しないことを知った当事者は，商品に対する超過需要の一部を証券市場へ向ける。証券市場の不均衡についても同様だろう。すると計画修正後の商品，証券に対する超過需要は，

(7-15)　　$(1-f)c + gb$

(7-16)　　$fc + (1-g)b$,　　$0 < f,\ g < 1$

となる。f, g は超過需要が他市場へ回る割合であり，実際には利子率，商品価格などの関数であろう。しかし，一応一定とする。

---

[19] この主張は，もっぱら次の2点に依っており，これらを認めるならば避け難い。1. 式（7-2），いわゆるワルラス法則。2. 価格はその市場の需給によって変動する。

　しかし，これらを認めるとしても，ことは事実問題であるから，（7-12）か（7-13）かは直観によらざるをえない（Lloyd [10] p.579）し，強く上記の第2点を主張することは教条的で，科学的討論を不可能にする（Klein [9] p.246）という批判は成立する。そこで均衡利子率を $c = m = 0$ で分析することから，不均衡における利子率の変動を（7-12）で分析することへ進むのは，心理的な誘因はあるが他の根拠はないことを指摘するに止めよう。

　もちろん（7-2）のような関係は，絶対的ではない。貨幣需給説は証券需給説と同じであるという理由で，貨幣需給説の妥当性を主張できる場合もあろう。

[20] Patinkin [15] p.376

利子率，商品価格の変動を決定するのは b, c ではなく，(7-15)，(7-16) である。即ち

(7-17)　　$r_{t+1} - r_t = -\alpha \{(1-f)b_t + gc_t\}$

(7-18)　　$p_{t+1} - p_t = \beta \{fb_t + (1-g)c_t\}$

さてこの説は，前節の諸説（7-12）～（7-14）とどういう関係にあるだろうか。

(7-17)，(7-18) における $(1-f)b_t + gc_t$ は証券に対する超過需要であり，$fb_t + (1-g)c_t$ は商品に対する超過需要であることを再確認しよう[21]。商品の超過需要が c_t から $fb_t + (1-g)c_t$ へ，証券に対する超過需要が b_t から $(1-f)b_t + gc_t$ へ修正されたのである。

つまり彼の主張は，証券需給，商品需給の決定に関する異論であって，利子率の変動を決定するのは証券需給か貨幣需給かという問題に関する独自の新説ではない。後者に関しては，前節の分類の（7-13）と同じ考えである[22]。

§5　均衡の安定性

最後に，均衡の安定性を検討しておこう。(7-17)，(7-18) は，b, c が (7-3)，(7-4) のように決まるとすれば完結している[23]。$\dot{r} = r_{t+1} - r_t$ として均衡近傍で展開し，一次項のみに注目すれば

---

21) 根岸 [12] 34 ページを参照。
22) このことは，「再決定仮説」に拠り，証券，商品需要決定のミクロ的基礎を分析した Grossman [4] にも当てはまる。しかし Patinkin [15] p.235 の説明にもかかわらず，彼が X, XI 章への付録 a pp.484-6 で示したモデルは新説である。即ち
　　$r_{t+1} - r_t = \alpha_1 b_t - \alpha_2 c_t,$　　$\alpha_1, \alpha_2 > 0$
　　$p_{t+1} - p_t = \beta_1 c_t + \beta_2 b_t,$　　$\beta_1, \beta_2 > 0$
ところで，なぜ c が r の変動に，b が p の変動に影響するのだろうか。「一般均衡分析故の相互作用」では，説明不足である。このような説明だけならば，$\alpha_2 = \beta_2 = 0$ の場合よりも，根拠薄弱に思える。
23) (7-18) に代えて，いわゆる産出量調整で完結させ，安定性を分析したものに，二木 [3] がある。但し，そこでは $f = g = 0$。

第Ⅶ章　市場不均衡における利子率の変動

(7-19)
$$\begin{bmatrix} \dot{r} \\ \dot{p} \end{bmatrix} = \begin{bmatrix} -\alpha\{(1-f)b_r + gc_r\} & -\alpha\{(1-f)b_p + gc_p\} \\ \beta\{fb_r + (1-g)c_r\} & \beta\{fb_p + (1-g)c_p\} \end{bmatrix} \begin{bmatrix} r - r^* \\ p - p^* \end{bmatrix}$$

を得る。(7-19)の固有方程式は

(7-20)
$$\begin{vmatrix} \rho + \alpha\{(1-f)b_r + gc_r\} & \alpha\{(1-f)b_p + gc_p\} \\ -\beta\{fb_r + (1-g)c_r\} & \rho - \beta\{fb_p + (1-g)c_p\} \end{vmatrix} = 0$$

である。(7-19)が安定であるための必要十分条件は

(7-21)　　$\alpha\{(1-f)b_r + gc_r\} - \beta\{fb_p + (1+g)c_p\} > 0$

(7-22)　　$\alpha\beta(1-f-g)(b_p c_r - b_r c_p) > 0$

である。

さて (7-22) より，f, g が十分大ならば，(19) は不安定となることが分る。また f, g が十分小さくても (7-3)，(7-4) で注意したように，$b_p > 0$ あるいは $c_p > 0$ ならば，(7-19) は不安定となりえる。$c_p > 0$ が不安定性をもたらす理由は容易に分る。商品市場で超過需要が生じ，価格が上昇すれば，超過需要が一層激しくなるからである。逆は逆。

$b_p > 0$ が不安定性をもたらす理由は，次のとおりである。商品市場で超過需要が生じ，価格が上昇したとしよう。すると，証券市場で超過需要が生じる（∵ $b_p > 0$）。従って利子率は下落する。ところが利子率の下落は，商品市場の超過需要を一層激しくするのである（∵ $c_r < 0$）。逆は逆。

§6　結び

　本章は商品として，財・サービスを念頭においている。即ち商品とは，商品としての財・サービス，あるいは財・サービスの商品形態の意である。では労働はどうか。本章の論点は売買の対象となり，且つ有価証券でないものを商品と総称しても，即ち労働を商品に含めて考えても成り立つ。

　但し本章の問題を越えて考えると，商品（財・サービス）と労働の市場不均衡を，貨幣需要として全く同じと見ていいかどうか自問している。本章の最初で紹介したように，パティンキンが明示的に労働者の受動的労働供給態度と労働市場の均衡を仮定しているにもかかわらず，筆者がほとんど無意識的に労働を捨象して考察した心理的背景は，資本主義経済の基本的性格，商

品としての労働の特殊性と深く関係しているようにも感じるが，今後の課題である。

これに関連して，言葉の問題に触れる。筆者は大勢に倣い，商品(commodity) という用語を商品化された財・サービスを念頭に置いて使用してきた。財・サービスも同義でよく使われているが，これは字数が多いという欠点の他に，しばしば商品形態であることを忘れさせられることを恐れたからである。

しかし商品化された労働については，一般的に労働需給，労働市場が使われている。財・サービスは，この用法と整合的である。更にあらためて考えると，商品という用語は財・サービスなのか労働なのかとの問に絶えず答えなければならない。従って「商品化された」を当然の前提として，字数が多いにもかかわらず財・サービスを使用する方がよいと考える。

また本章では貨幣需給が出会う場という意味で，貨幣市場という用語を使っている。しかしそれは実は商品市場か，証券市場のことである。従って，これらを併用することは同じものに二つの名前を付けることであり，無用な混乱の原因となる。筆者としては，貨幣市場という用語を使用しないことが妥当な対応であると考える。

参考文献
[1] 藤原秀夫「ワルラス法則と不均衡状態における利子率の決定」『同志社商学』第28巻3号，1977年1月
[2] ────「市場経済とワルラス法則」『同志社商学』第29巻4・5・6号，1978年3月
[3] 二木雄策「ケインズ経済学と証券市場」『国民経済雑誌』第136巻2号，1977年8月
[4] Grossman, H. I., "Money, Interset and Prices in Market Disequilibriun", *Journal of Political Economiy,* vol.79, No.5, Sep./Oct., 1971, pp.943-61.
[5] Hansen, A. H., *A Guide to Keynes,* McGRAW-HILL, 1953（大石泰彦訳『ケインズ経済学入門』東京創元社，1956年）
[6] Hicks, J. R., *Value and Capital,* 2nd edition, Oxford : Clarendon Press, 1946（安井琢磨・熊谷尚夫訳『価値と資本』岩波書店，1965年）

第Ⅶ章　市場不均衡における利子率の変動

［7］ Keynes, J. M., *The General Theory of Employmont, Interest and Money,* Macmillan, 1936（塩野谷九十九訳『雇傭・利子および貨幣の一般理論』東洋経済新報社, 1941 年）
［8］ Klein, L. R., *The Keynesian Revolution,* Macmillan, 1947（篠原三代平・宮沢健一訳『ケインズ革命』有斐閣, 1965 年）
［9］ Klein, L. R. ; Fellner, W. ; Somers H. M. and Brunner, K., "Stock and Flow Analaysis in Economics", "…Comment", "…Further Comment", "…Discussion", "…Note on the Discussion", *Econometrica* 18, July, 1950, pp.236-52
［10］ Lloyd, C., "Lord Preference and Lord Funds", *Economic Journal* 74, Sep., 1964, pp.578-81
［11］ 森嶋通夫『動学的経済理論』弘文堂, 1950 年
［12］ 根岸隆「ケインズ経済学と均衡理論」(館龍一郎編『ケインズと現代経済学』東京大学出版会, 1968 年, 19-39 ページ)
［13］ 新野幸次郎・置塩信雄『ケインズ経済学』三一書房, 1957 年
［14］ Patinkin, D., "Liquidity Preference and Loanable Funds : Stock and Flow Analysis", *Economica* 25, Nov., 1958, pp.300-18
［15］ ─── , *Money, Interest and Prices,* 2nd edition, Harper & Row, 1965（貞木展生訳『貨幣・利子および価格』勁草書房, 1971 年）
［16］ Tsiang, S. C., "Walras' Law, Say's Law and Liquidity Preference in General Equilibrium Analays", *International Economic Review,* vol.7, No.3, Sep., 1966, pp.329-45

第Ⅷ章

不均衡累積過程における
収益性格差の変動[*]

序

　理論的には不均衡累積過程（俗に言う好況，あるいは不況）において，生産財部門と消費財部門の利潤率は同方向に変動するが，部門間格差は拡大する[1]。例えば上方への不均衡累積過程（好況）では，それを主導する両部門の新投資需要は各部門の高利潤率が支えるが，新投資需要は再び生産財部門への（消費財部門ではなく）需要として現れ，更に生産財部門の利潤率を高めるからである（逆は逆）。

　しかしながら実際にはどうか，これが本章の大きな問題，というよりむしろ問題の背景である。本章での接近は，§1で述べる強い制約の下にあるという意味で，ごく小さいものである。上述の観点はあくまで一般的指針であり，それを直接統計的に検定，あるいは実証しようとするものではない。

　また本章の分析は，現実の景気局面が不均衡累積過程であることを実証しようとしている，あるいは反証しようとしているのではない。そう見ることを前提にして，あるいは念頭に置いて当該期間での収益性格差の発散的変動を実証しようとするということである。従って本章の実証結果は，現実の景

---

[*] 本章は，「不均衡累積過程における製造業内の収益性格差の変動」関西大学『経済論集』第51巻第1号（2001年6月），及び「不均衡累積過程における製造業内の収益性格差の変動：総資本営業利益率の場合」関西大学『経済論集』第51巻第2号（2001年9月）を基礎にしている。
[1] 置塩信雄「不均衡累積過程における各部門の利潤率と部門比率の運動」『国民経済雑誌』第117巻第5号（1968年5月），同じく『現代経済学』（筑摩書房，1977年）特に第2章，及び置塩信雄編著『景気循環』（青木書店，1988年）を参照。

気局面に関する不均衡累積過程以外の性格付け,あるいは理論的解釈とも両立しうる。

§2, §3 は本論であるが,§2 は一次的接近で,四半期データの年毎の平均を観察する。§3 では§2 の一次的観察では曖昧な場合について,より細かく分析する。最後に§4 で,結論と次の課題を述べるが,結果的に,ほとんどの場合収益性の格差(他の製造業 − 食料品製造業)は景気循環の一周期(谷から谷)において当初拡大し,その後縮小していることが確かめられる。

§1　主な制約

本章における接近の主な制約を列挙すると,次のとおりである。
(1) 概念的には不均衡累積過程における当該変数の変動を対象とするとして,それを現実の時間において,どう定義するか。この点については実用主義的に対応し,経済企画庁の景気循環の日付を利用する。そして景気循環の「谷」から「谷」を一循環と見る[2]。
(2) 概念的には生産財部門と消費財部門を比較するとして,入手可能なデータからこれらの部門をどう導出するか。この点についても(1)と同様,実用主義的に対応し,既存の部門分類からそれらしい部門を選出し比較する。具体的には「食料品製造業」を典型的な消費財部門として選び,他のいくつかの製造業と比較する[3]。

　従って生産財部門と消費財部門の比較という概念的観点と切り離し,既存の産業分類による個別の部門間比較と読むこともできる。否,むしろ後者の方が,より適切かも知れないとさえ考える。
(3) 利用するデータは,『法人企業統計季報』である。
(4) 収益性は,最も基本的なものとして「総資本営業利益率」に注目する。その定義は,

---

2) 景気循環の「山」と「谷」については,本章末尾の付表3「**景気循環の日付**」(204ページ)を参照。
3) 本章末尾に添えた**付表4「製造業の部門分類」**(204ページ)を参照。

第Ⅷ章 不均衡累積過程における収益性格差の変動

$$総資本営業利益率 = \frac{営業利益 \times 4}{資産（期首・期末平均）} \times 100$$

である[4]。

(5)「営業利益」と「資産」から，(4)のように総資本営業利益率を計算し，これに対し季節調整を施した。分析対象となる製造業及び，期間が限られるのは，このためである。季節調整の方法としては，ソフトウェア SAS に装備されているセンサス局法を利用した。また構造変化に関する Chow テストについてはソフトウェア TSP を利用した[5]。

以上のような制約のうち，多くのものに代替的な方法がある。大きなものだけでも循環の期間の設定，産業部門の定義，収益性の指標，季節調整の方法，季節調整済データと原系列，構造変化の指標等，数多い。なかには，より良い方法も少なくないであろう。本章は，このような点について異る分析を排除する意図はなく，当初の問題に対する本章の接近を補完し，あるいは改善する関係にあると考える。ともあれ，これらの異同，その経済的意味の検討には別の機会が必要である。

さて「景気循環（谷から谷）において，収益性の部門間格差が上昇し，その後低下するかどうか」と設問しても尺度は一つではないし，もちろん結論

---

4)『法人企業統計季報』（各号）を参照。収益性の定義例は多く，目的による使い分けが必要である。他の一例としては，「特別損益等」，「金融費用」を考慮した

$$総資本利潤率 = \frac{経常利益 + 特別損益等 + 金融費用}{総資本} \times 100$$

もある（三菱総合研究所『企業経営の分析』（1999 年）を参照）。収益性の解説は数多いが，特に須田一幸・佐藤文隆編著『現代会計学入門』（白桃書房，1999年），山口孝他『企業分析』（白桃書房，1996 年）野村秀和編著『企業分析』（青木書店，1995 年）を参照した。

収益性には別角度からの接近がある。例えば，中島浩之「利潤率の循環的変動」（『商学論纂』第 40 巻第 5/6 号（1999 年 3 月））は，19 世紀イギリスの年次データを加工して，景気循環の 5 局面における利潤率の変動を分析している。宇仁宏幸『構造変化と資本蓄積』（有斐閣，1998 年）も，戦後日本の利潤率の実測を含む。これらの利潤率の算出は，データ・ソースとして直接，財務諸表を使わず，従って本章の収益性との違いも大きい。

5) ソフトウェア TSP については，関西大学大学院生であった団和仁氏に教えて頂いた。お礼を申し上げたい。もちろん誤りの責任は筆者にある。

は尺度によって異なり得る。できる限り明解な結論を得たいが，他方明解な結論を得るため尺度を絞り込むと過度の単純化，一面化の恐れが大きい。とりあえず本章では，次のように観察を進めよう。
(1) まず収益性格差の年毎の平均を観察する。これが景気循環（谷から谷）において，単調に上昇し，その後単調に下落しているかどうか。もしそうなら当該仮説は基本的に実現していると見なす。
(2) (1) 以外の微妙な場合については，構造変化の有無に関する Chow テストを適用する[6]。

§2 年毎の平均の推移

まず一次的に年毎の平均について観察する。総資本営業利益率の部門間格差の景気循環局面における年毎の平均の推移について，観察結果を一覧表にまとめると，**表1**のとおりである。○印は収益性格差の年毎の平均が単調

表1 収益性格差（年平均）の推移
(a) 合計

循環 製造業	5 (1962-65)	6 (1965-71)	7 (1971-75)	8 (1975-77)	9 (1977-83)	10 (1983-86)	11 (1986-93)	12 (1993-99)
M5	○	×	○	×	×	○1986	○1993	○1994, 1999
M6					×	×	×	○1994, 1999
M7	○	○	○	○	×	○	○1993	○1994, 1999
M9					○	○1984	○	○1994, 1999
M10	○	×	○	○	○	○	○	
M11					○1983	○	○1993	○1994, 1999
M12	○	○	○	○	○	○1984	○1993	○1994, 1999
M13	○1963	○1966	○1972	×	○1978	○1984		
M14	○	○	○1975	○	○1978, 1983	○		
M15					○1978	○	○1993	○
M16					○1983	○	○1993	○1994

---

6) Chow テストについては，和合肇・伴金美『TSP による経済データの分析』（東京大学出版会，1995 年）を参照。

第Ⅷ章　不均衡累積過程における収益性格差の変動

(b) 資本金10億円以上

循環 製造業	9 (1977-83年)	10 (1983-86年)	11 (1986-93年)	12 (1993-99年)
M5	×	○1986	×	○1994
M6	×	○	×	○
M7	×	○1986	×	○1994, 1999
M9	○	○	○	○1994
M11	○1978, 1983	○	○	○1994
M12	○	×	×	
M13	○1978	○	○	
M15	○1978	○	○	○
M16	○1978	○	○	○

注1) 食料品製造業と比較した製造業は，次のとおりである。M5：パルプ・紙・紙加工品製造業，M6：出版・印刷・同関連産業，M7：化学工業，M9：窯業・土石製品製造業，M10：鉄鋼業，M11：非鉄金属製造業，M12：金属製品製造業，M13：一般機械器具製造業，M14：電気機械器具製造業，M15：輸送用機械機具製造業，M16：精密機械機具製造業。なお製造業の部門分類については章末付表4（204ページ）を参照。

に上昇し，その後単調に下落している場合であり，予定の結果である。

　但し景気循環の初期の谷の年から次年へ下落する場合，及び終期の谷の前年から終期の谷の年へ上昇する場合も含め予定の結果と見なした。これは景気循環の谷の設定を不必要に厳密に扱うことを恐れたからである[7]。こういう扱いをした観測値は，その年を明示した。**表1**は季節調整済系列に関わるが，それが得られない場合のうち，部門M6, 9, 11, 15, 16の循環5〜8は原系列が欠損しているからである（製造業の部門分類については章末**付表4**（204ページ）を参照）。**表1**の基礎になった年毎の平均は，**付表1**（a），(b) に整理した。これには比較のため原系列の結果も載せた。なお収益性の部門間格差は，他の製造業－食料品製造業と定義した。

　全体として予定した結論が得られたと見てよいだろう。例外ケースは，ある製造業，循環に偏って分布しているという意味で，個別事情の大きな影響

---

7) 循環8におけるM5, M13（合計の場合），及び循環10におけるM12（資本金10億以上）は，収益性格差は単調に上昇（M5, M12），あるいは下落している（M13）が，景気循環の終りの年を例外と見ると○とすべきである。しかし循環の期間が短い点を考慮し，より詳しく分析するグループに分類する。

が推測される。

付表1を少し詳しく見ておこう。合計について，部門ではパルプ・紙・紙加工品製造業（M 5），出版・印刷・同関連産業（M 6）に，循環では循環9に例外が多い。循環9のパルプ・紙・紙加工品製造業，及び出版・印刷・同関連産業の例外的結果は，共に1982年に収益性格差が上昇しているからである。

資本金10億以上の場合について，部門では金属製品製造業（M 12）に，循環では循環9，循環11に例外が多い。循環9のパルプ・紙・紙加工品製造業（M 5），出版・印刷・同関連産業（M 6），化学工業（M 7）の結果は，合計の場合と同じく共に1982年に収益性格差が上昇しているからである。循環11でもこれらの製造業は例外であるが，原因は共通して収益性格差が1988年に下落し，1989年に上昇しているからである。金属製品製造業（M 12）は資本金規模による違いが大きい。

これら少数派のケースを，どう評価するべきであろうか。これらについては次節で四半期データに戻って詳しく見ることにする。その前に年次データの季節調整済系列と原系列の異同について見ておこう。両系列が相違する場合を一覧表にしたのが**表2**である。○は原系列では予定された結論（単調に上昇し，その後単調に低下する）に沿うように変る場合，×は反対に変る場合，他は影響がない場合である。

表2より明らかに，原系列では年毎の平均についての予定された結論（単調に上昇し，その後単調に低下する）に沿うように変ることが分る。具体的には全規模の場合，20例のうち14がそうであり，3例が反対の場合である。また資本金10億以上の場合，15例のうち10がそうであり，1例が反対の場合である。

なお残余の例では，収益性格差が単調に上昇する期間が長くなる（即ち下落する期間が短くなる）か，又は反対に収益性格差が単調に上昇する期間が短くなる（即ち下落する期間が長くなる）。具体的には全規模の場合，原系列では収益性格差が単調に上昇する期間が長くなる場合が一例（M 5，循環12（1997年）），反対に短くなるのが二例（M 12，循環9（1980年），M 9，

第Ⅷ章 不均衡累積過程における収益性格差の変動

表2 原系列と季節調整済系列の異同
(a) 合計

循環 製造業	5 (1962-65)	6 (1965-71)	7 (1971-75)	8 (1975-77)	9 (1977-83)	10 (1983-86)	11 (1986-93)	12 (1993-99)
M5					○1978			1997
M6					○1978		×1991	○1994, ○1999
M7					○1978			
M9					1980	×1985, ×1986		
M10								
M11							○1993	
M12			○1972		1980		○1993	
M13	○1963							
M14			○1975		○1978			
M15					○1978		○1993	
M16							○1993	

(b) 資本金10億円以上

循環 製造業	9 (1977-83年)	10 (1983-86年)	11 (1986-93年)	12 (1993-99年)
M5	1980		○1988	
M6	○1978			
M7		○1986	○1988,○1993	
M9				×1999
M11	○1978		1990	1997
M12		○1986	○1988	
M13	1978, 1981			
M15				
M16	○1978			

注)○は原系列では予定された結論（単調に上昇し，その後単調に低下する）に沿うように変る場合，×は反対に変る場合，他は影響がない場合。

循環9（1980年））である。資本金10億円以上の場合，原系列では収益性格差が単調に上昇する期間が長くなる場合が二例（M11，循環12（1997年），M13，循環9（1981年）），反対に短くなるのが二例（M5，循環9（1980年），M11，循環11（1990年））である。

§3 四半期データの場合

年毎の平均について，予定された結論（単調に上昇し，その後単調に低下する）が得られない場合（季節調整済）について，四半期データに戻って詳しく見よう。

まず Chow テストを適用する。結果は**付表 2** のとおりであるが，要約を**表 3** に示した。○は循環内で上昇から低下への構造変化が認められる場合，●はそうでない場合である。多くの場合（18 例中 12），循環内の山を含む多くの時期に上昇から低下への構造変化が認められる[8]。

上昇から低下への構造変化が認められない場合（6 例）について，図を観察しよう（**図 1〜6**）。図には一般的経済状態の指標として，経済成長率（GDPの対前年同期比変化率）を添えた。参照のための縦線は当該循環内の山，同

表 3　収益性格差の構造変化
(a) 全規模

製造業	循環
パルプ・紙・紙加工品製造業	6 ○, 8 ●, 9 ○
出版・印刷・同関連産業	9 ○, 10 ●, 11 ○
化学工業	9 ○
鉄鋼業	10 ○
一般機械器具製造業	8 ●

(b) 資本金 10 億以上

製造業	循環
パルプ・紙・紙加工品製造業	9 ●, 11 ○
出版・印刷・同関連産業	9 ●, 11 ○
化学工業	9 ○, 11 ○
金属製品製造業	9 ○, 10 ●, 11 ○

---

8) 出版・印刷・同関連産業の循環 11 のみ，合計の場合，資本金 10 億円以上の場合は共に山の期に構造変化が認められない。

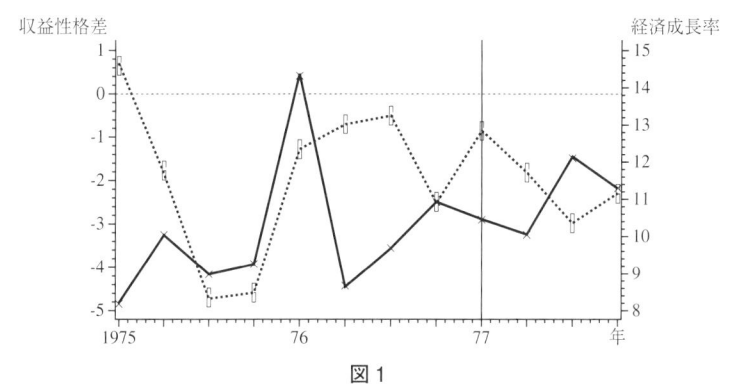

第Ⅷ章　不均衡累積過程における収益性格差の変動

図1
パルプ・紙・紙加工品製造業と食料品製造業の収益性格差
：循環8（1975年1期－1977年4期）

注）経済成長率は右軸で測り，破線で示した（以下同様）。

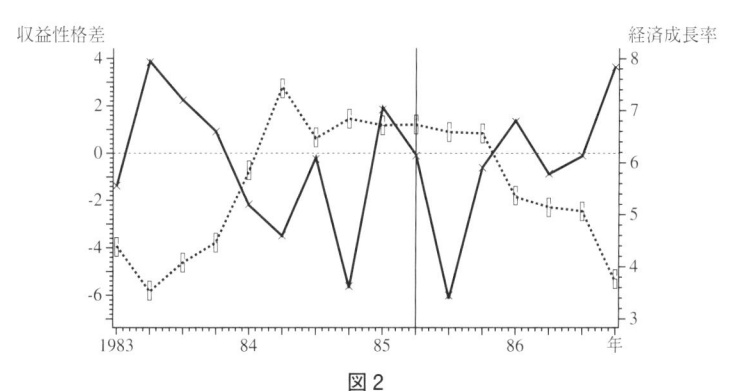

図2
出版・印刷・同関連産業と食料品製造業の収益性格差
：循環10（1983年1期－1986年4期）

じく横の破線は収益性格差＝0である。

　まず合計の場合（3例）について。循環8のパルプ・紙・紙加工品製造業（図1）は，1976年1期の影響が大きく，これを前半最後の観測値とするとき印象的には予定の結論が得られるように見え，**付表2**における1976年2期の有意確率が比較的低いことと対応している。1976年1期を除くと循環を通じて上昇しているように見える。

　循環10の出版・印刷・同関連産業（**図2**）は印象的には，むしろ低下か

171

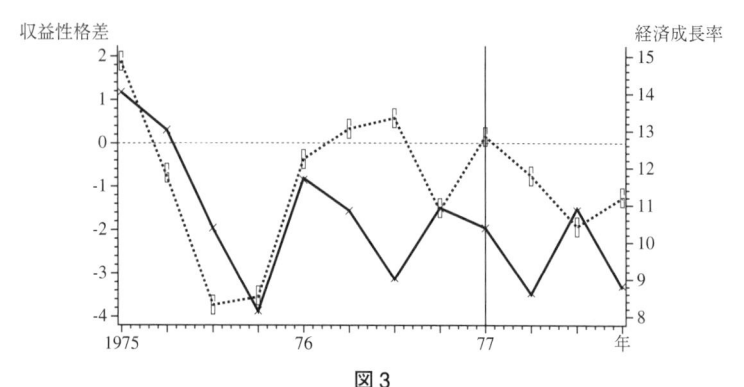

図3
一般機械器具製造業と食料品製造業の収益性格差
：循環8（1975年1期－1997年4期）

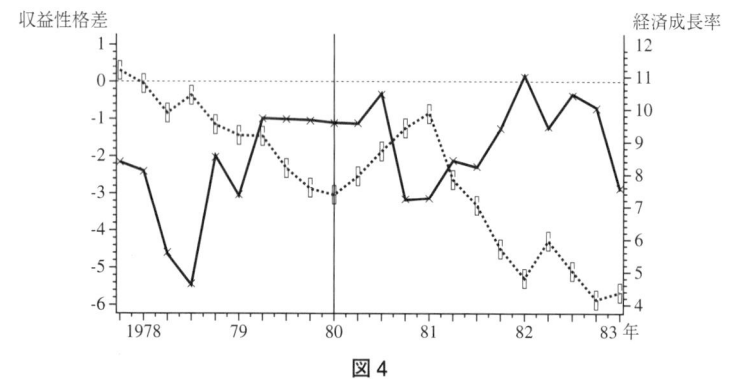

図4
パルプ・紙・紙加工品製造業と食料品製造業の収益性格差
：循環9（1977年4期－1983年1期）

ら上昇への構造変化があるように見える。

　循環8の一般機械器具製造業（図3）は，初期二つの観測値の影響が大きい。印象的には全期間では低下傾向があるように見えるが，初期二つの観測値を除くと予定された結論が得られるように見える。

　資本金10億円以上の場合について。循環9のパルプ・紙・紙加工品製造業（図4）は，終期に近いいくつかの観測値の影響が大きい。このため全期間では上昇傾向があるように見える。循環9の出版・印刷・同関連産業（図5）

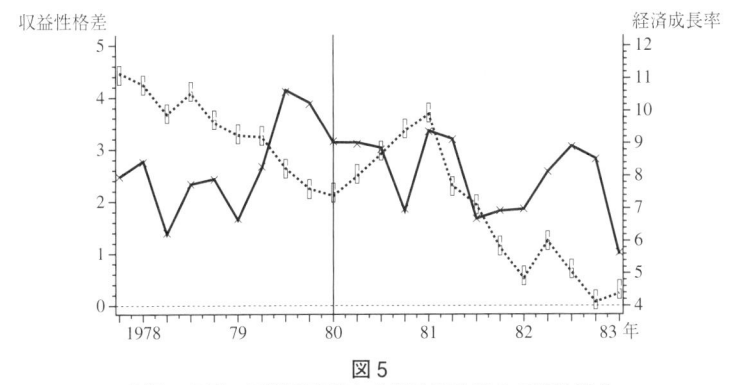

第Ⅷ章　不均衡累積過程における収益性格差の変動

図5
出版・印刷・同関連産業と食料品製造業の収益性格差
：循環9（1977年4期－1983年1期）

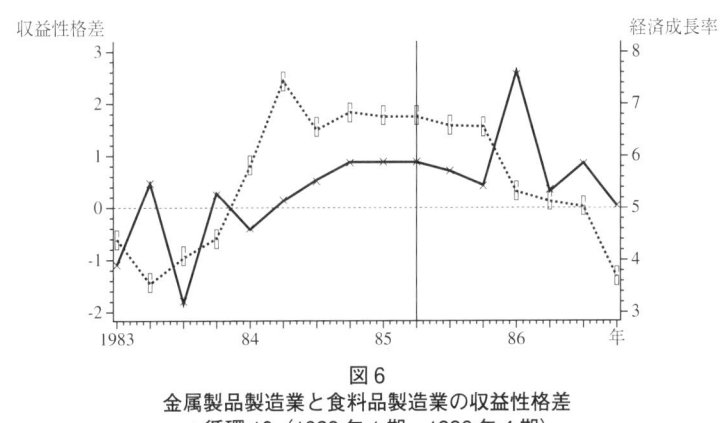

図6
金属製品製造業と食料品製造業の収益性格差
：循環10（1983年1期－1986年4期）

は，印象的には山前後で上昇から低下への構造変化があるように見え，付表2においてこれらの時期の有意確率が比較的小さいことと照応している。最後に循環10の金属製品製造業（図6）は，1986年1期の影響が大きい。これを除くと，印象的には上昇から低下への構造変化があるように見える。

§4　結び

本章での観察の結果は，総資本営業利益率について当初の仮説（部門間格

差（＝他の製造業－食料品製造業）が景気上昇局面で上昇し，その後下落する）を支持すると結論してよいだろう。予定した結論が得られない場合は，非常に少ない。しかし最初にも述べたように，分析の制約は多く，且つ大きい。差当たり代替的な収益性指標の場合との比較，及び観測値数を増やすことが必要である。結論はあくまで暫定的であることを，最後に強調しておきたい。

付表1　収益性格差（年平均）の動向
(a) 合計

	製造業	パルプ・紙・紙加工品製造業		出版・印刷・同関連産業		化学工業		窯業・土石製品製造業	
	年　循環	季節調整済	原系列	季節調整済	原系列	季節調整済	原系列	季節調整済	原系列
1	1962 谷	-2.46859 .	-3.07502 .			0.81881 .	0.29541 .		
2	1963 5	-0.63652 1	-0.62011 1			2.24678 1	2.24782 1		
3	1964 5	1.45554 1	1.47861 1			2.96255 1	2.99498 1		
4	1965 谷	-2.07103 -1	-2.05698 -1			-0.05983 -1	-0.03799 -1		
5	1966 6	-2.27382 -1	-2.29274 -1			0.03041 1	0.00569 1		
6	1967 6	-0.83686 1	-0.94054 1			1.99932 1	1.90475 1		
7	1968 6	-1.06395 -1	-1.01084 -1			1.09783 -1	1.16053 -1		
8	1969 6	-2.20025 -1	-2.17113 -1			0.92500 -1	0.96865 -1		
9	1970 6	-1.74130 1	-1.88893 1			0.15179 -1	0.02562 -1		
10	1971 谷	-3.31517 -1	-3.43990 -1			-1.96934 -1	-2.10090 -1		
11	1972 7	-2.09632 1	-2.09451 1			-1.29155 1	-1.28855 1		
12	1973 7	1.59503 1	1.58400 1			1.80133 1	1.73423 1		
13	1974 7	0.44121 -1	0.64383 -1			1.20018 -1	1.45948 -1		
14	1975 谷	-4.06136 -1	-4.30534 -1			-1.89467 -1	-2.17058 -1		
15	1976 8	-2.52053 1	-2.76226 1			-0.50085 1	-0.71815 1		
16	1977 8	-2.45621 1	-2.48905 1	-0.15183 .	-3.56108 .	-1.63936 -1	-1.67333 -1	-2.40704 .	-2.24977 .
17	1978 9	-2.64355 -1	-2.48241 1	-3.60950 -1	-3.38080 1	-1.78151 -1	-1.62103 1	0.04229 1	0.16756 1
18	1979 9	-0.69101 1	-0.52487 1	1.71546 1	2.36010 1	1.24461 1	1.43781 1	1.31965 1	1.64850 1
19	1980 9	-0.04572 1	-0.19695 1	4.14463 1	3.49077 1	0.76436 -1	0.61597 -1	1.55386 1	1.32137 -1
20	1981 9	-1.77172 -1	-1.78206 -1	-0.24968 -1	-0.37366 -1	-1.40200 -1	-1.42354 -1	-0.06978 -1	-0.09386 -1
21	1982 9	-0.50551 1	-0.58771 1	0.42009 1	0.39457 1	-0.60738 1	-0.58064 1	-0.89787 -1	-0.94072 -1
22	1983 谷	-1.12917 -1	-0.98607 -1	1.35805 1	1.28896 1	-0.25748 1	-0.14588 1	-1.33860 -1	-1.22087 -1
23	1984 10	-0.94254 1	-0.81484 1	-2.94551 -1	-2.85607 -1	-0.01702 1	0.14278 1	-1.43222 -1	-1.31069 -1
24	1985 10	-1.40203 -1	-1.63672 -1	-1.29450 1	-0.59252 1	-0.04804 -1	-0.22437 -1	-1.19087 1	-1.44923 -1
25	1986 谷	-1.02061 1	-1.02069 1	0.96671 1	0.87967 1	-0.36840 -1	-0.42221 -1	-1.38467 -1	-1.39519 1
26	1987 11	-0.75426 1	-0.75944 1	-0.34927 -1	-0.43493 -1	0.82108 1	0.79506 1	0.45796 1	0.46691 1
27	1988 11	-0.41292 1	-0.09241 1	-1.08230 -1	-0.64814 -1	0.92083 1	1.25306 1	1.06553 1	1.32158 1
28	1989 11	0.45438 1	0.53001 1	2.78285 1	2.63734 1	2.27202 1	2.42005 1	1.56006 1	1.69608 1
29	1990 11	-0.83895 -1	-0.89661 -1	0.58923 -1	0.35777 -1	1.14634 -1	1.07139 -1	0.87848 -1	0.65878 -1
30	1991 11	-1.37411 -1	-1.45198 -1	0.40101 -1	0.44619 1	0.84985 -1	0.75820 -1	0.40189 -1	0.22980 -1
31	1992 11	-2.19864 -1	-2.01777 -1	-0.34434 -1	0.13727 -1	-0.94252 -1	-0.73420 -1	-1.41165 -1	-1.30690 -1
32	1993 谷	-1.74677 1	-1.85848 1	-1.58478 -1	-1.57963 -1	-0.50171 1	-0.60798 1	-1.91668 -1	-1.76363 -1
33	1994 12	-2.45689 -1	-2.39749 -1	-1.61334 -1	-1.51621 1	-0.94365 -1	-0.82295 -1	-3.40683 -1	-3.24133 -1
34	1995 12	-0.92217 1	-0.90778 1	-0.81460 1	-0.69109 1	0.93989 1	1.02906 1	-2.48254 1	-2.38855 1
35	1996 12	0.38125 1	0.02388 1	1.76922 1	1.43931 1	1.66413 1	1.36774 1	-0.77049 1	-1.21451 1
36	1997 12	0.31471 -1	0.13059 1	1.72049 -1	1.43800 -1	2.48750 1	2.30275 1	-0.53217 1	-0.69741 1
37	1998 12	-2.58956 -1	-2.43842 -1	-0.55194 -1	-0.07763 -1	0.48819 -1	0.53646 -1	-2.87496 -1	-2.65547 -1
38	1999 谷	-2.20233 1	-2.19404 1	-0.39760 -1	-0.56742 -1	2.28656 1	2.32330 1	-2.59723 1	-2.33534 1

注）表の構成について，収益性格差の右の値 1 は前年との階差が正，－1 は負であることを表す。

第Ⅷ章　不均衡累積過程における収益性格差の変動

	製造業 年 循環		鉄鋼業 季節調整済　　原系列				非鉄金属製造業 季節調整済　　原系列				金属製品製造業 季節調整済　　原系列				一般機械器具製造業 季節調整済　　原系列			
1	1962	谷	-4.06722	.	-4.65177	.					0.24407	.	-0.52143	.	1.29313	.	-0.04670	.
2	1963	5	-1.93985	1	-1.96870	1					0.54375	1	0.51961	1	0.95928	-1	0.98233	1
3	1964	5	0.92781	1	0.94399	1					1.67545	1	1.67879	1	2.11364	1	2.12744	1
4	1965	谷	-1.89074	-1	-1.86089	-1					-0.39489	-1	-0.35435	-1	-1.56383	-1	-1.55136	-1
5	1966	6	-0.60823	1	-0.70088	1					0.01079	1	-0.01483	1	-2.21147	-1	-2.27433	-1
6	1967	6	2.33685	1	2.28344	1					2.60811	1	2.50960	1	1.33118	1	1.19516	1
7	1968	6	-1.30076	-1	-1.24177	-1					3.65126	1	3.71885	1	2.81409	1	2.85805	1
8	1969	6	-0.53208	1	-0.50664	1					2.00705	1	2.04708	1	2.12648	-1	2.09433	-1
9	1970	6	-0.71650	-1	-0.78893	-1					1.39199	-1	1.26545	-1	0.42187	-1	0.31293	-1
10	1971	谷	-4.22566	-1	-4.32869	-1					-0.92881	-1	-1.07906	-1	-1.30670	-1	-1.42392	-1
11	1972	7	-2.56150	1	-2.50676	1					-1.01695	-1	-1.02439	1	-2.24319	-1	-2.24234	-1
12	1973	7	1.86566	1	1.86626	1					2.12888	1	1.99406	1	-1.52687	1	-1.63142	1
13	1974	7	-0.08754	-1	0.18680	-1					2.54024	1	2.83958	1	-0.30481	1	-0.04465	1
14	1975	谷	-4.19881	-1	-4.52511	-1					-1.09802	-1	-1.32024	-1	-1.14164	-1	-1.38822	-1
15	1976	8	-3.04897	1	-3.24565	1					-1.06773	1	-1.19609	1	-1.78944	-1	-2.02866	-1
16	1977	谷	-4.47225	-1	-4.53160	-1	-5.22156	.	-6.92030	.	-1.57377	-1	-1.48987	-1	-2.62841	-1	-2.67287	-1
17	1978	9	-3.34521	1	-3.21246	1	-4.68968	1	-4.56556	1	-1.10897	1	-0.94251	1	-3.06144	-1	-2.88305	-1
18	1979	9	1.68888	1	1.85805	1	-0.81230	1	-0.68549	1	0.75393	1	0.89014	1	-0.18343	1	-0.07993	1
19	1980	9	1.25957	-1	1.12319	-1	0.66499	1	0.58425	1	0.86369	1	0.73942	-1	0.80357	1	0.69101	1
20	1981	9	-0.23029	-1	-0.25158	-1	-2.57709	-1	-2.60101	-1	0.29049	-1	0.22930	-1	0.86925	1	0.79929	1
21	1982	9	-1.19508	-1	-1.18968	-1	-3.83734	1	-3.80097	-1	-0.25731	-1	-0.23647	-1	-0.81074	-1	-0.71990	-1
22	1983	谷	-4.87367	-1	-4.78400	-1	-2.66529	1	-2.62160	1	-0.44986	-1	-0.39256	-1	-1.53295	-1	-1.46189	-1
23	1984	10	-1.91465	1	-1.78145	1	-2.17241	1	-2.00497	1	-1.66884	-1	-1.53646	-1	-1.62487	-1	-1.49861	-1
24	1985	10	-2.48802	-1	-2.68523	-1	-3.15973	-1	-3.31867	-1	0.46578	1	0.31717	1	-1.24463	1	-1.37354	1
25	1986	谷	-5.92364	-1	-5.94638	-1	-4.02611	-1	-4.08280	-1	-1.44988	-1	-1.48987	-1	-3.00073	-1	-3.01986	-1
26	1987	11	-3.29969	1	-3.32942	1	-1.74946	1	-1.81522	1	0.41199	1	0.37024	1				
27	1988	11	1.08602	1	1.40583	1	-0.88050	1	-0.57364	1	1.00801	1	1.32061	1				
28	1989	11	3.85547	1	4.02031	1	0.70878	1	0.87434	1	3.16059	1	3.31293	1				
29	1990	11	2.57762	-1	2.48021	-1	0.66713	-1	0.54097	-1	3.66636	1	3.54118	1				
30	1991	11	1.60267	-1	1.49618	-1	-0.23648	-1	-0.33472	-1	2.87979	-1	2.77908	-1				
31	1992	11	-1.90072	-1	-1.73026	-1	-2.71081	-1	-2.53029	-1	-0.58201	-1	-0.39676	-1				
32	1993	谷	-3.67010	-1	-3.72736	-1	-2.58873	1	-2.67287	-1	-0.44133	-1	-0.47979	-1				
33	1994	12					-3.31645	-1	-3.27644	-1	-1.56007	-1	-1.55836	-1				
34	1995	12					-2.09433	1	-2.00457	1	-0.84578	1	-0.66513	1				
35	1996	12					-0.60518	1	-0.98054	1	0.25249	1	-0.18925	1				
36	1997	12					-0.11526	1	-0.26559	1	1.41301	1	1.16404	1				
37	1998	12					-3.16596	-1	-2.91087	-1	-3.36980	-1	-3.00067	-1				
38	1999	谷					-2.41218	1	-2.44698	1	-1.97615	-1	-2.04297	-1				

	製造業 年	循環	電気機械器具製造業 季節調整済　　原系列	輸送用機械器具製造業 季節調整済　　原系列	精密機械器具製造業 季節調整済　　原系列
1	1962	谷	0.01734 . -0.86415 .		
2	1963	5	0.28288 1 0.32808 1		
3	1964	5	1.47104 1 1.52274 1		
4	1965	谷	-1.23510 -1 -1.19750 -1		
5	1966	6	-0.28643 1 -0.31422 1		
6	1967	6	2.62174 1 2.52380 1		
7	1968	6	3.61910 1 3.66872 1		
8	1969	6	3.02261 -1 3.04480 -1		
9	1970	6	1.89375 -1 1.76911 -1		
10	1971	谷	-0.45903 -1 -0.59118 -1		
11	1972	7	0.83750 1 0.82916 1		
12	1973	7	1.04863 1 0.96480 1		
13	1974	7	-1.86494 -1 -1.60843 -1		
14	1975	谷	-1.70949 1 -2.00101 -1		
15	1976	8	0.00083 1 -0.21586 1		
16	1977	谷	-1.01010 -1 -1.03525 -1	-1.03392 . -2.43041 .	0.91755 . -1.82322 .
17	1978	9	-1.14040 -1 -0.98200 1	-1.71685 -1 -1.52626 1	1.11292 1 1.28485 1
18	1979	9	1.07319 1 1.24170 1	0.55614 1 0.72566 1	4.38838 1 4.43302 1
19	1980	9	2.37114 1 2.24781 1	0.40132 -1 0.16691 -1	3.79211 -1 3.56593 -1
20	1981	9	1.60197 -1 1.58353 -1	-0.86559 -1 -0.89076 -1	1.80690 1 1.77498 -1
21	1982	9	0.52654 -1 0.55622 -1	-1.22812 -1 -1.21308 -1	0.70488 -1 0.80610 -1
22	1983	谷	1.20330 1 1.27137 1	-1.48465 -1 -1.44583 -1	0.93520 1 1.01080 1
23	1984	10	2.57973 1 2.70874 1	-0.69613 1 -0.51890 1	1.71715 1 1.92370 1
24	1985	10	0.37396 -1 0.20742 -1	0.34482 1 0.20601 1	0.81238 -1 0.61039 -1
25	1986	谷	-3.58349 -1 -3.60694 -1	-3.00671 -1 -3.05797 -1	-2.28342 -1 -2.21558 -1
26	1987	11		-1.63873 1 -1.73862 1	-1.66674 1 -1.79420 1
27	1988	11		-1.29944 1 -1.00856 1	-0.01900 1 0.26203 1
28	1989	11		0.62933 1 0.75715 1	2.66775 1 2.76108 1
29	1990	11		0.27667 -1 0.14027 -1	0.43344 -1 0.34515 -1
30	1991	11		-1.70128 -1 -1.77096 -1	-0.21974 -1 -0.32556 -1
31	1992	11		-3.10314 -1 -2.91321 -1	-2.47247 -1 -2.20478 -1
32	1993	谷		-2.94773 1 -2.95181 -1	-2.18402 1 -2.27499 -1
33	1994	12		-2.84752 1 -2.82971 1	-2.41239 -1 -2.33922 -1
34	1995	12		-1.29381 1 -1.12972 1	0.63157 1 0.55506 1
35	1996	12		1.33794 1 0.89934 1	3.00461 1 2.39847 1
36	1997	12		1.92477 1 1.67686 1	3.32825 1 3.05759 1
37	1998	12		-0.75746 -1 -0.63422 -1	0.07999 -1 0.49573 -1
38	1999	谷		-0.82876 -1 -0.78559 -1	0.00922 -1 -0.03496 -1

第Ⅷ章 不均衡累積過程における収益性格差の変動

(b) 資本金10億円以上

	製造業	パルプ・紙・紙加工品製造業		出版・印刷・同関連産業		化学工業		窯業・土石製品製造業	
	年 循環	季節調整済	原系列	季節調整済	原系列	季節調整済	原系列	季節調整済	原系列
1	1977 谷	-2.13512 .	-3.40541 .	2.47824 .	1.34662 .	-3.00914 .	-3.51395 .	-2.30601 .	-1.72259 .
2	1978 9	-3.66435 -1	-3.92222 -1	2.22189 -1	2.01522 1	-2.44350 1	-2.60555 1	-1.34372 1	-1.45857 1
3	1979 9	-1.54966 1	-1.38145 1	3.05564 1	3.16679 1	0.42872 1	0.59141 1	0.00966 1	0.11285 1
4	1980 9	-1.47319 -1	-1.45258 -1	2.73839 -1	2.76356 -1	0.01964 -1	-0.02516 -1	-0.14999 -1	-0.13924 -1
5	1981 9	-2.25244 -1	-2.23127 -1	2.47702 1	2.55529 -1	-1.54922 1	-1.49431 -1	-0.22337 -1	-0.27842 -1
6	1982 9	-0.56056 1	-0.58019 1	2.55167 1	2.55905 1	-0.89581 1	-0.91870 1	-1.41850 -1	-1.45175 -1
7	1983 谷	-1.14549 -1	-1.06943 -1	1.53876 1	1.59471 -1	-1.10289 -1	-1.00844 -1	-1.75546 -1	-1.66202 -1
8	1984 10	0.57573 1	0.59433 1	1.86217 1	1.87475 1	0.34290 1	0.36413 1	-0.13920 1	-0.10560 1
9	1985 10	-1.32619 -1	-1.40422 -1	0.54634 1	0.48962 -1	-0.49529 -1	-0.58530 -1	-0.82310 -1	-0.94685 -1
10	1986 谷	-0.61057 1	-0.90792 1	-0.07631 -1	-0.41729 -1	-0.35829 1	-0.66034 -1	-1.35976 -1	-1.68539 -1
11	1987 11	0.46006 1	0.13645 1	1.02485 1	0.71779 1	1.35570 1	1.03581 1	0.40238 1	0.07517 1
12	1988 11	0.38933 -1	0.90700 1	0.05859 -1	0.60012 -1	1.34204 -1	1.86936 1	0.91180 1	1.37306 1
13	1989 11	1.23744 1	1.37292 1	2.13167 1	2.29930 1	2.63466 1	2.74900 1	1.93872 1	2.02319 1
14	1990 11	-0.43086 -1	-0.51279 -1	1.07885 1	0.97328 -1	1.55665 -1	1.46516 -1	1.22443 -1	1.09322 -1
15	1991 11	-1.91304 -1	-2.04732 -1	0.07628 -1	-0.05156 -1	0.52887 1	0.39876 -1	-0.32024 -1	-0.51996 -1
16	1992 11	-3.12751 -1	-3.02255 -1	-0.59721 -1	-0.47403 -1	-0.79518 -1	-0.66431 -1	-2.02032 -1	-1.86963 -1
17	1993 谷	-2.70339 1	-2.76570 1	-0.60731 -1	-0.68569 -1	-0.73576 1	-0.82246 -1	-2.46183 -1	-2.50921 -1
18	1994 12	-3.40279 1	-3.16806 -1	-0.09639 1	0.08437 1	-1.14740 -1	-0.84735 -1	-3.35597 -1	-3.08957 -1
19	1995 12	-0.58218 1	-0.61516 1	0.35172 1	0.26048 1	0.77558 1	0.69132 1	-2.46746 1	-2.52841 1
20	1996 12	0.16682 1	-0.02205 1	1.27068 1	1.03337 1	1.09882 1	1.00942 1	-1.56324 1	-1.74097 1
21	1997 12	-1.28037 -1	-1.14649 -1	0.49526 1	0.61211 -1	0.76903 -1	0.89349 -1	-1.97088 -1	-1.93302 -1
22	1998 12	-3.58640 -1	-3.64068 -1	-1.06543 -1	-0.98408 -1	0.22704 -1	0.17017 -1	-3.93759 -1	-3.87267 -1
23	1999 谷	-4.03216 -1	-4.06320 -1	-1.28188 -1	-1.27412 -1	1.32086 1	1.24550 1	-4.02990 -1	-3.5453 1

	製造業	電気機械器具製造業		輸送用機械器具製造業		精密機械器具製造業	
	年 循環	季節調整済	原系列	季節調整済	原系列	季節調整済	原系列
1	1977 谷	-4.77570 .	-5.72486 .	-0.29362 .	-0.92904 .	0.47048 .	-0.42555 .
2	1978 9	-4.85695 -1	-5.08332 1	-1.71752 -1	-1.87523 -1	-0.01125 -1	-0.19957 1
3	1979 9	-1.22761 1	-1.15005 1	0.59642 1	0.75211 1	3.83483 1	3.87958 1
4	1980 9	-0.03570 1	0.00988 1	-0.10132 -1	-0.24035 -1	2.92292 1	2.87685 -1
5	1981 9	-2.42547 -1	-2.40228 -1	-0.44448 -1	-0.38112 -1	2.51726 -1	2.48143 -1
6	1982 9	-3.91641 -1	-3.89437 -1	-0.55782 -1	-0.58253 -1	-0.57662 -1	-0.47843 -1
7	1983 谷	-3.77501 1	-3.80908 1	-1.96974 -1	-1.92465 -1	-1.24680 -1	-1.14287 -1
8	1984 10	-2.33213 -1	-2.27399 1	0.08001 1	0.14613 1	1.62805 1	1.68935 1
9	1985 10	-4.03559 -1	-4.04889 -1	0.43189 1	0.40982 1	-0.24927 -1	-0.27119 -1
10	1986 谷	-4.31226 -1	-4.63895 -1	-2.94784 -1	-3.29063 -1	-3.98464 -1	-4.26436 -1
11	1987 11	-1.68853 1	-2.05768 1	-1.57537 1	-1.94695 1	-2.48151 1	-2.83103 1
12	1988 11	-0.82027 1	-0.31273 1	-1.00999 1	-0.53097 1	-0.44970 1	-0.01599 1
13	1989 11	1.10797 1	1.26532 1	1.06840 1	1.17894 1	2.31174 1	2.30821 1
14	1990 11	1.36158 1	1.24377 -1	0.92011 -1	0.78549 -1	1.08080 -1	1.00185 -1
15	1991 11	-0.49311 -1	-0.64272 -1	-2.00849 -1	-2.14429 -1	-0.96028 -1	-0.98532 -1
16	1992 11	-2.61059 -1	-2.50194 -1	-3.31107 -1	-3.16246 -1	-2.98759 -1	-2.61733 -1
17	1993 谷	-3.15015 -1	-3.17894 -1	-3.62880 -1	-3.61692 -1	-3.08054 -1	-3.01646 -1
18	1994 12	-3.78701 -1	-3.61004 -1	-3.50815 1	-3.33106 1	-2.50013 1	-2.26066 1
19	1995 12	-2.67995 -1	-2.77331 1	-1.91428 1	-1.89176 1	0.39961 1	0.27011 1
20	1996 12	-1.65678 1	-1.80107 1	0.52441 1	0.32179 1	2.40983 1	2.00435 1
21	1997 12	-1.83464 -1	-1.70417 1	0.25915 -1	0.27895 1	1.93081 -1	1.77519 -1
22	1998 12	-3.71174 -1	-3.60969 -1	-1.01095 -1	-1.05182 -1	0.00750 -1	0.18463 -1
23	1999 谷	-4.08372 -1	-4.08164 -1	-1.99987 -1	-2.04265 -1	-1.57029 -1	-1.46271 -1

付表2　収益性格差の構造変化
(a) 合計

(1) パルプ・紙・紙加工品製造業，循環6

	年	期	循環	格差	前半−後半	前半	後半	F-値 [有意確率]
1	1965	4	谷	-2.52381	.	.	.	
2	1966	1	6	-2.25184	.	.	.	
3	1966	2	6	-2.46504	0.35123	0.27197	-0.07926	1.05556 [.366]
4	1966	3	6	-1.96098	0.12744	0.02938	-0.09805	2.01521 [.158]
5	1966	4	6	-2.41744	0.26167	0.14753	-0.11414	2.67401 [.092]
6	1967	1	6	0.44726	0.19134	0.05036	-0.14098	4.49339 * [.024]
7	1967	2	6	-0.67363	0.54914	0.42465	-0.12450	3.27684 [.058]
8	1967	3	6	-2.35139	0.51414	0.39273	-0.12141	3.26825 [.058]
9	1967	4	6	-0.76969	0.35832	0.20689	-0.15143	2.98192 [.072]
10	1968	1	6	-2.12655	0.36270	0.21181	-0.15088	2.98055 [.073]
11	1968	2	6	-2.47566	0.31330	0.12876	-0.18454	3.11902 [.065]
12	1968	3	6	0.44841	0.30200	0.06174	-0.24027	4.36635 * [.026]
13	1968	4	6	-0.10200	0.33745	0.13316	-0.20429	3.65504 * [.043]
14	1969	1	6	-3.17973	0.31659	0.15379	-0.16280	4.13822 * [.031]
15	1969	2	6	-2.44965	0.32756	0.07443	-0.25313	3.14676 [.064]
16	1969	3	6	-1.52816	0.38341	0.03924	-0.34417	3.79475 * [.039]
17	1969	4	6	-1.64348	0.44075	0.03515	-0.40561	4.25163 * [.028]
18	1970	1	6	0.08680	0.52457	0.02939	-0.49517	4.89795 * [.018]
19	1970	2	6	-1.01108	0.42438	0.055196	-0.36918	4.65463 * [.021]
20	1970	3	山	-3.49281	0.26800	0.055458	-0.21255	5.39809 * [.013]
21	1970	4	6	-2.54811	0.47412	0.019403	-0.45472	3.16243 [.063]
22	1971	1	6	-2.18032	0.60734	0.004730	-0.60261	2.75662 [.086]
23	1971	2	6	-3.06219	0.36969	-0.001984	-0.37167	2.71490 [.089]
24	1971	3	6	-4.21265	-0.42377	-0.016657	0.40712	2.20757 [.135]
25	1971	4	谷	-3.80553	.	.	.	

注）表の構成について，欄「前半」は前半の一次近似線の傾き，「後半」は後半の一次近似線の傾き，「前半−前半」は「前半」−「後半」の意味である。なお前半と後半の境界の観測値は後半に含めた（以下同様）。

(2) パルプ・紙・紙加工品製造業，循環8

	年	期	循環	格差	前半−後半	前半	後半	F-値 [有意確率]
1	1975	1	谷	-4.83742	.	.	.	
2	1975	2	8	-3.26373	.	.	.	
3	1975	3	8	-4.17367	1.43811	1.57369	0.13558	.253493 [.782]
4	1975	4	8	-3.97062	0.25950	0.33187	0.07237	.219319 [.808]
5	1976	1	8	0.47632	0.20682	0.16905	-0.03778	.619860 [.562]
6	1976	2	8	-4.50132	0.62520	0.99206	0.36686	3.85022 [.067]
7	1976	3	8	-3.55968	0.10530	0.37439	0.26909	.250060 [.785]
8	1976	4	8	-2.49744	0.01747	0.21457	0.19711	.016734 [.983]
9	1977	1	山	-2.88141	-0.15910	0.21862	0.37772	.084746 [.920]
10	1977	2	8	-3.26804	-0.33875	0.18034	0.51909	.055454 [.946]
11	1977	3	8	-1.44553	0.91425	0.12992	-0.78433	.179482 [.839]
12	1977	4	谷	-2.22985	.	.	.	

第Ⅷ章　不均衡累積過程における収益性格差の変動

(3) パルプ・紙・紙加工品製造業，循環9

	年	期	循環	格差	前半－後半	前半	後半	F-値 [有意確率]
1	1977	4	谷	-2.22985	.	.	.	
2	1978	1	9	-3.22340	.	.	.	
3	1978	2	9	-2.72314	-1.00460	-0.99354	0.01106	.668474 [.525]
4	1978	3	9	-3.75449	-0.23142	-0.24664	-0.01522	1.17582 [.331]
5	1978	4	9	-0.87318	-0.33616	-0.40736	-0.07121	4.06395・[.035]
6	1979	1	9	-2.73203	0.30253	0.21823	-0.08430	2.89661 [.081]
7	1979	2	9	0.08569	0.24756	0.10024	-0.14732	5.87472・[.011]
8	1979	3	9	1.85549	0.50369	0.34926	-0.15443	4.63940・[.024]
9	1979	4	9	-1.97319	0.67302	0.57140	-0.10162	4.33959・[.029]
10	1980	1	山	1.02925	0.54545	0.38172	-0.16373	3.77651・[.043]
11	1980	2	9	0.26607	0.54673	0.42811	-0.11862	4.09687・[.034]
12	1980	3	9	0.47439	0.47840	0.39926	-0.07914	4.27307・[.030]
13	1980	4	9	-1.95261	0.36681	0.37528	0.00846	5.19362・[.017]
14	1981	1	9	-1.64765	0.30229	0.26840	-0.03390	2.61480 [.101]
15	1981	2	9	-1.57736	0.28306	0.20226	-0.08080	1.63326 [.223]
16	1981	3	9	-2.17577	0.31568	0.15597	-0.15971	1.14832 [.339]
17	1981	4	9	-1.68609	0.54521	0.10836	-0.43685	1.14548 [.340]
18	1982	1	9	1.91226	1.01803	0.08316	-0.93487	2.25553 [.134]
19	1982	2	9	-1.49871	0.53849	0.12714	-0.41134	1.66857 [.216]
20	1982	3	9	-1.41411	0.89608	0.10276	-0.79331	1.32680 [.290]
21	1982	4	9	-1.02146	2.06401	0.08474	-1.97927	1.24478 [.312]
22	1983	1	谷	-3.00073	.	.	.	

(4) 出版・印刷・同関連産業, 循環9

	年	期	循環	格差	前半-後半	前半	後半	F-値 [有意確率]
1	1977	4	谷	-0.15183	.	.	.	
2	1978	1	9	-4.01132	.	.	.	
3	1978	2	9	-5.23032	-3.90846	-3.85950	0.04896	.703928 [.508]
4	1978	3	9	-4.91724	-2.49396	-2.53925	-0.04529	2.97454 [.077]
5	1978	4	9	-0.27910	-1.38389	-1.55152	-0.16763	8.29808 * * [.003]
6	1979	1	9	3.40822	0.11648	-0.11605	-0.23253	6.78511 * * [.006]
7	1979	2	9	1.17850	1.06445	0.83743	-0.22702	4.26144 * [.031]
8	1979	3	9	5.56041	1.12555	0.84933	-0.27621	4.65711 * [.023]
9	1979	4	9	-3.28530	1.34484	1.14867	-0.19617	4.68350 * [.023]
10	1980	1	山	2.38232	1.02776	0.62207	-0.40569	4.80479 * [.021]
11	1980	2	9	4.18255	1.09216	0.62920	-0.46296	5.04550 * [.018]
12	1980	3	9	6.44166	1.12059	0.68631	-0.43428	4.96897 * [.019]
13	1980	4	9	3.57197	0.98476	0.77976	-0.20501	6.60750 * * [.007]
14	1981	1	9	-1.17159	0.72264	0.71592	-0.00672	7.47677 * * [.004]
15	1981	2	9	0.95179	0.64457	0.51981	-0.12475	3.57416 * [.049]
16	1981	3	9	-0.21493	0.48895	0.43243	-0.05652	2.82229 [.086]
17	1981	4	9	-0.56401	0.45348	0.33868	-0.11479	1.81743 [.191]
18	1982	1	9	0.52131	0.60912	0.26086	-0.34825	1.12553 [.346]
19	1982	2	9	0.01169	0.66929	0.22072	-0.44857	.893470 [.427]
20	1982	3	9	0.46924	1.19165	0.18045	-1.01120	.665511 [.526]
21	1982	4	9	0.67811	2.38633	0.15507	-2.23126	.582225 [.569]
22	1983	1	谷	-1.55316	.	.	.	

(5) 出版・印刷・同関連産業, 循環10

	年	期	循環	格差	前半-後半	前半	後半	F-値 [有意確率]
1	1983	1	谷	-1.55316	.	.	.	
2	1983	2	10	3.95221	.	.	.	
3	1983	3	10	2.16443	5.39900	5.50536	0.10636	1.34781 [.296]
4	1983	4	10	0.86875	1.61495	1.85879	0.24384	1.96477 [.183]
5	1984	1	10	-2.21561	0.15522	0.54779	0.39257	2.76228 [.103]
6	1984	2	10	-3.53001	-0.88984	-0.44084	0.44900	2.02765 [.174]
7	1984	3	10	-0.19055	-1.27736	-0.84810	0.42926	1.73379 [.218]
8	1984	4	10	-5.84586	-1.18047	-0.54488	0.63558	2.13783 [.161]
9	1985	1	10	1.90690	-1.21125	-0.84441	0.36684	2.35944 [.137]
10	1985	2	山	-0.20877	-1.25713	-0.41104	0.84609	1.78330 [.210]
11	1985	3	10	-6.28333	-1.68733	-0.28340	1.40393	2.72269 [.106]
12	1985	4	10	-0.59281	-1.19936	-0.47701	0.72234	2.57784 [.117]
13	1986	1	10	1.29579	-1.17238	-0.35150	0.82088	1.93927 [.186]
14	1986	2	10	-1.00308	-2.58306	-0.20179	2.38127	1.42887 [.278]
15	1986	3	10	-0.18535	-4.11242	-0.16760	3.94482	1.46861 [.269]
16	1986	4	谷	3.75947	.	.	.	

第Ⅷ章　不均衡累積過程における収益性格差の変動

(6) 出版・印刷・同関連産業，循環 11

	年	期	循環	格差	前半一後半	前半	後半	F-値 [有意確率]
1	1986	4	谷	3.75947	.	.	.	
2	1987	1	11	-0.20659	.	.	.	
3	1987	2	11	-0.01716	-3.92079	-3.96606	-0.04527	1.42219 [.260]
4	1987	3	11	-1.04356	-1.83683	-1.88832	-0.05149	1.03289 [.371]
5	1987	4	11	-0.12977	-1.35288	-1.42197	-0.06908	1.51607 [.239]
6	1988	1	11	-3.63776	-0.78077	-0.86154	-0.08077	1.21529 [.314]
7	1988	2	11	1.53132	-0.94306	-1.07949	-0.13643	7.14278 * * [.004]
8	1988	3	11	-0.49801	-0.34803	-0.48784	-0.13980	2.83575 [.078]
9	1988	4	11	-1.72475	-0.19854	-0.36977	-0.17123	3.86467 * [.034]
10	1989	1	11	0.96763	-0.14205	-0.37181	-0.22975	9.04310 * * [.001]
11	1989	2	11	1.87303	0.05183	-0.20571	-0.25754	7.88826 * * [.002]
12	1989	3	11	4.70314	0.20828	-0.06460	-0.27287	5.96411 * * [.008]
13	1989	4	11	3.58763	0.35399	0.12814	-0.22585	2.95379 [.071]
14	1990	1	11	0.68444	0.38472	0.20364	-0.18108	3.01393 [.067]
15	1990	2	11	-0.18936	0.35595	0.16232	-0.19363	2.74277 [.084]
16	1990	3	11	2.71272	0.34436	0.10956	-0.23479	2.47754 [.104]
17	1990	4	11	-0.85088	0.31334	0.13586	-0.17748	2.86040 [.076]
18	1991	1	山	1.03839	0.32158	0.08137	-0.24021	2.17990 [.134]
19	1991	2	11	0.61063	0.30270	0.074852	-0.22785	2.17288 [.135]
20	1991	3	11	0.70043	0.28200	0.062249	-0.21975	2.08039 [.146]
21	1991	4	11	-0.74543	0.23257	0.053459	-0.17911	2.09071 [.145]
22	1992	1	11	0.01101	0.26248	0.027481	-0.23500	1.57522 [.227]
23	1992	2	11	-0.50498	0.22975	0.016616	-0.21313	1.46170 [.251]
24	1992	3	11	-0.10704	0.22378	0.002560	-0.22122	1.22627 [.310]
25	1992	4	11	-0.77637	0.05381	-0.004310	-0.05812	1.26329 [.300]
26	1993	1	11	-1.05181	-0.22292	-0.015796	0.20713	1.16216 [.329]
27	1993	2	11	-2.36336	-1.07784	-0.027047	1.05079	1.31011 [.288]
28	1993	3	11	-2.66220	-2.44660	-0.046171	2.40043	.704168 [.504]
29	1993	4	谷	-0.26177	.	.	.	

181

(7) 化学工業，循環9

	年	期	循環	格差	前半－後半	前半	後半	F-値 [有意確率]
1	1977	4	谷	-2.27211	.	.	.	
2	1978	1	9	-2.73974	.	.	.	
3	1978	2	9	-2.22324	-0.41165	-0.46763	-0.05597	2.16697 [.143]
4	1978	3	9	-2.54367	0.12371	0.02444	-0.09927	4.27642 * [.030]
5	1978	4	9	0.38062	0.13322	-0.02982	-0.16304	11.0768 * * [.001]
6	1979	1	9	-1.16515	0.73418	0.55015	-0.18403	9.47217 * * [.002]
7	1979	2	9	1.68836	0.66441	0.41644	-0.24797	16.8194 * * [.000]
8	1979	3	9	2.57284	0.88234	0.62980	-0.25254	14.3667 * * [.000]
9	1979	4	9	1.88238	0.96180	0.73993	-0.22188	14.4969 * * [.000]
10	1980	1	山	2.87010	0.88868	0.69596	-0.19273	15.0490 * * [.000]
11	1980	2	9	1.28035	0.78218	0.68949	-0.09269	25.9417 * * [.000]
12	1980	3	9	0.47202	0.59120	0.58236	-0.00885	24.9363 * * [.000]
13	1980	4	9	-1.56502	0.38387	0.46706	0.08319	18.5103 * * [.000]
14	1981	1	9	-1.32564	0.23958	0.31483	0.07524	6.06301 * * [.010]
15	1981	2	9	-1.50658	0.13977	0.21698	0.07721	3.00150 [.075]
16	1981	3	9	-1.48897	0.09887	0.14343	0.04456	1.42671 [.266]
17	1981	4	9	-1.28680	0.13064	0.09144	-0.03920	.651821 [.533]
18	1982	1	9	-0.42805	0.25926	0.05794	-0.20132	.357379 [.704]
19	1982	2	9	-0.48035	0.28717	0.048473	-0.23870	.320506 [.730]
20	1982	3	9	-0.87173	0.27930	0.040107	-0.23919	.282489 [.757]
21	1982	4	9	-0.64940	0.72856	0.027848	-0.70071	.206465 [.815]
22	1983	1	谷	-1.35012	.	.	.	

第Ⅷ章 不均衡累積過程における収益性格差の変動

(8) 鉄鋼業，循環 10

	年	期	循環	格差	前半一後半	前半	後半	F-値 [有意確率]
1	1965	4	谷	-2.95415	.	.	.	
2	1966	1	6	-2.21120	.	.	.	
3	1966	2	6	-1.97588	0.97738	0.74295	-0.23442	3.83653 * [.038]
4	1966	3	6	0.72020	0.77256	0.48914	-0.28343	7.21854 * * [.004]
5	1966	4	6	1.03394	1.43110	1.12584	-0.30526	7.58661 * * [.003]
6	1967	1	6	5.24073	1.41532	1.09076	-0.32457	8.06211 * * [.003]
7	1967	2	6	3.38528	1.79703	1.52588	-0.27115	10.1592 * * [.001]
8	1967	3	6	-0.00240	1.54789	1.31900	-0.22889	11.5042 * * [.000]
9	1967	4	6	0.72381	1.08010	0.84057	-0.23953	6.08269 * * [.008]
10	1968	1	6	-1.96288	0.84024	0.60968	-0.23055	4.64429 * [.021]
11	1968	2	6	-2.24418	0.59998	0.31234	-0.28765	2.44721 [.111]
12	1968	3	6	-0.65352	0.49593	0.12317	-0.37276	2.06191 [.152]
13	1968	4	6	-0.34248	0.49867	0.07047	-0.42820	2.24695 [.131]
14	1969	1	6	-2.18097	0.52934	0.04655	-0.48278	2.45517 [.110]
15	1969	2	6	-0.92162	0.62471	-0.02234	-0.64705	3.68732 * [.042]
16	1969	3	6	0.14850	0.76960	-0.03508	-0.80468	5.07504 * [.016]
17	1969	4	6	0.82576	0.91822	-0.01922	-0.93744	5.76664 * [.010]
18	1970	1	6	1.81315	1.03053	0.00532	-1.02522	5.73562 * [.010]
19	1970	2	6	0.42242	0.96556	0.039766	-0.92579	5.28588 * [.014]
20	1970	3	山	-2.54988	0.82200	0.041837	-0.78016	5.47904 * [.012]
21	1970	4	6	-2.55171	1.03033	0.000287	-1.03004	4.46018 * [.024]
22	1971	1	6	-1.89430	1.36000	-0.030498	-1.39050	3.89858 * [.036]
23	1971	2	6	-3.98147	1.09943	-0.045460	-1.14489	3.71856 * [.041]
24	1971	3	6	-4.75560	1.43662	-0.079037	-1.51566	2.56747 [.101]
25	1971	4	谷	-6.27126	.	.	.	

183

(9) 一般機械器具製造業, 循環 8

	年	期	循環	格差	前半-後半	前半	後半	F-値 [有意確率]
1	1975	1	谷	1.17804	.	.	.	
2	1975	2	8	0.25359	.	.	.	
3	1975	3	8	-2.05964	-0.87365	-0.92445	-0.05080	3.11114 [.100]
4	1975	4	8	-3.93856	-1.57461	-1.61884	-0.04423	2.89323 [.113]
5	1976	1	8	-0.84323	-1.53839	-1.76630	-0.22792	8.69099 * * [.010]
6	1976	2	8	-1.60718	-0.67669	-0.82347	-0.14678	1.06123 [.390]
7	1976	3	8	-3.17438	-0.47011	-0.54559	-0.07548	.548072 [.598]
8	1976	4	8	-1.53298	-0.23245	-0.55580	-0.32335	1.01215 [.406]
9	1977	1	山	-2.01648	-0.16843	-0.37696	-0.20853	.238724 [.793]
10	1977	2	8	-3.56615	-0.39120	-0.30060	0.09060	.110133 [.897]
11	1977	3	8	-1.54604	1.50906	-0.32986	-1.83891	.747920 [.504]
12	1977	4	谷	-3.38495	.	.	.	

(b) 資本金 10 億以上

(1) パルプ・紙・紙加工品製造業, 循環 9

	年	期	循環	格差	前半-後半	前半	後半	F-値 [有意確率]
1	1977	4	谷	-2.13512	.	.	.	
2	1978	1	9	-2.39973	.	.	.	
3	1978	2	9	-4.72494	-0.37837	-0.26461	0.11376	.321890 [.729]
4	1978	3	9	-5.50947	-1.37852	-1.29491	0.08362	1.21373 [.320]
5	1978	4	9	-2.02328	-1.27004	-1.24482	0.02522	6.98092 * * [.006]
6	1979	1	9	-3.11348	-0.30859	-0.28860	0.01998	1.90521 [.178]
7	1979	2	9	-1.00825	-0.11467	-0.12991	-0.01524	2.70107 [.094]
8	1979	3	9	-1.03678	0.17222	0.16624	-0.00597	1.18699 [.328]
9	1979	4	9	-1.04012	0.26628	0.27341	0.00713	.941078 [.409]
10	1980	1	山	-1.14685	0.27809	0.30497	0.02688	1.00997 [.384]
11	1980	2	9	-1.17831	0.24635	0.29858	0.05224	1.14691 [.340]
12	1980	3	9	-0.29080	0.19048	0.28010	0.08962	1.33318 [.288]
13	1980	4	9	-3.27679	0.08518	0.29279	0.20761	3.15453 [.067]
14	1981	1	9	-3.17175	0.03458	0.19237	0.15780	.792092 [.468]
15	1981	2	9	-2.21010	0.07247	0.12676	0.05429	.100378 [.905]
16	1981	3	9	-2.36468	0.14286	0.10498	-0.03788	.137262 [.873]
17	1981	4	9	-1.26322	0.36711	0.08468	-0.28243	.748374 [.487]
18	1982	1	9	0.14654	0.64269	0.09069	-0.55200	1.26965 [.305]
19	1982	2	9	-1.31962	0.63268	0.11805	-0.51463	.658327 [.530]
20	1982	3	9	-0.36020	1.39191	0.11262	-1.27930	1.24729 [.311]
21	1982	4	9	-0.70895	2.33060	0.12076	-2.20984	1.35387 [.283]
22	1983	1	谷	-2.91879	.	.	.	

第Ⅷ章 不均衡累積過程における収益性格差の変動

(2) パルプ・紙・紙加工品製造業，循環11

	年	期	循環	格差	前半−後半	前半	後半	F-値 [有意確率]
1	1986	4	谷	-0.72631	.	.	.	
2	1987	1	11	2.14995	.	.	.	
3	1987	2	11	0.22756	3.04546	2.87626	-0.16920	2.17197 [.135]
4	1987	3	11	-0.50205	0.65528	0.47693	-0.17834	1.01495 [.377]
5	1987	4	11	-0.03523	0.07041	-0.12496	-0.19537	1.93814 [.165]
6	1988	1	11	-2.00497	0.08285	-0.12698	-0.20984	2.94397 [.071]
7	1988	2	11	0.74809	-0.14153	-0.39081	-0.24928	12.5813 ** [.000]
8	1988	3	11	1.28110	0.11333	-0.14819	-0.26152	10.4791 ** [.000]
9	1988	4	11	1.53309	0.27592	0.00966	-0.26626	8.43787 ** [.002]
10	1989	1	11	1.74934	0.36387	0.09949	-0.26438	7.43341 ** [.003]
11	1989	2	11	1.52420	0.40500	0.15158	-0.25341	7.33325 ** [.003]
12	1989	3	11	1.22697	0.40068	0.16288	-0.23780	7.98811 ** [.002]
13	1989	4	11	0.44926	0.36900	0.15169	-0.21731	8.96419 ** [.001]
14	1990	1	11	0.20794	0.31641	0.11430	-0.20211	8.51310 ** [.002]
15	1990	2	11	-0.72344	0.26172	0.08063	-0.18109	8.20225 ** [.002]
16	1990	3	11	-0.53997	0.20785	0.03344	-0.17441	6.00781 ** [.007]
17	1990	4	11	-0.66799	0.15554	0.00518	-0.15036	5.47435 * [.011]
18	1991	1	山	-0.77051	0.09426	-0.01683	-0.11109	5.50319 * [.010]
19	1991	2	11	-1.46666	0.01187	-0.03377	-0.04564	6.46300 ** [.005]
20	1991	3	11	-2.11851	-0.08079	-0.05636	0.02443	6.44128 ** [.006]
21	1991	4	11	-3.29648	-0.17786	-0.08133	0.09653	5.45322 * [.011]
22	1992	1	11	-3.66563	-0.21567	-0.11405	0.10162	2.42750 [.109]
23	1992	2	11	-3.21780	-0.18690	-0.14165	0.04526	.633311 [.539]
24	1992	3	11	-2.97887	-0.14675	-0.15624	-0.00950	.141722 [.869]
25	1992	4	11	-2.64772	-0.07525	-0.16352	-0.08827	.037925 [.963]
26	1993	1	11	-2.44784	-0.01036	-0.16463	-0.15427	.048618 [.953]
27	1993	2	11	-2.69161	-0.03225	-0.16238	-0.13013	.029180 [.971]
28	1993	3	11	-2.72225	0.06837	-0.16124	-0.22961	.025423 [.975]
29	1993	4	谷	-2.95187	.	.	.	

(3) 出版・印刷・同関連産業，循環9

	年	期	循環	格差	前半－後半	前半	後半	F-値 [有意確率]
1	1977	4	谷	2.47824	.	.	.	
2	1978	1	9	2.76564	.	.	.	
3	1978	2	9	1.33527	0.30588	0.28740	-0.01848	.039406 [.961]
4	1978	3	9	2.33434	-0.52917	-0.57148	-0.04232	1.39361 [.274]
5	1978	4	9	2.45230	-0.13159	-0.18620	-0.05461	1.38806 [.275]
6	1979	1	9	1.60472	0.01967	-0.04832	-0.06799	1.63199 [.223]
7	1979	2	9	2.65669	-0.01657	-0.12310	-0.10653	5.18357 * [.017]
8	1979	3	9	4.10917	0.10569	-0.02391	-0.12960	5.84197 * [.011]
9	1979	4	9	3.85201	0.25237	0.14045	-0.11192	3.08872 [.070]
10	1980	1	山	3.12822	0.28096	0.19065	-0.09031	3.17525 [.066]
11	1980	2	9	3.09462	0.25104	0.16632	-0.08472	3.04510 [.073]
12	1980	3	9	2.98685	0.21664	0.14397	-0.07267	2.93328 [.079]
13	1980	4	9	1.74388	0.17553	0.12139	-0.05414	2.78517 [.088]
14	1981	1	9	3.34470	0.18200	0.06276	-0.11924	1.42690 [.266]
15	1981	2	9	3.17758	0.13267	0.06986	-0.06281	1.79231 [.195]
16	1981	3	9	1.59954	0.02535	0.06854	0.04320	2.76321 [.090]
17	1981	4	9	1.78626	0.05797	0.03134	-0.02663	.901820 [.423]
18	1982	1	9	1.85127	0.16698	0.00886	-0.15812	.426107 [.659]
19	1982	2	9	2.54677	0.50086	-.005932	-0.50679	.919794 [.417]
20	1982	3	9	3.05086	1.04241	-.005445	-1.04785	1.76521 [.200]
21	1982	4	9	2.75778	1.80481	0.002188	-1.80262	1.90558 [.178]
22	1983	1	谷	0.95516	.	.	.	

第Ⅷ章　不均衡累積過程における収益性格差の変動

(4) 出版・印刷・同関連産業，循環 11

	年	期	循環	格差	前半－後半	前半	後半	F-値 [有意確率]
1	1986	4	谷	-1.52392	.	.	.	
2	1987	1	11	3.08068	.	.	.	
3	1987	2	11	0.93636	4.66393	4.60460	-0.05933	4.59614 * [.020]
4	1987	3	11	-0.42992	1.29122	1.23014	-0.06108	1.18420 [.323]
5	1987	4	11	0.51230	0.19011	0.11377	-0.07634	.685781 [.513]
6	1988	1	11	-2.47791	0.14086	0.05618	-0.08467	.910985 [.415]
7	1988	2	11	1.52200	-0.26563	-0.39547	-0.12983	7.28826 * * [.003]
8	1988	3	11	0.00291	0.04901	-0.08584	-0.13485	4.49710 * [.021]
9	1988	4	11	1.18738	0.08495	-0.07626	-0.16122	7.13877 * * [.004]
10	1989	1	11	1.74209	0.18733	0.01225	-0.17508	7.02045 * * [.004]
11	1989	2	11	2.82664	0.26791	0.08691	-0.18100	6.25245 * * [.006]
12	1989	3	11	1.86429	0.33729	0.17297	-0.16432	5.25831 * [.012]
13	1989	4	11	2.09367	0.33757	0.17896	-0.15861	5.29924 * [.012]
14	1990	1	11	0.93248	0.32502	0.18424	-0.14078	5.69333 * * [.009]
15	1990	2	11	1.06576	0.29308	0.14912	-0.14396	5.01227 * [.015]
16	1990	3	11	1.70877	0.26545	0.12589	-0.13956	4.64625 * [.019]
17	1990	4	11	0.60839	0.22446	0.12176	-0.10269	5.36190 * [.012]
18	1991	1	山	0.65585	0.18436	0.09496	-0.08940	4.56845 * [.020]
19	1991	2	11	-0.15532	0.13525	0.07532	-0.05993	4.24661 * [.026]
20	1991	3	11	0.27267	0.10620	0.04726	-0.05893	2.97403 [.069]
21	1991	4	11	-0.46807	0.04879	0.03226	-0.01653	2.74507 [.084]
22	1992	1	11	-0.30447	0.02195	0.01111	-0.01083	1.82706 [.182]
23	1992	2	11	-0.87740	-0.02924	-0.00295	0.02629	1.42132 [.260]
24	1992	3	11	-0.64870	-0.01540	-0.01985	-0.00445	.717657 [.498]
25	1992	4	11	-0.55827	-0.00979	-0.03038	-0.02059	.411453 [.667]
26	1993	1	11	-0.35827	-0.01589	-0.03746	-0.02157	.252501 [.779]
27	1993	2	11	-1.01329	-0.23612	-0.04100	0.19512	.255653 [.776]
28	1993	3	11	-0.43464	0.13974	-0.04868	-0.18842	.037132 [.964]
29	1993	4	谷	-0.62306	.	.	.	

187

(5) 化学工業，循環 9

	年	期	循環	格差	前半−後半	前半	後半	F-値 [有意確率]
1	1977	4	谷	-3.00914	.	.	.	
2	1978	1	9	-1.90901	.	.	.	
3	1978	2	9	-3.46991	1.10863	1.10013	-0.00849	.988673 [.391]
4	1978	3	9	-3.28830	-0.17556	-0.23039	-0.05483	3.33770 [.058]
5	1978	4	9	-1.10679	-0.12606	-0.23984	-0.11378	10.2031 * * [.001]
6	1979	1	9	-1.33559	0.38805	0.24254	-0.14551	10.4686 * * [.001]
7	1979	2	9	0.76477	0.50584	0.31303	-0.19282	16.0738 * * [.000]
8	1979	3	9	1.03118	0.72592	0.52970	-0.19622	12.9829 * * [.000]
9	1979	4	9	1.25453	0.78410	0.59804	-0.18606	12.6548 * * [.000]
10	1980	1	山	1.24172	0.75964	0.60495	-0.15468	13.7876 * * [.000]
11	1980	2	9	0.54569	0.67309	0.57478	-0.09831	16.6889 * * [.000]
12	1980	3	9	0.37156	0.53820	0.50055	-0.03765	16.5806 * * [.000]
13	1980	4	9	-2.08040	0.37338	0.43178	0.05840	17.9887 * * [.000]
14	1981	1	9	-2.24348	0.26985	0.29515	0.02530	5.57996 * [.013]
15	1981	2	9	-1.39321	0.25607	0.19617	-0.05990	2.23923 [.135]
16	1981	3	9	-1.24038	0.26065	0.14819	-0.11246	1.46184 [.258]
17	1981	4	9	-1.31981	0.30173	0.11619	-0.18554	1.08707 [.358]
18	1982	1	9	-0.19436	0.44872	0.09039	-0.35833	.916376 [.418]
19	1982	2	9	-1.63434	0.31165	0.09044	-0.22121	.964329 [.400]
20	1982	3	9	-0.83434	0.82069	0.06631	-0.75437	.730958 [.495]
21	1982	4	9	-0.92020	1.48210	0.05922	-1.42288	.754731 [.484]
22	1983	1	谷	-2.34308	.	.	.	

188

第Ⅷ章 不均衡累積過程における収益性格差の変動

(6) 化学工業，循環11

	年	期	循環	格差	前半-後半	前半	後半	F-値 [有意確率]
1	1986	4	谷	-0.81247	.	.	.	
2	1987	1	11	2.69100	.	.	.	
3	1987	2	11	0.82126	3.61314	3.50348	-0.10966	3.75199 * [.038]
4	1987	3	11	1.10437	0.93924	0.81687	-0.12237	2.51545 [.101]
5	1987	4	11	0.80616	0.52241	0.38808	-0.13433	2.99501 [.068]
6	1988	1	11	-1.31078	0.31639	0.16506	-0.15132	4.19124 * [.027]
7	1988	2	11	2.00977	-0.02820	-0.22466	-0.19646	17.4306 * * [.000]
8	1988	3	11	2.28492	0.22540	0.01600	-0.20939	15.0037 * * [.000]
9	1988	4	11	2.38424	0.35735	0.13787	-0.21948	14.0837 * * [.000]
10	1989	1	11	3.15906	0.42004	0.19217	-0.22787	13.9888 * * [.000]
11	1989	2	11	2.62913	0.47322	0.25160	-0.22162	13.1683 * * [.000]
12	1989	3	11	2.26006	0.46757	0.24849	-0.21908	13.1908 * * [.000]
13	1989	4	11	2.49040	0.44179	0.22294	-0.21884	12.7981 * * [.000]
14	1990	1	11	2.29043	0.41502	0.20775	-0.20728	12.9467 * * [.000]
15	1990	2	11	1.86735	0.37676	0.18655	-0.19021	13.0135 * * [.000]
16	1990	3	11	1.32981	0.32991	0.15752	-0.17239	12.2329 * * [.000]
17	1990	4	11	0.73902	0.28178	0.12277	-0.15901	10.3104 * * [.001]
18	1991	1	山	1.37144	0.24229	0.08493	-0.15736	7.69646 * * [.002]
19	1991	2	11	0.56234	0.17952	0.06798	-0.11154	7.90337 * * [.002]
20	1991	3	11	0.57535	0.12063	0.04200	-0.07862	6.52792 * * [.005]
21	1991	4	11	-0.39363	0.03330	0.02265	-0.01064	6.19858 * * [.007]
22	1992	1	11	-1.63264	-0.02474	-0.00453	0.02021	4.10239 * [.029]
23	1992	2	11	-0.66552	0.05397	-0.03960	-0.09357	1.34561 [.279]
24	1992	3	11	-0.46619	0.09916	-0.05533	-0.15450	.780624 [.469]
25	1992	4	11	-0.41638	0.15405	-0.06490	-0.21895	.553053 [.582]
26	1993	1	11	-0.09758	0.23886	-0.07129	-0.31016	.446667 [.645]
27	1993	2	11	-0.92911	0.06422	-0.07298	-0.13721	.468283 [.631]
28	1993	3	11	-0.71280	0.41038	-0.08035	-0.49073	.257161 [.775]
29	1993	4	谷	-1.20353	.	.	.	

(7) 金属製品製造業, 循環9

	年	期	循環	格差	前半－後半	前半	後半	F-値 [有意確率]
1	1977	4	谷	-2.66136	.	.	.	
2	1978	1	9	-3.07217	.	.	.	
3	1978	2	9	-1.40546	-0.39789	-0.41080	-0.01291	14.8481 * * [.000]
4	1978	3	9	2.56810	0.67400	0.62795	-0.04605	13.8323 * * [.000]
5	1978	4	9	-0.35205	1.74822	1.73551	-0.01271	21.2987 * * [.000]
6	1979	1	9	-0.68974	1.05616	1.02589	-0.03027	8.03793 * * [.003]
7	1979	2	9	0.69739	0.69133	0.62834	-0.06298	5.59832 * [.013]
8	1979	3	9	0.80465	0.63688	0.56766	-0.06922	4.62224 * [.024]
9	1979	4	9	2.19956	0.57673	0.50401	-0.07272	3.92797 * [.038]
10	1980	1	山	1.37984	0.55536	0.53370	-0.02166	4.35521 * [.029]
11	1980	2	9	0.46165	0.45169	0.47499	0.02331	4.80562 * [.021]
12	1980	3	9	-0.40480	0.33330	0.37964	0.04634	3.87175 * [.040]
13	1980	4	9	-1.08427	0.25129	0.27671	0.02542	1.51642 [.246]
14	1981	1	9	0.58159	0.25465	0.18297	-0.07168	.884154 [.430]
15	1981	2	9	0.47300	0.24267	0.16642	-0.07625	.821457 [.456]
16	1981	3	9	0.49421	0.23944	0.14879	-0.09066	.455573 [.641]
17	1981	4	9	-0.12934	0.23703	0.13417	-0.10286	.371504 [.695]
18	1982	1	9	0.32399	0.40253	0.10929	-0.29324	.262959 [.772]
19	1982	2	9	0.36147	0.68414	0.097858	-0.58628	.286788 [.754]
20	1982	3	9	1.69761	1.51644	0.088725	-1.42772	.317495 [.732]
21	1982	4	9	0.39270	1.65042	0.099890	-1.55053	.339784 [.716]
22	1983	1	谷	-1.15782	.	.	.	

第Ⅷ章 不均衡累積過程における収益性格差の変動

(8) 金属製品製造業,循環 10

	年	期	循環	格差	前半−後半	前半	後半	F-値 [有意確率]
1	1983	1	谷	-1.15782	.	.	.	
2	1983	2	10	0.50661	.	.	.	
3	1983	3	10	-1.87183	1.54669	1.66443	0.11775	1.10253 [.363]
4	1983	4	10	0.29476	-0.41547	-0.35700	0.05846	.938755 [.418]
5	1984	1	10	-0.42314	0.13795	0.19793	0.05998	.143210 [.868]
6	1984	2	10	0.12574	0.10570	0.12575	0.02005	1.73097 [.219]
7	1984	3	10	0.52421	0.17947	0.16558	-0.01390	2.67726 [.109]
8	1984	4	10	0.84857	0.24652	0.20475	-0.04177	1.57107 [.248]
9	1985	1	10	0.84845	0.28834	0.23104	-0.05730	1.50791 [.260]
10	1985	2	山	0.86270	0.31030	0.22790	-0.08240	1.30499 [.307]
11	1985	3	10	0.71057	0.33796	0.21465	-0.12331	1.49629 [.263]
12	1985	4	10	0.39845	0.43727	0.19075	-0.24652	2.18606 [.155]
13	1986	1	10	2.58331	0.86817	0.15762	-0.71055	.912264 [.428]
14	1986	2	10	0.29442	0.33970	0.20443	-0.13528	.710741 [.511]
15	1986	3	10	0.86725	1.00600	0.16261	-0.84339	.432026 [.659]
16	1986	4	谷	0.02387	.	.	.	

191

(9) 金属製品製造業，循環 11

	年	期	循環	格差	前半−後半	前半	後半	F-値 [有意確率]
1	1986	4	谷	0.02387	.	.	.	
2	1987	1	11	3.50155	.	.	.	
3	1987	2	11	1.58016	3.58936	3.47768	-0.11168	4.25871 * [.026]
4	1987	3	11	1.71176	0.90624	0.77815	-0.12809	7.52814 * * [.003]
5	1987	4	11	2.28278	0.46040	0.31423	-0.14617	9.17180 * * [.001]
6	1988	1	11	-0.21374	0.43418	0.27280	-0.16138	10.3493 * * [.001]
7	1988	2	11	3.31543	0.07394	-0.13465	-0.20859	11.1651 * * [.000]
8	1988	3	11	2.21900	0.33376	0.11238	-0.22137	11.1151 * * [.000]
9	1988	4	11	3.46817	0.36525	0.11458	-0.25067	11.6000 * * [.000]
10	1989	1	11	2.55609	0.45724	0.19124	-0.26600	11.9660 * * [.000]
11	1989	2	11	3.47634	0.46813	0.17009	-0.29804	13.1609 * * [.000]
12	1989	3	11	3.98154	0.51079	0.19265	-0.31813	15.0669 * * [.000]
13	1989	4	11	2.81672	0.54573	0.21769	-0.32804	15.7211 * * [.000]
14	1990	1	11	5.61619	0.55033	0.18724	-0.36308	23.4587 * * [.000]
15	1990	2	11	3.13067	0.56652	0.24274	-0.32378	19.0761 * * [.000]
16	1990	3	11	3.65669	0.54692	0.21061	-0.33631	19.0626 * * [.000]
17	1990	4	11	3.36751	0.51849	0.19607	-0.32242	19.0282 * * [.000]
18	1991	1	山	2.85513	0.47538	0.17657	-0.29881	19.4518 * * [.000]
19	1991	2	11	2.79360	0.42220	0.15080	-0.27140	17.0069 * * [.000]
20	1991	3	11	1.77869	0.33890	0.12901	-0.20989	18.1742 * * [.000]
21	1991	4	11	0.52437	0.26100	0.09678	-0.16421	14.2540 * * [.000]
22	1992	1	11	0.86682	0.24667	0.05538	-0.19129	10.3108 * * [.001]
23	1992	2	11	0.29090	0.20075	0.02770	-0.17306	10.7577 * * [.000]
24	1992	3	11	0.35443	0.20994	0.00007	-0.20987	7.47121 * * [.003]
25	1992	4	11	0.30008	0.21037	-0.02057	-0.23094	5.63269 * * [.010]
26	1993	1	11	0.27931	0.17942	-0.03695	-0.21636	4.17308 * [.027]
27	1993	2	11	-0.75967	-0.10178	-0.04969	0.05209	2.62013 [.093]
28	1993	3	11	-0.11892	0.46892	-0.06765	-0.53657	.799499 [.461]
29	1993	4	谷	-0.65549	.	.	.	

第Ⅷ章　不均衡累積過程における収益性格差の変動

補論：総資本経常利益率の場合

もう一つの代替的な収益性指標として，より現実に近い総資本経常利益率の場合についてみよう。

経常利益＝営業利益＋営業外収益－営業外費用

である。従って総資本営業利益率は，総資本経常利益より基礎的である。

1. 年毎の平均の推移

食料品製造業と他のいくつかの製造業を比較した結果を一覧表にまとめると，**表1**のとおりである。**表1**(a)は，資本金規模について「合計」の場合，**表1**(b)は「10億円以上」の場合である。○印は厳密に収益性格差の年毎の平均が単調に上昇し，その後単調に下落している場合である。

但し景気循環の初期の谷の年と直後の年，又は終期の谷の年と直前の年の大小関係に例外がある場合も含め，予定の結果と見なした。これは谷の定義の相対性，暫定性を考慮して，不必要に厳密になることを恐れたからである。

谷の年の直前直後において例外扱いした年は，**表1**に明示した。**表1**の基礎になった年毎の平均は，**付表1**(a)，(b)に整理した。なお収益性の部門間格差は，他の製造業－食料品製造業と定義した。

さて，この結果全体（**表1**）に関する最も印象的な点は，その一様性であろう。より具体的に見よう。

(1) 「合計」について（**表1**(a)）。食料品製造業との収益性格差の年毎の平均は，ほとんどの場合，単調に上昇し，その後単調に下落している。ただ化学工業の場合に2つの例外がある（循環9, 11）。

(2) 「資本金10億円以上」については，どうか（**表1**(b)）。特定の製造業としては出版・印刷・同関連産業（循環9, 11）に，また特定の循環としては循環9に予定した規則性が見られない場合が多い（化学工業，窯業・土石製品製造業）。

循環9において，これらの製造業に予定した規則性が見られない原因は何だろうか。**表1**(b)から明らかに，1980年にこれらの製造業の収益性

表1 収益性格差(年平均)の動向
(a) 合計

製造業循環	M7	M12	M15	M16
7	○	○1972		
8	○	○		
9		○	○1978	○1978
10	○	○1984	○	○
11		○1993	○1993	○1993
12	○1994, 1999	○1994, 1999	○1994, 1999	○1994

(b) 資本金10億円以上

製造業循環	M6	M7	M9	M15	M16
9				○1978	○1978
10	○	○1986	○	○	○
11		○	○	○	○
12	○1999	○1994, 1999	○1994	○	○

注1) 食料品製造業と比較した製造業は,次のとおりである。M6:出版・印刷・同関連産業, M7:化学工業, M9:窯業・土石製品製造業, M12:金属製品製造業, M15:輸送用機械機具製造業, M16:精密機械機具製造業。なお製造業の分類については,章末の**付表4**「製造業の部門分類」(204ページ)を参照。

注2) 景気循環7~12の期間は,次のとおりである。循環7:1971年4期~1975年1期, 循環8:1975年1期~1977年4期, 循環9:1977年4期~1983年1期, 循環10:1983年1期~1986年4期, 循環11:1986年4期~1993年4期, 循環12:1663年4期~1999年1期。景気循環の日付については,章末の**付表3**「景気循環の日付」(204ページ)を参照。

格差が共通して低下していることである。これら少数派の場合については,次節で詳しく見る。

(3) また規模別比較については共通部門が少なく困難であるが,規模別相違は大きくないようである。

(4) 季節調整済系列と原系列の違いについてはどうか。**付表2**(a),(b)に整理したように,両者における収益性格差の前年との差(階差)の符号には,異る場合がいくつかある。しかし結果的には,**付表2**から明らかなように全体の結論に影響しない。

第Ⅷ章 不均衡累積過程における収益性格差の変動

表2 収益性格差の構造変化
(a) 合計

(1) 化学工業,循環9

	年	期	循環	格差	前半の傾き	後半の傾き	前半−後半	F-値 [有意確率]
1	1977	4	谷	-3.25697	.	.	.	
2	1978	1	9	-5.19636	.	.	.	
3	1978	2	9	-2.87346	-1.93939	-0.02381	-1.91558	3.52704 [.051]
4	1978	3	9	-3.40691	0.19175	-0.06274	0.25449	4.32415 * [.029]
5	1978	4	9	-0.31317	0.18731	-0.12540	0.31271	9.18522 * * [.002]
6	1979	1	9	-2.70692	0.76770	-0.14193	0.90964	7.89159 * * [.003]
7	1979	2	9	0.89522	0.48190	-0.22179	0.70369	15.0160 * * [.000]
8	1979	3	9	1.67851	0.71413	-0.22889	0.94303	12.9811 * * [.000]
9	1979	4	9	1.19602	0.81666	-0.20614	1.02280	12.7880 * * [.000]
10	1980	1	山	2.75903	0.77794	-0.18174	0.95969	13.0401 * * [.000]
11	1980	2	9	0.76886	0.80102	-0.06365	0.86467	23.4302 * * [.000]
12	1980	3	9	-0.26305	0.68673	0.02666	0.66007	22.7418 * * [.000]
13	1980	4	9	-2.10868	0.55470	0.11262	0.44207	15.5148 * * [.000]
14	1981	1	9	-1.81785	0.39576	0.10703	0.28873	5.82682 * [.011]
15	1981	2	9	-2.00219	0.29286	0.11575	0.17711	3.09630 [.070]
16	1981	3	9	-1.81726	0.21405	0.09156	0.12249	1.58042 [.233]
17	1981	4	9	-1.96688	0.16067	0.05216	0.10851	.847285 [.445]
18	1982	1	9	-0.88732	0.11795	-0.11867	0.23662	.401871 [.675]
19	1982	2	9	-0.92675	0.10485	-0.11747	0.22232	.340218 [.716]
20	1982	3	9	-1.46177	0.09319	-0.03345	0.12664	.283223 [.757]
21	1982	4	9	-0.83075	0.07572	-0.69792	0.77364	.159048 [.854]
22	1983	1	谷	-1.52867	.	.	.	

2. 四半期データの場合

では表1 (a),(b) の例外的な場合について,細かく見ていこう。表1 (a) の2例外(循環9,11の化学工業)は,表2 (a) のように何れの場合も,山の期を含む前後の多くの期において,上昇から低下への構造変化が認められる。

表1 (b) の例外についても,出版・印刷・同関連産業の循環11を除き,山の期を含む前後の多くの期で上昇から低下への構造変化が認められるという意味で,表1 (a) と同様の結論が得られる(表2 (b) を参照)。

表2の構成は,左の欄より,(1) 観測値の当該循環内の順序,(2) 年,(3) 期,(4) 循環,山と谷,(5) 収益性格差(季節調整済),(6) 前半の一次近似線の傾き(境界の観測値を除く),(7) 後半の一次近似線の傾き(境界の観測値を含む),(8) (6)−(7),(9) Chow テストのための F−値,

195

(2) 化学工業,循環 11

	年	期	循環	格差	前半の傾き	後半の傾き	前半−後半	F-値 [有意確率]
1	1986	4	谷	-0.73212	.	.	.	
2	1987	1	11	-0.04627	.	.	.	
3	1987	2	11	0.41671	0.68585	-0.05294	0.73879	1.87805 [.174]
4	1987	3	11	-0.40662	0.57441	-0.06215	0.63656	2.33711 [.117]
5	1987	4	11	1.20608	0.14395	-0.08137	0.22531	4.03760 * [.030]
6	1988	1	11	-1.36499	0.35160	-0.08740	0.43900	4.00236 * [.031]
7	1988	2	11	1.37180	-0.00659	-0.12459	0.11800	10.0376 * * [.001]
8	1988	3	11	1.88250	0.15942	-0.13573	0.29515	9.65801 * * [.001]
9	1988	4	11	1.12734	0.25786	-0.14115	0.39901	9.08428 * * [.001]
10	1989	1	11	1.21626	0.23627	-0.15805	0.39431	10.3071 * * [.001]
11	1989	2	11	1.74864	0.21724	-0.17655	0.39378	11.6309 * * [.000]
12	1989	3	11	2.46528	0.22118	-0.18803	0.40921	12.0987 * * [.000]
13	1989	4	11	2.81598	0.24251	-0.18413	0.42664	11.8993 * * [.000]
14	1990	1	11	1.34312	0.25897	-0.16519	0.42416	12.5285 * * [.000]
15	1990	2	11	2.07622	0.21984	-0.17496	0.39480	11.1526 * * [.000]
16	1990	3	11	1.44146	0.20723	-0.15963	0.36686	11.2498 * * [.000]
17	1990	4	11	0.28867	0.18022	-0.15431	0.33453	10.1128 * * [.001]
18	1991	1	山	2.82577	0.13555	-0.19124	0.32679	7.44524 * * [.003]
19	1991	2	11	0.84383	0.14633	-0.10351	0.24984	10.3121 * * [.001]
20	1991	3	11	1.39731	0.12045	-0.07669	0.19713	8.57859 * * [.001]
21	1991	4	11	0.38657	0.10777	0.02501	0.08276	10.0308 * * [.001]
22	1992	1	11	-1.88316	0.08387	0.11379	-0.02993	8.53755 * * [.001]
23	1992	2	11	-0.18698	0.03800	-0.03646	0.07446	2.37704 [.113]
24	1992	3	11	-0.40547	0.02113	-0.05053	0.07166	1.58983 [.224]
25	1992	4	11	-0.36637	0.00574	-0.14032	0.14606	.948605 [.401]
26	1993	1	11	1.36843	-0.00593	-0.36488	0.35896	.665948 [.523]
27	1993	2	11	-1.46761	-0.00023	0.61200	-0.61222	1.64156 [.214]
28	1993	3	11	-0.28028	-0.01821	0.03666	-0.05487	.229377 [.797]
29	1993	4	谷	-0.24362	.	.	.	

(10) [ ] 内は有意確率である。

第VIII章 不均衡累積過程における収益性格差の変動

(b) 資本金 10 億以上

(1) 出版・印刷・同関連産業, 循環 9

	年	期	循環	格差	前半の傾き	後半の傾き	前半－後半	F-値 [有意確率]
1	1977	4	谷	1.63659	.	.	.	
2	1978	1	9	2.06898	.	.	.	
3	1978	2	9	1.44074	0.43239	0.03603	0.39636	.619064 [.550]
4	1978	3	9	2.57263	-0.09793	0.01038	-0.10831	1.90190 [.178]
5	1978	4	9	2.05424	0.21799	-0.00283	0.22082	2.04154 [.159]
6	1979	1	9	2.68140	0.13389	-0.03266	0.16655	3.59759 * [.048]
7	1979	2	9	2.63337	0.18034	-0.05867	0.23900	4.75439 * [.022]
8	1979	3	9	5.29415	0.17245	-0.09627	0.26872	7.27103 * * [.005]
9	1979	4	9	4.24044	0.37653	-0.06157	0.43810	4.94965 * [.019]
10	1980	1	山	3.86834	0.37642	-0.04634	0.42276	5.15877 * [.017]
11	1980	2	9	4.21537	0.33553	-0.03693	0.37246	4.85486 * [.021]
12	1980	3	9	2.56034	0.31375	-0.00041	0.31416	5.33250 * [.015]
13	1980	4	9	2.50162	0.22546	-0.04742	0.27288	2.79782 [.087]
14	1981	1	9	3.88408	0.16274	-0.13454	0.29728	2.16567 [.144]
15	1981	2	9	4.71275	0.15816	-0.14314	0.30130	2.16021 [.144]
16	1981	3	9	2.66888	0.17194	-0.02274	0.19468	2.81349 [.086]
17	1981	4	9	2.72619	0.13229	-0.13801	0.27029	1.63143 [.223]
18	1982	1	9	3.73860	0.10360	-0.40215	0.50575	1.60290 [.229]
19	1982	2	9	3.33174	0.09941	-0.61937	0.71878	1.84922 [.186]
20	1982	3	9	4.51206	0.08842	-1.49295	1.58138	3.29086 [.061]
21	1982	4	9	3.73512	0.09602	-2.20895	2.30497	3.37623 [.057]
22	1983	1	谷	1.52617	.	.	.	

(2) 出版・印刷・同関連産業,循環11

	年	期	循環	格差	前半の傾き	後半の傾き	前半－後半	F-値 [有意確率]
1	1986	4	谷	-0.16680	.	.	.	
2	1987	1	11	2.63136	.	.	.	
3	1987	2	11	2.29443	2.79815	-0.04855	2.84671	1.55054 [.232]
4	1987	3	11	-2.00208	1.23061	-0.03925	1.26986	1.35773 [.276]
5	1987	4	11	1.72619	-0.58428	-0.07010	-0.51418	1.42282 [.260]
6	1988	1	11	-1.33280	-0.08475	-0.06805	-0.01670	.462511 [.635]
7	1988	2	11	0.96978	-0.36692	-0.10087	-0.26604	3.76988 * [.037]
8	1988	3	11	1.70515	-0.18167	-0.11229	-0.06938	3.38994 * [.050]
9	1988	4	11	0.53532	-0.02807	-0.11519	0.08712	2.39780 [.112]
10	1989	1	11	0.64228	-0.03250	-0.13570	0.10320	3.45418 * [.047]
11	1989	2	11	2.73470	-0.02715	-0.15916	0.13200	4.76124 * [.018]
12	1989	3	11	2.48803	0.07211	-0.14720	0.21931	3.12900 [.061]
13	1989	4	11	1.93897	0.11711	-0.13268	0.24980	2.90898 [.073]
14	1990	1	11	0.89436	0.12235	-0.12241	0.24477	3.01106 [.067]
15	1990	2	11	1.34882	0.09230	-0.13379	0.22610	2.69608 [.087]
16	1990	3	11	2.20007	0.08183	-0.13141	0.21324	2.63308 [.092]
17	1990	4	11	0.90424	0.09179	-0.08995	0.18174	3.36576 [.051]
18	1991	1	山	1.29763	0.07142	-0.07880	0.15021	2.95951 [.070]
19	1991	2	11	-0.16532	0.06277	-0.03459	0.09736	3.35187 [.051]
20	1991	3	11	0.25362	0.03249	-0.05320	0.08569	1.93842 [.165]
21	1991	4	11	-0.06331	0.01595	-0.04796	0.06391	1.46371 [.251]
22	1992	1	11	0.86624	-0.00061	-0.06649	0.06587	.938484 [.405]
23	1992	2	11	-0.12482	-0.00202	0.03610	-0.03813	1.28905 [.293]
24	1992	3	11	-0.57446	-0.01385	0.07687	-0.09073	.922554 [.411]
25	1992	4	11	-0.07202	-0.02731	0.03309	-0.06040	.366733 [.697]
26	1993	1	11	-0.16381	-0.03290	0.11451	-0.14742	.279296 [.759]
27	1993	2	11	-0.87364	-0.03780	0.31534	-0.35315	.227660 [.798]
28	1993	3	11	0.50891	-0.04702	-0.75186	0.70484	.088135 [.916]
29	1993	4	谷	-0.24295	.	.	.	

第Ⅷ章　不均衡累積過程における収益性格差の変動

(3) 化学工業，循環9

	年	期	循環	格差	前半の傾き	後半の傾き	前半－後半	F-値 [有意確率]
1	1977	4	谷	-4.87578	.	.	.	
2	1978	1	9	-4.74357	.	.	.	
3	1978	2	9	-4.80332	0.13221	0.00679	0.12542	1.87716 [.182]
4	1978	3	9	-4.86872	0.03623	-0.03525	0.07148	4.39321 * [.028]
5	1978	4	9	-2.69127	-0.00386	-0.09354	0.08969	11.9325 * * [.001]
6	1979	1	9	-2.68527	0.42439	-0.12488	0.54927	12.7176 * * [.000]
7	1979	2	9	-0.55655	0.48697	-0.16628	0.65325	17.5237 * * [.000]
8	1979	3	9	-0.51228	0.68523	-0.16102	0.84624	14.7581 * * [.000]
9	1979	4	9	-0.39645	0.71442	-0.14639	0.86081	15.0211 * * [.000]
10	1980	1	山	-0.27497	0.68814	-0.11380	0.80194	16.3176 * * [.000]
11	1980	2	9	-1.03570	0.64385	-0.05126	0.69511	20.2758 * * [.000]
12	1980	3	9	-1.58127	0.55585	0.01351	0.54234	19.1531 * * [.000]
13	1980	4	9	-3.71976	0.46271	0.08851	0.37420	15.3284 * * [.000]
14	1981	1	9	-3.85443	0.32067	0.04044	0.28023	4.72429 * [.022]
15	1981	2	9	-2.84385	0.21838	-0.07276	0.29113	1.89221 [.180]
16	1981	3	9	-2.03322	0.17169	-0.16056	0.33225	1.34082 [.287]
17	1981	4	9	-2.85244	0.15455	-0.17704	0.33159	1.22325 [.318]
18	1982	1	9	-1.27879	0.12369	-0.41584	0.53953	1.06882 [.364]
19	1982	2	9	-2.77255	0.12747	-0.25691	0.38438	1.12270 [.347]
20	1982	3	9	-2.28906	0.10458	-0.69909	0.80367	.867854 [.437]
21	1982	4	9	-2.11405	0.09331	-1.57320	1.66651	.868588 [.436]
22	1983	1	谷	-3.68725	.	.	.	

(4) 窯業・土石製品製造業，循環9

	年	期	循環	格差	前半の傾き	後半の傾き	前半-後半	F-値 [有意確率]
1	1977	4	谷	-4.67529	.	.	.	
2	1978	1	9	-3.69607	.	.	.	
3	1978	2	9	-4.83603	0.97921	-0.02471	1.00392	2.64922 [.098]
4	1978	3	9	-3.20077	-0.08037	-0.07162	-0.00875	9.72054 * * [.001]
5	1978	4	9	-2.56994	0.32836	-0.10254	0.43090	14.1481 * * [.000]
6	1979	1	9	-1.25174	0.47060	-0.12956	0.60016	18.4709 * * [.000]
7	1979	2	9	-1.14412	0.63233	-0.13186	0.76419	16.7585 * * [.000]
8	1979	3	9	-2.15290	0.63387	-0.12838	0.76225	16.8098 * * [.000]
9	1979	4	9	-1.19037	0.49762	-0.15220	0.64982	14.6627 * * [.000]
10	1980	1	山	-2.58158	0.46503	-0.14597	0.61101	14.4091 * * [.000]
11	1980	2	9	-1.65784	0.34719	-0.19266	0.53986	11.3343 * * [.001]
12	1980	3	9	-1.57999	0.30913	-0.20902	0.51815	10.7653 * * [.001]
13	1980	4	9	-2.49395	0.27827	-0.21826	0.49652	10.1159 * * [.001]
14	1981	1	9	-2.21268	0.22031	-0.29316	0.51347	8.73726 * * [.002]
15	1981	2	9	-1.22219	0.18562	-0.37874	0.56437	8.64947 * * [.002]
16	1981	3	9	-1.36532	0.18320	-0.36653	0.54973	8.65625 * * [.002]
17	1981	4	9	-3.18332	0.17438	-0.29254	0.46692	8.82395 * * [.002]
18	1982	1	9	-1.81397	0.12926	-0.54302	0.67228	5.93410 * [.010]
19	1982	2	9	-3.18058	0.11935	-0.46349	0.58285	5.76463 * [.012]
20	1982	3	9	-2.66383	0.08880	-0.96898	1.05777	4.07799 * [.035]
21	1982	4	9	-3.03514	0.07265	-1.56665	1.63930	3.54661 [.050]
22	1983	1	谷	-4.60179	.	.	.	

第Ⅷ章　不均衡累積過程における収益性格差の変動

(5) 精密機械機具製造業，循環 9

	年	期	循環	格差	前半の傾き	後半の傾き	前半一後半	F-値 [有意確率]
1	1977	4	谷	-0.34986	.	.	.	
2	1978	1	9	0.38730	.	.	.	
3	1978	2	9	-1.21419	0.73717	-0.01940	0.75656	.213554 [.810]
4	1978	3	9	-1.75790	-0.43216	-0.06094	-0.37122	.874472 [.434]
5	1978	4	9	0.79928	-0.58256	-0.12743	-0.45513	2.90443 [.081]
6	1979	1	9	-0.70251	0.01531	-0.16109	0.17640	2.79421 [.088]
7	1979	2	9	0.65509	-0.03060	-0.24259	0.21199	5.62525 * [.013]
8	1979	3	9	1.41521	0.10174	-0.31561	0.41735	7.92605 * * [.003]
9	1979	4	9	4.74484	0.21175	-0.38929	0.60103	10.1172 * * [.001]
10	1980	1	山	1.82200	0.47094	-0.35960	0.83054	6.93130 * * [.006]
11	1980	2	9	2.89841	0.41778	-0.42887	0.84666	7.76971 * * [.004]
12	1980	3	9	2.74855	0.41872	-0.46139	0.88011	7.94372 * * [.003]
13	1980	4	9	1.10127	0.39739	-0.49698	0.89438	8.01426 * * [.003]
14	1981	1	9	2.02159	0.31710	-0.65809	0.97519	8.52464 * * [.002]
15	1981	2	9	5.09019	0.28386	-0.80544	1.08930	9.31874 * * [.002]
16	1981	3	9	2.18940	0.33188	-0.56776	0.89963	10.1497 * * [.001]
17	1981	4	9	0.55560	0.29269	-0.46392	0.75662	9.32511 * * [.002]
18	1982	1	9	1.97627	0.22803	-0.52414	0.75217	6.42293 * * [.008]
19	1982	2	9	-3.47045	0.20358	0.23749	-0.03392	7.76044 * * [.004]
20	1982	3	9	1.21976	0.09686	-1.63855	1.73541	2.09534 [.152]
21	1982	4	9	-0.64462	0.08472	-1.41274	1.49746	2.01312 [.163]
22	1983	1	谷	-2.05735	.	.	.	

最後に，出版・印刷・同関連産業の循環 11 は表 1 (b) の例外であるだけでなく，構造変化の方向が上昇から低下でないという点でも例外である。そこで，この場合を図で見ておこう（図 1 を参照）。図 1 から明らかに，この場合の結論が微妙な原因は，当該製造業の収益性の循環 11 の初期における変動幅の大きさである。

201

図1

(a) 出版・印刷・同関連産業と食料品製造業の収益性格差

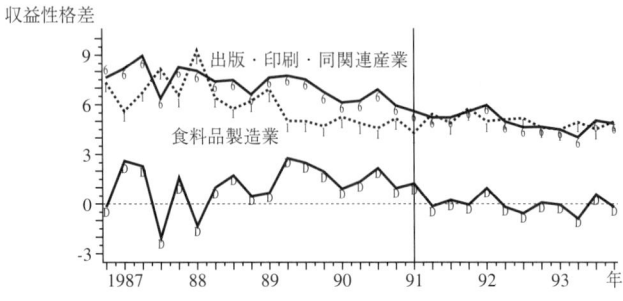

(b) 収益性格差の構造変化（1988年2期）

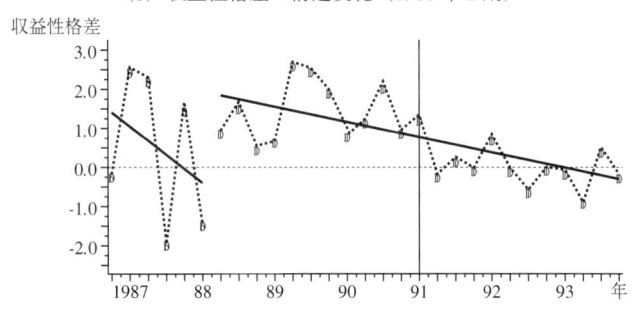

(c) 収益性格差の構造変化（1989年2期）

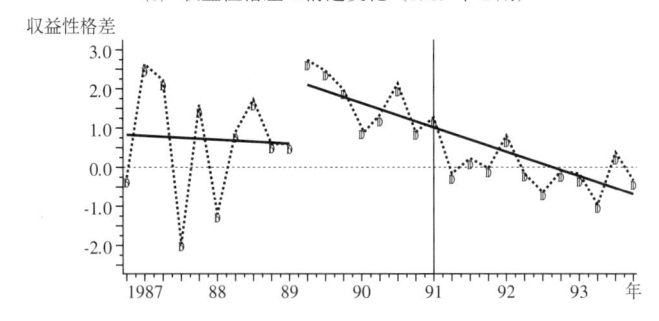

第Ⅷ章 不均衡累積過程における収益性格差の変動

付表1 収益（年平均）
(a) 合計

	年	循環	製造業	化学工業 季節調整済		化学工業 原系列		金属製品製造業 季節調整済		金属製品製造業 原系列		輸送用機械機具製造業 季節調整済		輸送用機械機具製造業 原系列		精密機械機具製造業 季節調整済		精密機械機具製造業 原系列	
1	1971	7	合	-2.43938		-2.74107		-1.53074		-1.85180									
2	1972	7		-2.37905	△	-2.33647	△	-1.68468	◀	-1.70714									
3	1973	7		-0.08089	△	-0.00263	△	0.96043	△	0.81764									
4	1974	7		0.04983	△	0.34220	◀	1.38307		1.85941									
5	1975	7	合	-2.16649	◀	-2.71467	◀	-1.83478	◀	-2.32688									
6	1976	8		-0.99609	△	-1.52586	△	-1.53923	◀	-1.88786									
7	1977	8	合	-2.50294	◀	-2.50205	◀	-3.24726	◀	-3.20985		1.09705		0.93308		1.87759		1.84853	
8	1978	9		-2.94748	△	-2.55425	△	-2.32123	△	-1.99133	△	-0.41652	△	-0.15437	△	0.98253	◀	1.18824	△
9	1979	9		0.26588	△	0.64246	△	0.13992	◀	0.44200	◀	2.43619	◀	2.66207	◀	3.54048	△	3.72268	◀
10	1980	9		0.28904	△	0.08610	◀	-0.02298	◀	-0.18345	◀	2.85298	◀	2.56174	◀	3.86853	△	3.54778	◀
11	1981	9		-1.90104	◀	-1.97265	◀	-0.34536	◀	-0.41466	◀	1.32679	◀	1.20771	◀	1.80700	◀	1.67187	◀
12	1982	9		-1.02665	△	-1.03819	△	-0.80812	◀	-0.81880	◀	0.95506	◀	0.92792	◀	1.45054	◀	1.47033	◀
13	1983	10	合	-0.51840	△	-0.38281	◀	-1.22486	◀	-1.13472	◀	0.20551	◀	0.27455	◀	1.28804	◀	1.41405	◀
14	1984	10		-0.33869	△	-0.09836	△	-2.68629	◀	-2.51771	◀	0.89876	◀	1.12766	◀	1.51676	◀	1.78521	◀
15	1985	10		-0.20579	◀	-0.34964	◀	-0.06316	◀	-0.16812	◀	2.10464	◀	1.99897	◀	1.23663	◀	1.02059	◀
16	1986	10	合	-0.63565	◀	-0.87508	◀	-1.91228	◀	-2.11928	◀	-1.51458	◀	-1.74813	◀	-2.06192	◀	-2.14759	◀
17	1987	11		0.29247	△	0.32126	△	-0.78404	◀	-0.77603	◀	-0.51156	△	-0.54475	△	-2.03884	△	-2.15163	◀
18	1988	11		0.75416	△	1.04739	△	0.07147	△	0.32976	◀	-0.37725	△	-0.12868	△	-0.17118	△	0.00038	◀
19	1989	11		2.06154	△	2.33150	◀	1.89420	◀	2.13818	◀	1.13488	△	1.37966	◀	1.77337	◀	1.98127	◀
20	1990	11		1.28737	◀	1.27684	△	2.45138	◀	2.37297	◀	1.17850	◀	1.12980	◀	0.28400	◀	0.18424	◀
21	1991	11		1.36337	◀	1.17190	◀	2.22794	◀	2.03042	◀	-0.53958	◀	-0.71179	◀	-0.04472	△	-0.23284	◀
22	1992	11	合	-0.71049	◀	-0.52786	◀	-1.24578	◀	-1.05748	◀	-2.14292	◀	-1.96627	◀	-2.33841	△	-2.13893	◀
23	1993	12	合	-0.15577	◀	-0.40135	△	-0.83869	◀	-1.00846	◀	-2.10926	△	-2.25534	◀	-2.30775	△	-2.47013	◀
24	1994	12		-0.87980	◀	-0.65037	◀	-1.93784	◀	-1.86855	◀	-2.26154	◀	-2.11468	◀	-2.81742	◀	-2.71003	◀
25	1995	12		1.14507	△	1.17317	△	-0.92601	△	-0.81112	△	-0.76629	△	-0.67762	△	0.69245	△	0.48505	△
26	1996	12		1.96488	△	1.63434	△	-0.11670	◀	-0.56781	◀	2.13274	◀	1.70145	△	3.06940	◀	2.36520	◀
27	1997	12		2.93848	△	2.63579	△	1.74247	△	1.14469	◀	2.62846	△	2.29688	△	3.56546	△	3.16418	◀
28	1998	12		0.65729	◀	0.77033	△	-3.57612	◀	-3.08965	◀	-0.58010	◀	-0.38641	△	0.15978	◀	0.64449	◀
29	1999	12	合	2.48886	△	2.44061	△	-1.87625	◀	-2.10691	◀	-0.30254	◀	-0.40756	◀	0.13211	◀	-0.05118	◀

(b) 資本金10億円以上

	年	製造業		出版・印刷・同関連産業		化学工業		窯業・土石製品製造業		輸送用機械機具製造業		精密機械機具製造業	
		季節調整済	原系列	季節調整済	原系列	季節調整済	原系列	季節調整済	原系列	季節調整済	原系列	季節調整済	原系列
1	1977	0.91965	0.72600	-4.32611	-4.60565	-4.36067	-4.58358	1.33660	1.01432	0.74505	0.52779
2	1978	2.03415 △	1.85146 △	-4.27672 △	-4.35746 △	-3.57570 △	-3.64861 △	-0.70956 △	-0.76895 △	-0.44638 △	-0.56273 △
3	1979	3.71234 △	3.73679 △	-1.03764 △	-0.89497 △	-1.43478 △	-1.37948 △	2.42172 △	2.58149 △	1.52816 △	1.61508 △
4	1980	3.28642 ▲	3.33680 ▲	-1.65293 △	-1.71887 △	-2.07834 △	-2.07150 △	1.81161 ▲	1.71207 ▲	2.14256 △	2.00514 △
5	1981	3.49798 △	3.61654 △	-2.89598 ▲	-2.84761 ▲	-1.99588 △	-2.05429 △	1.51771 ▲	1.55532 ▲	2.46420 △	2.37745 △
6	1982	3.82938 △	3.74206 △	-2.11361 △	-2.20062 △	-2.67338 ▲	-2.81225 ▲	1.32542 △	1.22649 △	-0.22976 ▲	-0.15358 ▲
7	1983	2.55773 ▲	2.65774 ▲	-2.36944 ▲	-2.22695 ▲	-3.43882 ▲	-3.24009 ▲	-0.59327 ▲	-0.50281 ▲	-1.15584 ▲	-0.95460 ▲
8	1984	3.15295 △	3.25051 △	-0.89378 △	-0.75482 △	-1.37840 △	-1.23250 △	1.34782 △	1.48326 △	1.38856 △	1.51722 △
9	1985	1.52544 ▲	1.40695 ▲	-1.57002 ▲	-1.71313 ▲	-2.13376 ▲	-2.29550 ▲	1.75199 △	1.68134 △	-0.39726 ▲	-0.48786 ▲
10	1986	0.83241 ▲	0.55043 ▲	-1.51952 △	-1.79876 ▲	-2.72053 ▲	-3.01643 ▲	-1.79190 ▲	-2.10109 ▲	-4.03688 ▲	-4.26206 ▲
11	1987	1.16247 △	0.99111 △	-0.18222 △	-0.40381 △	-1.59592 △	-1.80287 △	-0.96956 △	-1.22672 △	-3.22273 △	-3.46497 △
12	1988	0.46936 ▲	0.91837 ▲	0.57101 △	1.06110 △	-0.39884 △	0.03751 △	-0.44763 △	0.00978 △	-0.89837 △	-0.52199 △
13	1989	1.95099 △	2.21826 △	1.88666 △	2.14232 △	0.88161 △	1.11875 △	1.21825 △	1.46444 △	0.87822 △	1.06342 △
14	1990	1.23687 ▲	1.36936 ▲	1.01463 ▲	1.05639 ▲	0.37473 ▲	0.35040 ▲	1.26591 ▲	1.30517 ▲	0.38273 ▲	0.37540 ▲
15	1991	0.33066 ▲	0.16153 ▲	0.47161 ▲	0.27924 ▲	-0.90029 ▲	-1.15640 ▲	-1.37101 ▲	-1.55161 ▲	-1.01807 ▲	-1.09412 ▲
16	1992	0.02373 ▲	0.05717 ▲	-0.81798 ▲	-0.76709 ▲	-2.29896 ▲	-2.29349 ▲	-2.47677 ▲	-2.40127 ▲	-2.84669 ▲	-2.66750 ▲
17	1993	-0.19287 ▲	-0.23076 ▲	-0.96916 ▲	-1.01956 ▲	-2.74733 △	-2.75719 △	-3.14355 ▲	-3.10149 ▲	-3.23422 △	-3.17413 △
18	1994	0.17673 △	0.43830 △	-1.27695 △	-0.89409 △	-3.21408 △	-2.88101 △	-2.95721 △	-2.66100 △	-2.58524 △	-2.27846 △
19	1995	1.26408 △	1.11986 △	0.85898 △	0.70673 △	-2.03202 △	-2.15236 △	-1.44422 △	-1.47999 △	0.18467 △	0.03535 △
20	1996	2.23543 △	2.14421 △	1.25990 △	1.26849 △	-1.14009 △	-1.23057 △	1.27775 △	1.23920 △	2.12787 △	1.92476 △
21	1997	1.36333 ▲	1.43192 ▲	1.14360 ▲	1.19696 ▲	-1.49774 ▲	-1.47698 ▲	0.94935 ▲	0.96126 ▲	1.90168 ▲	1.89005 ▲
22	1998	-0.25771 ▲	-0.21257 ▲	0.40166 ▲	0.35532 ▲	-3.57033 ▲	-3.52250 ▲	-0.77670 ▲	-0.82433 ▲	0.40211 ▲	0.52472 ▲
23	1999	1.06065 △	4.89641 △	1.63286 ▲	2.84164 △	-4.00853 △	-0.49195 △	-1.26108 ▲	2.18973 △	-1.54800 △	1.99564 △

注) 付表1 (b) において1999年のみ観測値数は1つである (他の年は4つ)。

204

第Ⅷ章 不均衡累積過程における収益性格差の変動

付表2 原系列と季節調整済系列の異同
(a) 合計

製造業 循環	M7	M12	M15	M16
7		1972○		
8				
9	1980		1980	1980
10	1985			
11	1991○		1990	1987×
12			1994○, 1999○	

(b) 資本金10億円以上

製造業 循環	M6	M7	M9	M15	M16
9					
10		1986○			
11				1990	
12			1999×	1999×	1999×

注) ○は原系列では予定された結論（単調に上昇し，その後単調に低下する）に沿うように変る場合，×は例外を増やすように変る場合，その他は結論に影響がない場合である．なお表の略号は，**表1**と同じ．

章末付表3　景気循環の日付

下降局面			上昇局面		
山	谷	期間	谷	山	期間
1957年2期	1958年2期	4	1958年2期	1961年4期	14
1961年4期	1962年4期	5	1962年4期	1964年4期	8
1964年4期	1965年4期	4	1965年4期	1970年3期	19
1970年3期	1971年4期	5	1971年4期	1973年4期	8
1973年4期	1975年1期	5	1975年1期	1977年1期	8
1977年1期	1977年4期	3	1977年4期	1980年1期	9
1980年1期	1983年1期	12	1983年1期	1985年2期	8
1985年2期	1986年4期	6	1986年4期	1991年1期	17
1991年1期	1993年4期	11	1993年4期	1997年1期	13
1997年1期	1999年1期	8			

出所）経済企画庁編『経済要覧』(2000年), 経済企画庁編『経済月報』(各号), 浅子和美・篠原総一編『入門・日本経済』（有斐閣, 2000年）を参照。

章末付表4　製造業の部門分類

	部　　　門
1	食料品製造業
2	繊維工業
3	衣服・その他の繊維製品製造業
4	木材・木製品製造業
5	パルプ・紙・紙加工品製品製造業
6	出版・印刷・同関連産業
7	化学工業
8	石油製品・石炭製品製造業
9	窯業・土石製品製造業
10	鉄鋼業
11	非鉄金属製造業
12	金属製品製造業
13	一般機械器具製造業
14	電気機械器具製造業
15	輸送用機械器具製造業
16	精密機械器具製造業
17	船舶製造・修理業
18	その他の製造業

出所）『法人企業統計季報』（各号）

第Ⅸ章

賃金主導型成長のメカニズム*

序

　資源，例えば労働の完全雇用の制約を受けず，投資需要が主に状況を決定する成長過程について賃金主導型成長（wage-led growth）が資本主義の一形態として注目され（植村・磯谷・海老塚（1998），関野（2004）），また教科書でも賃金主導型成長と利潤主導型成長（profit-led growth）という分類が結構大きな扱いを受けている（Foley and Michl（1999），Taylor（2004））。

　「賃金主導」の正確な定義は暫く置くとして，賃金主導型成長という用語から受ける第一印象は，不自然さ，逆説的であることである[1]。その原因は，投資需要が主要な状況決定因である資本主義的成長過程の変動について，次のような既成観念に囚われているからであろう。

　投資需要が状況決定の主要因である成長過程では，好況と反対の局面（不況）が交替する（景気循環）。好況期には投資需要が旺盛であるが，それは企業収益が好調であるからであり，また逆に旺盛な投資需要は好調な企業収益を支える。不況期は逆。

　要するに好不況，投資需要の大小，企業収益の好不調，経済成長率の高低はほとんど同義的である。また賃金と企業収益は相対的に逆行する。従って経済成長率の高い好況期には，賃金は利潤に比し相対的に低下する。

＊本章は，「賃金主導型成長のメカニズム」関西大学『経済論集』第55巻第4号（2006年3月）を基礎にしている。また関西大学経済学部学生であった陳文思氏から助けを得た。もちろん誤りは筆者の責任である。

1）だからこそ肯定的であれ否定的であれ，読者はその用語だけからでも強い刺激を受けるのであろう。

このような既成観念にとっては賃金主導による好況，即ち高い経済成長率，旺盛な投資需要，好調な企業収益という状況は，どうしても不自然に感じられる。もちろん既成観念には，それなりの根拠がある。では賃金主導型成長は既成観念に対して，どのような問題を提起しているのか，あるいは既成観念は，賃金主導型成長をどのように理解すればよいのか。

いずれにせよ，ここまでは印象の範囲に止まっている。そこでモデルの具体例に拠って，賃金主導型成長とは何か，なぜそういうことが起るのかを整理，考察しよう。これが本章の目的である。

§1では，出発点となるモデルを説明する。§2では，投資関数を拡張して賃金主導型成長，あるいは利潤主導型成長が起る条件を分析する。結論として，賃金主導型成長と利潤主導型成長の違いを生む条件の違いより共通の部分，いわゆる「費用の逆説」が経済的に重要であることを主張する。§3では，「費用の逆説」の条件として投資関数のパラメタの大きさより，それが変化しないとの仮定が重要であり，且つその仮定が経済的問題を孕むことを主張する。§4では分析の含意をまとめる。

§1　基本モデル[i]

まず出発点となるモデルを示そう。このような期間の成長を描くモデルに共通であるが，議論の中心になるのは財・サービス市場であり，財・サービス市場の需給均衡が仮定される。財・サービス市場の不均衡はごく短期間の現象と見なし，何らかの調整過程の収束を仮定する訳である。

財・サービス市場の需給均衡を投資需要と貯蓄の均衡と表すことができるから，投資需要と貯蓄についての仮定から始める。

まず貯蓄関数を次のように仮定する[ii]。賃金から貯蓄は行われず，貯蓄は利潤の一定割合である。従って

(9-1)　　$S = s(X - RN), \quad 0 < s < 1$

これは貯蓄は当期の所得より決まるとする仮定の，一つの極端な場合である。ここで X：生産量，R：実質賃金率，N：雇用量。従って RN は実質賃金，$X - RN$ は実質利潤である。これを固定資本ストック当たりに換えて，

第Ⅸ章　賃金主導型成長のメカニズム

(9-2) $\quad g_s = s\dfrac{X-RN}{K} = sr$

と書くことができる。但し $g_s = S/K$, $r = (X-RN)/K$ で，それぞれ資本蓄積率，利潤率と呼ぼう。

利潤率は

(9-3) $\quad r = \dfrac{X^*}{K}\dfrac{X}{X^*}\dfrac{(X-RN)}{X} = \dfrac{u\pi}{\sigma}, \quad \sigma > 0$

と書き換えることができる。ここで，$\sigma = K/X^*$：正常稼働時の資本係数，$u = X/X^*$：稼働率，$\pi = (X-RN)/X$：利潤率分配率である。σ は外生的パラメタである。(9-3) は，あるタイプの利潤率の定義であるが，

(9-4) $\quad rK + RN = X$

と書き換えられ，生産物が実物単位で，実質利潤 rK と実質賃金 RN に分割されると読むこともできる。いずれにせよ (9-3) と (9-4) は定義的関係であり整合的，代替的である。

また投資関数を，次のように仮定する。企業は投資需要を利潤に対応して決め，より大なる利潤により大なる投資需要を対応させる。これは，この限りではごく自然な想定である[2]。投資需要 I を貯蓄と同様，固定資本ストック当たりに換えると，投資需要／固定資本ストック (I/K) が利潤率に対応して決められると言い換えることができる。これを次のように具体化する。

(9-5) $\quad g_I = \eta_r r + \eta_0, \quad \eta_r, \eta_0 > 0$

ここで $g_I = I/K$，これを既出の g_s と区別して「計画された資本蓄積率」と呼ぼう。

すると (9-2)，(9-5) より財・サービス市場の需給均衡，あるいは投資需要と貯蓄の均衡 $(g_I = g_s)$ は，次のように表される。

(9-6) $\quad sr = \eta_r r + \eta_0$

(9-6) において貯蓄率 s，及び投資関数の係数 η_r, η_0 が外生的に与えられると，財・サービス市場の需給均衡に対応して利潤率が決まる。これを均衡利潤率 $r^* (= \eta_0/(s-\eta_r))$ と呼ぼう[3]。均衡利潤率に対応して均衡資本蓄積率

---

2) いわゆる「血気 (animal spirits)」の [8] Robinson (1962) における定式化。
3) $r^* > 0$ の条件として，$s - \eta_r > 0$ を仮定する。

$g^*(=sr^*)$ も決まる[4]。残る変数，稼働率と利潤分配率はどうか。(9-3) より $r^*\sigma = u\pi$ であるから，稼働率 u と利潤分配率 π の逆行関係は一意に決まるが，それぞれの水準は特定できない。

ここまでをまとめると，表1のようになる。あるいは利潤分配率 π の定義

(9-7) $\quad \pi = \dfrac{X-RN}{X} = 1 - R\dfrac{N}{X^*}\dfrac{X^*}{X} = \dfrac{1}{u}\left(u - \dfrac{R}{x}\right), \quad x>0$

を追加して，実質賃金率 R を変数に追加することもできる。ここで $x = X^*/N$：正常稼働時の労働生産性で外生的パラメタ。

表1　基本モデル

(2) $g_s = sr$	：貯蓄関数
(3) $r = \dfrac{u\pi}{\sigma}$	：利潤率の定義
(5) $g_I = \eta_r r + \eta_0$	：投資関数
(6) $g_I = g_s$	：財・サービス市場の需給均衡

変数は，g_s：資本蓄積率，r：利潤率，u：稼働率，π：利潤分配率，g_I：計画された資本蓄積率である。s：貯蓄率，σ：正常稼働時の資本係数，$\eta_r, \eta_0 > 0$ はパラメタ。

議論を図で示そう（図1参照）。図1-1は利潤率 r に対応する資本蓄積率 g_s と計画された資本蓄積率 g_I である。これらの交点は財・サービス市場の需給一致を表すから，交点に対応して均衡 (r^*, g^*) が決る。

図1-2は，稼働率 u を，ある水準に固定した場合の r と利潤分配率 π の関係である。$r-\pi$ 平面で，u がより高いとき直線の傾きはより緩やかになる（$\because \pi = (\sigma/u)r$）。従って均衡 ($r=r^*$) では，稼働率 u と利潤配分率 π は逆行することが分る。但し稼働率の上昇には限界があり，正常稼働が稼働率の上限であると仮定される ($u \leq 1$)[5]。

ここで分配率が何らかの追加的要因，例えば「制度」，「独占度」[iii] により，

---

4) あるいは，$g^* = \eta_r r^* + \eta_0$
5) 正常稼働まで稼働率が上昇した後，更に利潤分配率が下落すれば，利潤率は $\pi = \sigma r$ の関係に従い下落する。

第IX章 賃金主導型成長のメカニズム

ある水準に決まるとすると（$\pi = \pi^*$），均衡での稼働率の水準 u^* が決まる。即ち図 1-2 において，(r^*, π^*) を通る直線 $\pi = (\sigma/u)\,r$ が決る。

しかし賃金分配率が十分高く（＝利潤分配率が十分低く），稼働率が上限に達しても（$u=1$），現実の利潤率が r^* に達しないこともありうる。このとき経済的には，次のような状況が起る。

現実の利潤率は正常稼働（$u=1$）で決り，r^* を下回る。従って，投資需要は貯蓄を上回り（$g_I > g_S$），財・サービス市場では超過需要が発生し，企業が計画した資本蓄積の一部は実現しない。

更に，これらの変数と実質賃金率の関係を確かめておこう。実質賃金率は稼働率と共に，分配率を決定する重要変数である。分配率の定義（9-7）を利用して，利潤率（9-3）を

$$(9\text{-}8) \quad r = \frac{1}{\sigma}\left(u - \frac{R}{x}\right)$$

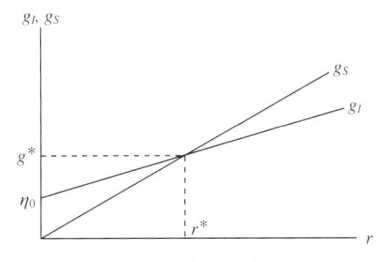

図 1-1　利潤率と資本蓄積率

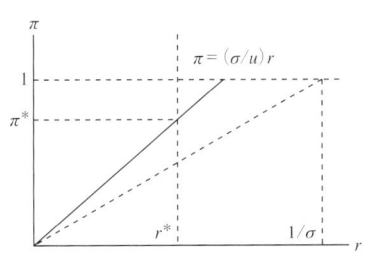

図 1-2　利潤率と分配率

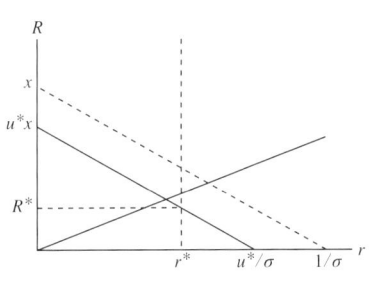

図 1-3　利潤率と実質賃金率

と書き換えることができるから，稼働率 u を固定すると $r-R$ 平面に，利潤率 r と実質賃金率 R の関係を描くことができる（図 1-3 参照）。

図 1-3 において u がより高いとき，直線は傾きを変えず上方へ移動する。従って外的に分配率が与えられると，均衡における実質賃金率 R^* は稼働率 u^* と同時に決ること，また両者は同方向へ変化することが確められる。

以後，分析は均衡における比較動学であるが，その都度言及することは省

こう。また均衡は財・サービス市場での需給均衡であって，それ以外の条件は付いていないこと，特に稼働率についても条件が付いていないことを確認しておこう[6]。

このモデルの特徴として注意したいのは，次の2点である。

1) このモデルは財・サービス市場の需給が現実の利潤率，資本蓄積率を決定するが，そのとき投資需要の大きさが主要に現実の利潤率，資本蓄積率の水準を決める（**図1-1**参照）。この意味で，この経済をケインズ的，あるいは賃金主導型，利潤主導型との区別が紛らわしいが，なお投資需要主導型と特徴づけることができる[7]。というのは投資需要は均衡における稼働率と分配率の水準を決めないが，両者の関係を大きく制約するから。

2) 財・サービス市場の需給均衡によって，利潤率，及び資本蓄積率の水準が決るが，稼働率と分配率の大きさが決らない。だから分配率が追加的要因（例えば制度，独占度）で決ると，それに対応して稼働率が決る。なぜ，こういうことになるか？　生産量，従って稼働率を決定する企業行動についての仮説がないからである[8]。

賃金主導型成長との関係では，このモデルではより高い賃金分配率（＝より高い実質賃金率，及びより低い利潤分配率）の下で，稼働率が相殺的に上昇することが重要である。但し賃金主導型成長は，後に見るようにこのモデルと違い，より高い賃金分配率が稼働率を上昇させ，且つより高い利潤率，及び資本蓄積率をもたらすことを主張するから，モデルの修正が必要になる。

---

6)「財・サービス市場の需給均衡」（いわゆる市場均衡）と「財・サービスの需給均衡」の違いに注意。

7) しかし，その大枠の中で稼働率，分配率など残る変数の決め方が，ケインズと異なる。これが，この型のモデルが，しばしばカレツキー的と形容される理由である。

8) もっとも他の変数がどうであれ，財・サービス市場で需給が均衡するように稼働率を決定する企業行動と主張することもできる。しかしながら，この弁明は苦しい。

第IX章　賃金主導型成長のメカニズム

§2　投資関数の修正

投資関数に関する微妙に異る2つの修正を検討しよう。まず計画された資本蓄積率が利潤率ではなく，利潤率の決定要因である稼働率と利潤分配率によって独立に影響されると修正すると，

(9-9) 　　$g_I = \eta_u u + \eta_\pi \pi + \eta_0$,　　η_u,　　η_π,　　$\eta_0 > 0$

が得られる（Foley and Michl（1999））[9]。貯蓄関数は同じ。このとき財・サービス市場の需給均衡条件は，(9-2)，(9-9) より，

(9-10) 　　$\dfrac{s u \pi}{\sigma} = \eta_u u + \eta_\pi \pi + \eta_0$

と変る。(9-10) は，均衡における稼働率と利潤分配率の関係を決める。従って (9-3) を考慮すると，稼働率，利潤分配率と利潤率との関係が決る。従って分配率が追加的に与えられると，均衡における稼働率，利潤率が決る。

実際に稼働率，利潤率に対する分配率の効果を確かめよう。利潤率と利潤分配率については，差し当たり (9-3) より

(9-11) 　　$\dfrac{dr}{d\pi} = \dfrac{u}{\sigma}\left(1 + \dfrac{du}{d\pi}\bigg/\dfrac{u}{\pi}\right)$

であり，正負は一般的には「稼働率の利潤分配率に対する弾力性 $\dfrac{du}{d\pi}\bigg/\dfrac{u}{\pi}$」に依存する。しかし稼働率と利潤分配率は，(9-10) より

(9-12) 　　$\dfrac{du}{d\pi} = -\dfrac{su - \eta_\pi \sigma}{s\pi - \eta_u \sigma} < 0$

である[10]。従って (9-12) より，投資関数の係数（η_π, η_u）次第では，(9-11) の符号を確定できることが分る。

実際，投資関数の係数についての極端な仮定の下では，次のように $dr/d\pi$ の符号が決る。

9）[3] Foley and Michl（1999）では，利潤率の決定要因を三つとして資本係数もそのうちの一つに挙げられているが，ここでは正常稼働時の資本係数を一定とし，η_0 に含めた。
10）(9-10) より，均衡における $\pi > 0$, $u > 0$ の条件として $s\pi - \eta_u \sigma > 0$, $su - \eta_\pi \sigma > 0$ を仮定する。

例えば，投資需要が利潤分配率にほとんど反応しない場合（$\eta_\pi \to 0$），

(9-13) $\quad \dfrac{dr}{d\pi} \to -\dfrac{\eta_u u}{s\pi - \eta_u \sigma} < 0$

である[11]。

この場合，次のように賃金主導型成長が起る。即ち $\eta_\pi \to 0$ のとき，より高い賃金分配率（＝より低い利潤分配率）に対応して，より高い利潤率，従ってより高い資本蓄積率が対応する。賃金分配率，利潤率，資本蓄積率の順行，これが賃金主導型成長の定義である。

このとき稼働率は，上昇している（∵(9-12)）。また次のように，実質賃金率が上昇していることも分る（**図2**参照）。賃金分配率の定義に戻ると，稼働率が一定であっても，賃金分配率 $1-\pi$ の上昇は実質賃金率 R を上昇させる（∵ $1-\pi = R/ux$）[12]。ところが，この場合（その経済的メカニズムはともかく）稼働率が上昇するから，実質賃金率は一層上昇する。

対照的に投資需要が稼働率にほとんど反応しない場合（$\eta_u \to 0$），

(9-14) $\quad \dfrac{dr}{d\pi} \to \dfrac{\eta_\pi}{s} > 0$

である。

この場合，次のように利潤主導型成長が起る。即ち（9-14）より，より高い賃金分配率（＝より低い利潤分配率）に対応して，より低い利潤率，従ってより低い資本蓄積率が対応する。賃金分配率と利潤率，及び資本蓄積率の逆行，これが利潤主導型成長の定義である。

このとき利潤分配率と稼働率の逆行は変わらないから（∵(9-12)），より高い稼働率が対応する。また実質賃金率は上昇している（**図2**参照）[13]。

このように投資関数（9-9）の場合，利潤分配率と稼働率の反応係数の大きさ如何で賃金主導型成長（η_π が小のとき），あるいは利潤主導型成長（η_u が小のとき）が起る。均衡における分配率の効果は，次のような表に整理することができる（**表2**参照）。利潤分配率と稼働率，及び実質賃金率の逆行

---

11) $s\pi - \eta_u \sigma > 0$（∵脚注 10））
12) (9-7)
13) 賃金分配率と稼働率が順行するとき，実質賃金率もこれらと順行する。

第IX章 賃金主導型成長のメカニズム

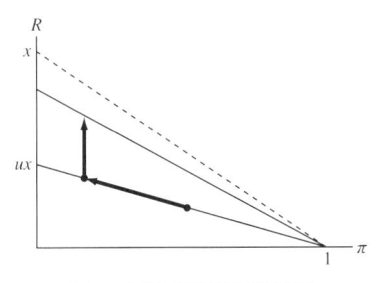

図2 利潤分配率と稼働率

は変わらないことに注意したい。

次に計画された資本蓄積率が利潤率だけでなく，その決定要因である稼働率によっても独立に影響されると修正すると，

(9-15)　$g_I = \eta_r r + \eta_u u + \eta_0, \quad \eta_r, \quad \eta_u, \quad \eta_0 > 0$

表2 利潤分配率の影響

	g_I	u	R	r, g
π	(5)	−	−	0
	(9)	−	−	＋：利順主導型成長 −：賃金主導型成長
	(15)	−	−	−：賃金主導型成長

注)−は π と逆行することを表す。0は変化しない，＋は順行。

が得られる（Lavoie (1995)，植村・磯谷・海老塚 (1998)）[14]。

この場合，財・サービス市場の需給均衡条件は，

(9-16)　$sr = \eta_r r + \eta_u u + \eta_0$

であるから，(9-16) を維持する利潤率と稼働率の組み合わせを $r-u$ 平面に確定することができる。また利潤率の定義 (9-8) より，ある水準の利潤分配率を固定して利潤率と稼働率の組み合わせを，この平面に描くことができる。従って均衡利潤率，稼働率に対する分配率の効果を図で表すことがで

---

14) 主な違いは，生産の規模に関わらず必要な労働（fixed or overhead labour），及び資本減耗を夾雑物として捨象したことである。

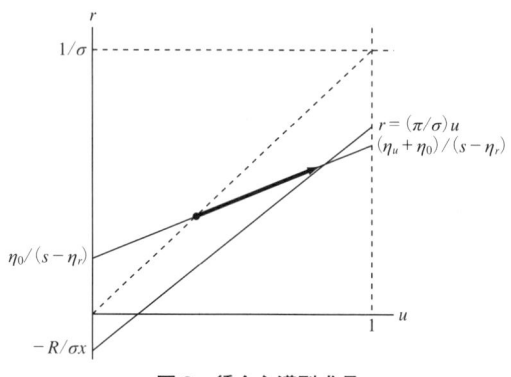

図3 賃金主導型成長

きる（図3参照）。

　直線（9-16）の傾きは，$\eta_u/(s-\eta_r)$ である。利潤分配率を固定した場合，直線 $r=(\pi/\sigma)u$ は，より高い利潤分配率に対して傾きが急になりながら上方へ移動する。従って図3のように，何らかの原因で利潤分配率が低下（＝賃金分配率が上昇）すると，直線 $r=(\pi/\sigma)u$ の傾きは緩やかになりながら下方へ移動し，利潤率と稼働率双方の上昇が起る。

　資本蓄積率は利潤率の上昇により，もちろん上昇する（逆は逆）。即ち賃金主導型成長が起る。実質賃金率は，賃金分配率と稼働率の順行により，上昇していることが分る[15]。投資関数（9-15）は，一見 Lavoie（1995），植村・磯谷・海老塚（1998）と同じように見えるが，この係数に関する仮定（$\eta_r, \eta_u, \eta_0 > 0$）の下では，均衡での利潤主導型成長は起らない[iv]。

　もっとも稼働率が上限に達しても（$u=1$），更に利潤分配率が低下（＝賃金分配率が上昇）すれば，次のような経済状態が起る。(9-16) より貯蓄＜投資需要，従って財・サービス市場では超過需要が生まれ，企業が計画した資本蓄積の一部は実現しない。

　また現実の利潤率は均衡利潤率 r^* の最高水準より低下する（図4参照）。従って資本蓄積率も低下する[16]。これは利潤主導型成長の定義に該当する。

---

15) 脚注 13）
16) 実質賃金率は，稼働率一定，賃金分配率上昇により上昇。

第Ⅸ章 賃金主導型成長のメカニズム

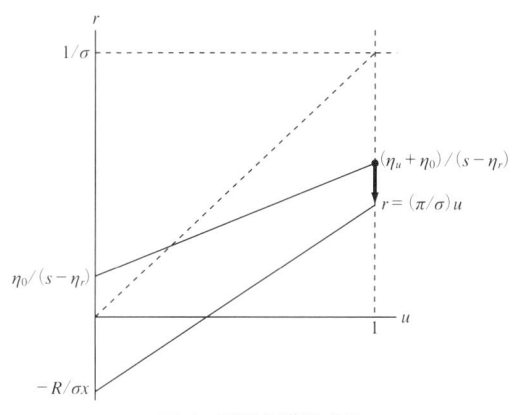

図4 利潤主導型成長

要するに投資関数の微妙な違いが，分配率の利潤率，及び資本蓄積率に対する影響の方向を変える（賃金主導型成長か，利潤主導型成長か）。従って一見，これが大きな問題に見える。しかし問題は経済的には，むしろモデルの変わらない部分，即ち利潤分配率と稼働率，及び実質賃金率の逆行である。

その理由は第一に，賃金主導型成長が支配的な結果であり，利潤率への影響が逆転して利潤主導型成長が起るのは，この逆行関係の程度が，投資関数の微妙な違いによって異るからに過ぎない（(9-11)，(9-12)）。

第二に，賃金主導型成長か利潤主導型成長かの結果はともあれ，この逆行関係自体にも，賃金主導型成長という用語と同じ不自然さが感じられる。実質賃金率が上昇し利潤分配率が下落するとき，稼働率が上昇する（逆は逆）！？ 逆行関係の形式的な理由は，既にみた。それでは，この逆行関係の経済的意味を反省しよう。

§3 「費用の逆説」

経済的な意味で，なぜ実質賃金率が上昇し利潤分配率が下落するとき，稼働率は上昇するのか。なぜこのとき稼働率は下落しないのか。あるいは同じことであるが，3変数の定義だけなら可能であるのに，なぜ稼働率は実質賃

217

金率の上昇を相殺するほど上昇し，利潤分配率を上昇させないのか。

まず投資関数が (9-15) の場合，図3へ戻る。賃金分配率，あるいは実質賃金率が外的要因で上昇したとすると，直線 $r = (\pi/\sigma)u$ は下方へ移動し，均衡は右上方へ移動する。賃金分配率（あるいは実質賃金率）の上昇は，企業にとって任意の稼働率に対する費用の増加，収益の減少である。これが直線 $r = (\pi/\sigma)u$ の下方移動の経済的意味である。にも関わらず稼働率は上昇し，従って現実の生産は増加する。だから「費用の逆説」（[7] Rowthorn (1981)）。

この逆説のポイントは，財・サービス市場の需給均衡の仮定（(9-16)）である。「費用の逆説」にとって，投資需要が稼働率の増加関数である（直線 (9-16) の右上り）だけでなく，直線 (9-15) が移動しないとの仮定は重要である。財・サービス需要に引っ張られて，（その過程での企業行動はともかく），生産が増加するという訳である。

しかし，これは投資関数のパラメタ一定（$\eta_r, \eta_u, \eta_0 > 0$），即ち経済的には利潤率，稼働率が変化しない限り，投資需要は変化しないとの仮定である。この仮定の役割，経済的問題性は大きい。これを外すと稼働率の変化の方向は，もちろん決らない。例えば，$\eta_0 > 0$ の十分な低下は，稼働率，従って利潤率を下落させる（図5参照）。

ではなぜ稼働率は，定義から一見可能なように，実質賃金率の上昇を相殺するほど上昇し，利潤分配率を上昇させないのか。稼働率と利潤分配率が上方順行すれば，利潤主導型成長が起るではないか。

任意の稼働率に対応する均衡利潤率は $r = (\eta_u u + \eta_0)/(s - \eta_r)$ であり，現実の利潤率は $r = (\pi/\sigma)u$ である。従って前者の傾き $\eta_u/(s - \eta_r)$ が後者の傾き π/σ を上回れば，稼働率の上昇は利潤率を上昇させる（図6-1参照）。ところが，$\pi/\sigma < \eta_u/(s - \eta_r)$ はあり得ない（∵文末注 v）。

なぜか？ 投資需要と貯蓄の均衡に戻ると，$\pi/\sigma < \eta_u(s - \eta_r)$ のとき投資需要は常に貯蓄を上回り，財・サービス市場は常に超過需要であるからである（図6-2参照）。この議論にとって，仮定 $\eta_0 > 0$ の役割が大きいことに注意しよう。

第IX章　賃金主導型成長のメカニズム

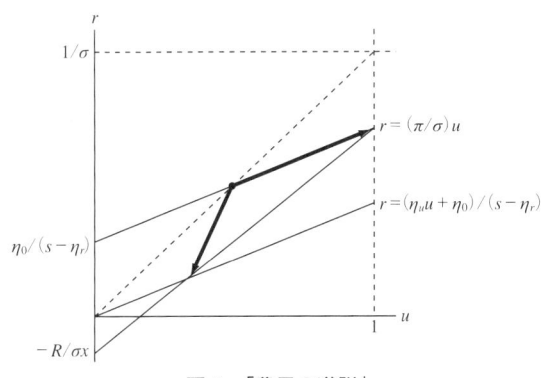

図5　「費用の逆説」

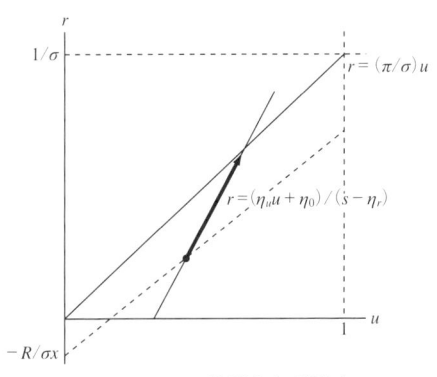

図6-1　稼働率と利潤率

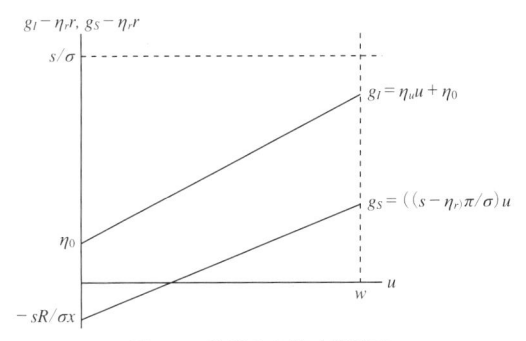

図6-2　稼働率と資本蓄積率

219

投資関数が（9-9）の場合，分配率をある水準に固定し，稼働率に対応する資本蓄積率，g_I, g_S を図示しよう[17]（図7参照）。利潤分配率の下落による g_I の下方移動は，g_S が移動しないなら，稼働率を上昇させる（「費用の逆説」）。同様に利潤分配率の下落による g_I の下方移動は，g_S が移動しないなら，稼働率を下落させる。

　しかし今の場合，利潤分配率の下落は g_I, g_S 双方を下方へ移動させるから，均衡稼働率への影響は直線 g_I, g_S の下落の程度によって異る。それを決めるのは，パラメタ η_u, η_π, η_0 の大きさである。だからパラメタの大きさ次第で，ある場合には賃金主導型成長，あるいは利潤主導型成長が起る。

　賃金主導型成長対利潤主導型成長という名前の対照より，共通部分「費用の逆説」が重要との筆者の論点を端的に示すため，投資関数（9-9）を単純化して分配率に反応しないとしよう（$\eta_\pi = 0$）。このとき直線 g_I は利潤分配率が下落しても下方移動せず，「費用の逆説」がフルに働き，利潤分配率の下落は稼働率を大幅上昇させる。

　しかし $\eta_\pi > 0$ の場合，利潤分配率の下落は直線 g_I を下方移動させるから，稼働率の上昇は相殺される。「費用の逆説」にとって，投資需要が稼働率の増加関数であること（$\eta_u > 0$），利潤分配率下落による相殺効果（$\eta_\pi > 0$）が小さいことが重要である（図7-1参照）。

　究極の状態が稼働率，利潤分配率とも投資需要に影響しない場合である（$\eta_u, \eta_\pi = 0$）。利潤分配率が下落しても g_I が下方移動せず，「費用の逆説」がフルに働き，稼働率が大幅上昇する。ここまでは同じであるが，資本蓄積率は上昇しない。この場合，η_0 の変化の大きさが直線 g_I の移動の大きさを決め，均衡における (u, g) を様々に移動させることがよく分る（図7-2参照）。ここでも η_0 についての仮定の役割が，大きいことが分る。

　投資関数が（9-9）の場合，稼働率が定義から一見可能なように，実質賃金率の上昇を相殺するほど上昇し，利潤分配率を上昇させない経済的理由は何か。

---

17) $g_s = sr = (s\pi/\sigma)\, u, \quad g_I = \eta_u u + \eta_\pi \pi + \eta_0$

第Ⅸ章 賃金主導型成長のメカニズム

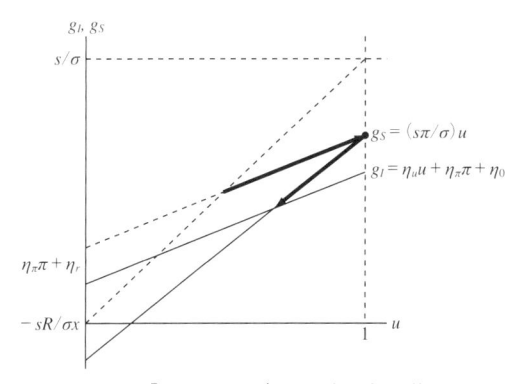

図 7-1 「費用の逆説」と投資関数の移動

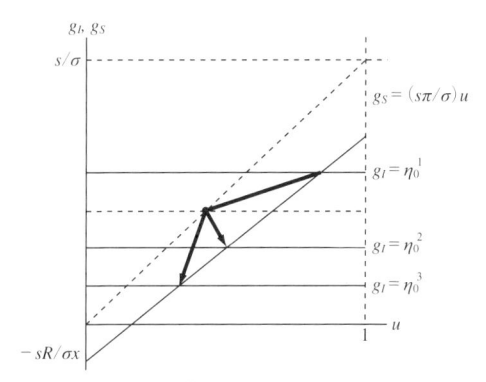

図 7-2 「費用の逆説」と投資関数の移動 ($\eta_u, \eta_\pi = 0$)

(9-10) より財・サービス市場で需給が均衡するには,$s\pi/\sigma - \eta_u > 0$,及び $su/\sigma - \eta_\pi > 0$ が必要である。ところが,このとき稼働率の上昇は投資需要より貯蓄を増加させ($\because su/\sigma - \eta_u > 0$),利潤分配率の上昇も投資需要より貯蓄を増加させる($\because su/\sigma - \eta_\pi > 0$)。従って稼働率と利潤分配率が共に上昇するとき,貯蓄の増加は投資需要の増加を必ず上回り,常に超過供給が起る。財・サービス市場で需給が均衡するには,稼働率と利潤分配率は反対方向に変化しなければならない。

この議論でも均衡の存在条件が $su/\sigma - \eta_u > 0$,及び $su/\sigma - \eta_\pi > 0$ であるのは,投資関数について $\eta_u u + \eta_0 > 0$,$\eta_\pi \pi + \eta_0 > 0$ を仮定しているからであ

221

ることに注意しよう。

§4 結び

賃金主導型成長が起る原因を，基本的なモデルに則して検討した。賃金主導型成長が起る条件として投資関数の形，パラメタの大きさは重要であるが，その分析の基礎には「費用の逆説」がある。

この逆説にとって，投資関数のパラメタが時間的に変化しないという，分析便宜上の仮定の役割は大きい。賃金主導型成長，あるいは利潤主導型成長をもたらす投資関数のパラメタの組み合わせよりも，共通の基礎である「費用の逆説」の経済的問題性が浮上する。

賃金主導型成長の分析は，しばしばカレツキー型モデルの拡張として行われるが，その基礎にある「費用の逆説」の経済的メカニズム，更に遡ってカレツキー・モデルの検討が必要である。

他方で現実の経済問題分析に力点を置き，「賃金主導型成長」という名を借用し，密接に関係はするが細かく見れば実質的には別の問題を分析することも実り多い方向であろう。それだけカツレキーが偉かったということである。

参考文献

[1] Bhaduri, A. and S. Marglin（1990）"Unemployment and the Real Wage : The Economic Basis for Contesting Political Ideologies" *Cambridge Journal of Economics,* Vol.14, No.4.

[2] Bowles, S. and R. Boyer(1988) "Labor Discipline and Aggregate Demand : A Macroeconomic Model", *American Economic Review,* Vol.78, No.2.

[3] Foley, D. K. and T. R. Michl（1999）*Growth and Distribution,* Harvard University Press.（佐藤良一・笠松学監訳『成長と分配』日本評論社，2002年）特に「10章 投資に制約される経済成長」

[4] Kalecki, M.（1971）*Selected Essays on the Dynamics of the Capitalist Economy* 193 –1970, Cambridge University Press.

[5] Lavoie, M.（1995）"The Kaleckian Model of Growth and Distribution and its Neo-Ricardian and Neo-Marxian Critiques", *Cambridge Journal of Economics,* Vol.19, No.6.

第Ⅸ章　賃金主導型成長のメカニズム

[6] Marglin, S. and J. Schor (1990) *The Golden Age of Capitalism : Reinterpreting the Postwar Experience,* Clarendon Press : Oxford. (磯谷明徳・植村博恭・海老塚明監訳『資本主義の黄金時代－マルクスとケインズを超えて』東洋経済新報社, 1993年)

[7] Rowthorn, B. (1981) Demand, Real Wages and Economic Growth, *Thames Papers in Political Economy,* Autumn, 1-39. in M. C. Sawyer (ed.), *Post-Keynesian Economics,* Aldershot, Edward Elgar. (横川信治・野口真・植村博恭編訳『構造変化と資本主義経済の調整』学文社, 1994年, 所収)

[8] Robinson, J. (1962) *Essays in the Theory of Economic Growth,* Macmillan. (山田克己訳『経済成長論』東洋経済新報社, 1963年)

[9] Taylor, L. (2004) *Reconstructing Macroeconomics,* Harvard University Press.

[10] Zdzislaw, L. and A. Szeworski, ed. (2004) *Kalecki's Economics Today,* Routedge.

[11] 植村博恭・磯谷明徳・海老塚明 (1998)『社会経済システムの制度分析－マルクスとケインズを超えて』名古屋大学出版会。特に, 植村博恭「4章　資本蓄積の理論」

[12] 大野隆 (2003)「賃金主導型から利潤主導型への転換」『経済理論学会年報』第40集。

[13] 関野英明 (2004)「「新しい福祉国家」と「賃金主導型成長」との構造的連関」『下関市立大学論集』第48巻第1号。

章末注

i　この問題を考えるキッカケになったのは, [12] 大野 (2003) である。数多い関連研究の中で結局, 最も参考にしたのは, [3] Foley and Michl (1999), [11] 植村・磯谷・海老塚 (1998), [5] Lavoie (1995) である。

　　本章の趣旨により単純化した主な点は, 資本減耗の捨象, 生産規模に関わらず必要な労働 (fixed or overhead labour) の捨象, 貯蓄関数である。

ii　[3] Foley and Michl (1999) では, 保有する富, 今の場合, 固定資本ストックを売却して消費あるいは貯蓄する可能性を考慮し, 主体均衡条件から導出されている。

　　しかし本章では, 一旦据付けられた固定資本ストックの売却の可能性は排除し, 消費あるいは貯蓄は当期の所得から行われると単純化した。これと関連して投資関数を修正した。財・サービス需給の均衡の存在を確保するためである。

iii　このモデルが想定する期間を考えると, 分配率を社会的慣習, 制度により決っているとする扱い ([11] 植村・磯谷・海老塚 (1998)) の現実妥当性には, 当然, 疑問が上がるだろう。

　　但し, それは大規模な分析の一部に過ぎず, 問題性は小さい。本章では, 大規

模分析から本章の文脈に該当するごく一部を借用した訳で，同じ仮定でもその問題性の大小を，同じ水準で論じることはできない。

 [5] Lavoie（1995）の場合は，カレツキーの独占度（degree of monopoly）を利用する（[4] Kalecki（1971））。カレツキーの独占度は原材料，固定資本の減耗を捨象する等，単純化した場合，分配率に帰着する。その根拠は，企業行動に関するフル・コスト原理である。

 マーク・アップ率を独占度 m で表すと，価格設定は，

$$p = m\frac{X}{wN}$$

によってなされる。ここで p は生産物価格，w は貨幣賃金率（労働一単位の価格），$w/p = R$。従って

$$\frac{1}{m} = \frac{wN}{pX} = 1 - \pi$$

を得る。従って独占度 m を外生的パラメタとすることは，利潤分配率 π を外生的パラメタとすることになる。

 いずれにせよ，ここでは何らかの形で分配率が決れば均衡稼働率が決ること，従ってモデルの均衡が決ることが重要であって，その理論的根拠，現実妥当性は別次元の問題，従って副次的である。

iv 利潤主導型成長のためには直線 $r = (\pi/\sigma)u$ の傾きが，直線（9-15）の傾き $\eta_u/(s-\eta_r)$ より小なることが必要であるが，均衡では（9-7），（9-15）より $\frac{\pi}{\sigma} = \frac{\eta_u + \eta_0/u}{s - \eta_r} > \frac{\eta_u}{s - \eta_r} > 0$ である。直線（9-15）の傾き $\eta_u/(s-\eta_r)$ が，負になることもない。これは，[11] 植村・磯谷・海老塚（1998）と異る結果である。

 この原因は投資関数の係数に関する細かい仮定（$\eta_r, \eta_w, \eta_0 > 0$）の違いであり，ある意味ではより大きな仮定（資本減耗，及固定的労働の捨象）によるのではない。

 投資関数の係数に関する仮定の小さい違いが，結果の大きな違いをもたらすこと自体が，このモデルの問題でもある。なお[11] 植村・磯谷・海老塚（1998）の設定を受入れても，「η_u が大きい場合，賃金主導型成長が起る」との趣旨の説明（186ページ）は疑問である。

第X章

貯蓄の制度部門別構成：国際比較[*]

序

　今日，巨大な貯蓄をどう使うかは，確かに日本の国民的課題の一つと言っても過言ではないだろう（ウォルフレン[3]）。まず短期的には，貯蓄に対応する量的に十分な有効需要をどのような種類，内容で創出して現在の長期不況から脱出するかが問題であるし，更に有効需要の内容は将来の経済の，いわば骨格を形成し，構造，性格を大きく制約するから，日本経済に関する長期戦略と関わる（佐藤・他[9]）。また世界経済に占める日本の比重からして，その使い方の世界経済に対する影響は大きく，逆に世界経済からの反作用も大きい[1]。

　日本の貯蓄について，かつてはなぜ家計貯蓄率は高いかが，最近ではなぜ低下しているかはしばしば言及される[2]。しかし経済全体からみるとき，資金供給という点では他の制度部門（企業，政府等）の貯蓄も同じである。では家計貯蓄は，経済全体の貯蓄のどの程度を構成しているのか，また一歩溯って他の制度部門の構成比はどうか。

　本章は日本の貯蓄を考察するときの一準備として，その制度部門（家計，

---

[*] 本章は,「貯蓄，投資の制度部門別構成：国際比較」関西大学『経済論集』第56巻第1号（2006年6月）を基礎にしている。また関西大学大学院経済学研究科院生であった李桂檀氏からは様々な助けを頂いた。もちろん誤りの責任は筆者にある。

1) *The Economist* [4], [6] は，世界的な観点から近年の先進資本主義国における貯蓄率低下の意味を扱っている。

2) 日本の貯蓄を本格的に考える場合，問題の性質からして参照するべき研究は非常に多いが，本章ではHayashi [19], 植松・小川[2], ホリオカ・他[20], 間々田[21], 橘木[13], [14] などを参照した。

民間企業，政府）別構成の推移を主な諸外国と比較する[3]。データは誰でも容易に利用可能であり，比較の方法は初歩的である。貯蓄の制度部門別構成から見ると，日本経済は他の主要国と比べて大きな違いがあるかどうか，どのような違いがあるか。これが，本章の観点である。また貯蓄に関連して，貯蓄された資金はどのように使われているか（実物資本の蓄積），投資と貯蓄の差（資金過化不足）など，その他の係数も同様に比較する[4]。

従って，多くの条件が付く強い制約の下での単純な比較ではあるが，結論として日本経済の異常さは世界的に際立っていると推察するに十分である。日本は第二次世界大戦以降（明治以降もそうであろうが），傾向的には他に例のないような強貯蓄と強蓄積の循環，即ち資本主義の急速な発展を実現したが，反面ではそれ自身がもたらした問題によって，それまでの形態での発展は不可能となり激しい変化が起った。今後の発展形態について，その主役企業部門は今なお戸惑っているようにみえる。

本章の構成は，次のとおりである。まず§1 ではデータ・ソース，変数の定義など，比較の技術的な事項をまとめて示す。次に§2 では，しばしば言及される家計貯蓄率の動向を再確認する。その後，順に§3 では国民貯蓄率，及び国民貯蓄率に対する各制度部門（家計，企業，政府）の寄与を，§4 では国民総投資率とそれに対する各制度部門の寄与を，§5 では国民総投資率と国民総貯蓄率の差，あるいは資金過不足，及びそれに対する各制度部門の寄与を，最後に§6 では，固定資本減耗率と各制度部門の寄与を扱う。§7 は，まとめである。計算結果を要約した表は各節に置き，印象を得るのに有用な図は，各変数について述べた文末に一括した。

§1 技術的な事項

最初に技術的な事項についてまとめておこう。

---

3) 須田 [11] は，国内の制度部門別貯蓄投資バランスが外国との関係，特に経常収支に与えた影響をテーマとしている。
4) 大山・吉田 [8] は，テーマは最適貯蓄理論を基準にすれば日本の貯蓄率は高すぎるかどうかの検証であるが，主要国における本章で扱う変数のグラフも多数含んでいる。

第X章　貯蓄の制度部門別構成：国際比較

1) データ・ソース

主なデータ・ソースは，
[1] *Annual National Accounts*-Volume 2, 1970–2003（2004 prov）- Detailed aggregates（in millions of national currency）in "Sourse OECD"
である。また欠損値が多い場合，適宜，
[2] *Annual National Accounts of OECD Countries Detailed Tables,* Volume IIa 1990–2001（2003）
[3] *Annual National Accounts Detailed Tables,* Volume II 1980–1992（1994）
[4] *Annual National Accounts Detailed Tables,* Volume II 1970–1982（1984）
を参照した。具体的には，[1]によれば比較の対象とする各変数に対する政府部門の寄与が，比較の基準である日本について欠損値が多くなるので，[2]，[3]，[4]による図（図3g，4g，5g，6g）も参考までに添付した。

2) 変数の定義

比較の対象とする変数の定義は，以下のとおりである。定義に現れるアルファベットの略号はデータの出所に対応している（末尾のデータ・ソース参照）。

①家計貯蓄率＝hhsn/hhdi, hhsn：家計純貯蓄；hhdi：家計可処分所得。
②国民貯蓄率＝sn/nndi, sn：国民純貯蓄；nndi：国民可処分所得。
③国民貯蓄率に対する政府部門の寄与＝ggsn/nndi, ggsn：政府純貯蓄。家計部門の寄与，あるいは企業部門の寄与の場合は ggsn に hhsn：家計純貯蓄，あるいは cosn：企業純貯蓄を代入。
④国民総投資率＝gfcf/gdp, gfcf：国民総固定資本形成；gdp：国民総生産。
⑤国民総投資率に対する政府部門の寄与＝gggfcf/gdp, gggfcf：政府総固定資本形成。家計部門の寄与，あるいは企業部門の寄与の場合は gggfcf に hhgfcf：家計総固定資本形成，あるいは cogfcf：企業総固定資本形成を代入。
⑥国民総投資率－国民総貯蓄率（あるいは資金不足）＝(gfcf－(sn＋cfc))/gdp, cfc：固定資本減耗。

⑦国民総投資率－国民総貯蓄率（あるいは資金不足）に対する政府部門の寄与＝(gggfcf－ggsg)/gdp, gggfcf：政府総固定資本形成，ggsg：政府総貯蓄。但し家計部門の寄与，企業部門の寄与については ggsg の代わりに，それぞれ (hhsn＋hhcfc)：家計純貯蓄＋家計固定資本減耗，あるいは (cosn＋cocfc)：企業純貯蓄＋企業固定資本減耗を使った。

⑧国民固定資本減耗率＝cfc/gdp

⑨国民固定資本減耗に対する政府部門の寄与＝ggcfc/gdp, ggcfc：政府固定資本減耗。家計部門の寄与，あるいは企業部門の寄与の場合 ggcfc に hhcfc：家計固定資本減耗，あるいは cocfc：企業固定資本減耗を代入。

従って上の定義に現れる，ある経済全体に関する変数に対する各制度部門の「寄与」は，例えば，③国民貯蓄率に対する家計の寄与の場合，

$$国民貯蓄率に対する家計の寄与 = \frac{hhsn}{nndi} = \frac{hhsn}{hhdi} \times \frac{hhdi}{nndi}$$

即ち，家計貯蓄率×家計可処分所得の構成比である（他の変数，制度部門の場合も同様）。従って，すべての制度部門の寄与の合計は国民貯蓄率である。

もちろん各制度部門の大きさを国民可処分所得，あるいは多くの場合 GDP で相対化して比較すると読むこともできる。

3) 比較対象国

通常の主要な資本主義国より，少し広い範囲を対象とする。具体的にはグラフのグループ別に①韓国，オーストラリア，カナダ，②アメリカ，イギリス，ドイツ，③イタリア，フランス，スペイン，④スウェーデン，デンマーク，ノルウェー，フィンランドである。

4) 貯蓄率と投資率

本題に進む前に変数の定義について，小さい問題を整理しておこう。貯蓄率，あるいは総投資率について差し当たり次のように，それぞれ2つの率が考えられる（**表1**参照）。総貯蓄率は純貯蓄率の分母，分子に固定資本減耗

第X章　貯蓄の制度部門別構成：国際比較

を加えた比率である。総投資率には分子に固定資本だけを考慮する場合と（総固定資本形成），他の資本（在庫品増加（純）＋土地購入（純））も考慮する場合（総資本形成）の二つが考えられる。

それぞれの理論的意義はそれとして，これらは実際にはどの程度異るのかをみよう。図１のように総投資率について，量的には総資本形成と総固定資本形成の違いは捨象してよいだろう[5]。本章では，総固定資本形成／GDPを総投資率として扱う。もちろんある観点から固定資本を在庫増減，土地売買より重視するからである。

貯蓄率について，総貯蓄率と純貯蓄率の違いは大きい。本章では純貯蓄率

表１　貯蓄率と投資率

貯蓄率 $\begin{cases} 純貯蓄率＝貯蓄／可処分所得 \\ 総貯蓄率＝（貯蓄＋固定資本減耗）／（可処分所得＋固定資本減耗） \end{cases}$

総投資率 $\begin{cases} ＝総資本形成／GDP \\ ＝総固定資本形成／GDP \end{cases}$

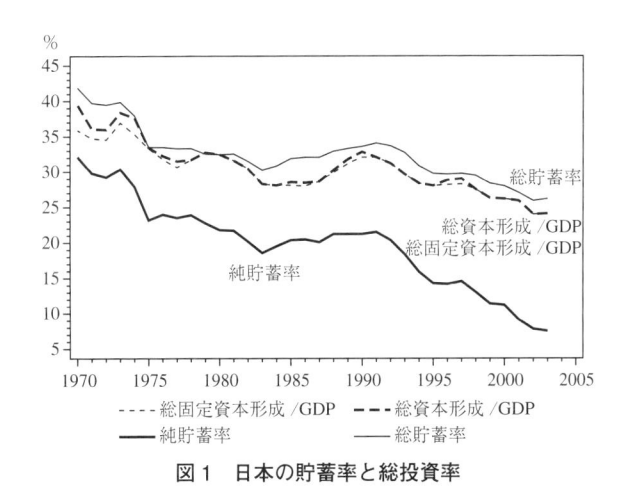

図１　日本の貯蓄率と総投資率

5）土地購入（純）は経済全体ではゼロであるから，総資本と総固定資本の違いは在庫品増加（純）であり，本章の趣旨からしても捨象してよいだろう。もちろん土地の問題は，部門間の土地取引の問題を対象とするとき非常に重要である。

を貯蓄率として扱い[6]，総貯蓄率と純貯蓄率の違いについては，固定資本減耗率（＝総貯蓄率－純貯蓄率）として別途，扱う。

§2 家計貯蓄率

まず，よく言及される家計貯蓄率を概観することから始めよう[7]（**表 2，図 2 参照**）。日本の家計貯蓄率は傾向的に低下し，1980 年代の 20% に近い水準から 21 世紀には 10% 以下にまで徐々に低下してきた。近年まで韓国，イタリアを除くどの国より目立って高かったが，21 世紀には日本を上回る国もドイツ，フランスなど数カ国現れた。確かに日本の家計貯蓄率の低下

表 2 家計貯蓄率

期間 国名	70s	80s	90s	00s	全期間
	平均（標本数）				平均（標本数）；F値（有意確率）
日　本	. (0)	16.2(10)	13.0(10)	7.7(4)	13.4(24)
韓　国	14.5(5)	16.1(10)	20.6(10)	5.8(4)	16.0(29); 2.91(0.0940)
オーストラリア	13.6(10)	10.7(10)	4.6(10)	−0.6(4)	8.4(34); 16.70(0.0001)
カナダ	12.5(10)	15.9(10)	9.4(10)	3.6(4)	11.6(34); 2.66(0.1084)
アメリカ	9.8(10)	9.3(10)	5.4(10)	1.9(4)	7.5(34); 48.56(<.0001)
イギリス	. (0)	1.9(3)	5.3(10)	1.0(5)	3.6(18); 100.14(<.0001)
ドイツ	. (0)	. (0)	11.5(9)	10.5(5)	11.1(14); 5.93(0.0200)
フランス	13.3(2)	9.4(10)	10.1(10)	11.5(4)	10.3(26); 16.15(0.0002)
イタリア	. (0)	26.1(10)	18.4(10)	10.2(4)	20.2(24); 19.94(<.0001)
スペイン	. (0)	. (0)	8.3(5)	4.6(4)	6.7(9); 29.68(<.0001)
デンマーク	. (0)	0.5(9)	−1.0(10)	−2.1(3)	−0.5(22); 152.14(<.0001)
フィンランド	3.9(5)	2.8(10)	3.7(10)	0.7(5)	2.9(30); 169.69(<.0001)
ノルウェー	3.6(2)	1.0(10)	4.3(10)	7.1(4)	3.4(26); 103.25(<.0001)
スウェーデン	. (0)	. (0)	6.8(7)	7.6(4)	7.1(11); 26.13(<.0001)

注）単位は%，（　）内は標本数。また全期間については，当該国と日本についての ANOVA による F 値（有意確率）を添えた。以下同様。

6）綜研データベース部『生活と貯蓄関連統計』では，「総貯蓄率」と呼ばれている係数を総投資率と言い換える。（貯蓄＋固定資本減耗）／（可処分所得＋固定資本減耗）を総貯蓄率と呼ぶ場合もあり，これと区別するためである。より実質的な理由は，貯蓄は金融資産の購入，自己資金の増加であるが，総固定資本形成は資金調達方法は自己資金によるとは限らない実物資産の購入であるという点を，言葉の上でも区別することである。

7）日本について，概念的には家計貯蓄率にほぼ対応しているはずの「家計調査」の黒字率とのズレは大きく，この広義の統計上の不突合の原因は国民的関心にまでなった。これについては橋本［18］，及び『平成 15 年版　経済財政白書』を参照。

は，明白な傾向である。それでも現在，日本は家計貯蓄率が低い国とは言えない。これまでが，それほど高かったのである。また低下傾向は日本に限らず，多くの国に共通である。

§3 国民貯蓄率

では家計貯蓄は経済全体の貯蓄の中で，どれほどの比重を占めているのか。その前に，そもそも経済全体の貯蓄率（国民貯蓄率）はどうか（**表3**，**図3**参照）。

表3　国民貯蓄率

国名＼期間	70s	80s	90s	00s	全期間
	平均（標本数）				平均（標本数）；F値（有意確率）
日　本	26.6(10)	20.6(10)	16.4(10)	8.6(4)	19.7(34)
韓　国	16.3(10)	24.1(10)	27.6(10)	22.1(5)	22.6(35)； 3.49(0.0663)
オーストラリア	10.2(10)	5.7(10)	2.8(10)	4.6(4)	6.1(34)； 120.02(<.0001)
カナダ	12.9(10)	10.1(10)	5.2(10)	10.9(4)	9.6(34)； 64.41(<.0001)
アメリカ	10.1(10)	6.9(10)	5.2(10)	3.7(4)	7.0(34)； 113.99(<.0001)
イギリス	9.6(10)	5.0(10)	4.2(10)	4.5(5)	6.0(35)； 132.98(<.0001)
ドイツ	13.3(10)	9.2(10)	8.3(10)	5.9(5)	9.6(35)； 68.81(<.0001)
フランス	16.6(10)	8.6(10)	8.9(10)	8.5(5)	10.9(35)； 46.24(<.0001)
イタリア	15.2(10)	10.9(10)	8.7(10)	7.2(5)	11.0(35)； 51.42(<.0001)
スペイン	15.6(10)	8.9(10)	10.1(10)	10.3(5)	11.4(35)； 47.06(<.0001)
デンマーク	10.5(10)	3.4(10)	5.6(10)	8.6(5)	6.8(35)； 107.33(<.0001)
フィンランド	15.5(10)	10.6(10)	3.3(10)	11.9(5)	10.1(35)； 38.81(<.0001)
ノルウェー	15.7(10)	14.5(10)	12.6(10)	22.7(5)	15.5(35)； 9.68(0.0027)
スウェーデン	17.9(10)	10.1(10)	8.5(10)	11.6(5)	12.1(35)； 29.69(<.0001)

表3h　家計の寄与

国名＼期間	70s	80s	90s	00s	全期間
	平均（標本数）				平均（標本数）；F値（有意確率）
日　本	.(0)	12.1(10)	9.8(10)	5.8(4)	10.1(24)
韓　国	11.4(5)	12.0(10)	15.4(10)	4.0(4)	12.0(29)； 2.76(0.1026)
オーストラリア	10.9(10)	8.5(10)	3.6(10)	−0.4(4)	6.7(34)； 11.90(0.0011)
カナダ	9.0(10)	12.2(10)	7.3(10)	2.5(4)	8.7(34)； 2.60(0.1126)
アメリカ	7.7(10)	7.6(10)	4.4(10)	1.6(4)	6.0(34)； 38.22(<.0001)
イギリス	.(0)	1.3(3)	4.1(10)	0.8(5)	2.7(18)； 96.62(<.0001)
ドイツ	.(0)	.(0)	8.6(9)	8.1(5)	8.4(14)； 5.69(0.0225)
フランス	9.4(2)	6.7(10)	7.0(10)	8.1(4)	7.2(26)； 23.31(<.0001)
イタリア	.(0)	23.7(10)	15.6(10)	7.9(4)	17.7(24)； 27.39(<.0001)
スペイン	.(0)	.(0)	6.0(5)	3.2(4)	4.8(9)； 32.18(<.0001)
デンマーク	.(0)	0.5(9)	−0.5(10)	−1.2(3)	−0.2(22)； 177.26(<.0001)
フィンランド	2.6(5)	1.9(10)	2.7(10)	0.4(5)	2.1(30)； 172.54(<.0001)
ノルウェー	2.3(2)	0.6(10)	2.7(10)	4.0(4)	2.1(26)； 143.99(<.0001)
スウェーデン	.(0)	.(0)	4.3(7)	4.5(4)	4.4(11)； 39.48(<.0001)

231

表3c 企業の寄与

国名＼期間	70s	80s	90s	00s	全期間
	平均（標本数）				平均（標本数）；F値（有意確率）
日　本	. (0)	5.0(10)	3.8(10)	7.4(4)	4.9(24)
韓　国	4.6(5)	6.1(10)	4.0(10)	6.0(4)	5.1(29); 0.22(0.6421)
オーストラリア	−0.3(10)	0.0(10)	1.3(10)	3.9(4)	0.8(34); 72.80(<.0001)
カナダ	3.9(10)	3.1(10)	2.6(10)	6.4(4)	3.6(34); 7.17(0.0097)
アメリカ	3.4(10)	2.9(10)	3.0(10)	2.9(4)	3.1(34); 32.27(<.0001)
イギリス	. (0)	2.7(3)	2.4(10)	4.2(5)	2.9(18); 10.59(0.0023)
ドイツ	. (0)	. (0)	1.1(9)	−0.1(4)	0.7(13); 65.55(<.0001)
フランス	0.8(2)	1.0(10)	2.5(10)	0.9(4)	1.6(26); 47.12(<.0001)
イタリア	. (0)	−4.0(10)	−0.7(10)	0.1(4)	−1.9(24); 142.75(<.0001)
スペイン	. (0)	. (0)	5.8(5)	3.9(4)	5.0(9); 0.02(0.8993)
デンマーク	. (0)	4.7(9)	8.3(10)	7.7(3)	6.7(22); 9.57(0.0034)
フィンランド	−0.4(5)	1.3(10)	1.7(10)	6.0(5)	1.9(30); 8.88(0.0044)
ノルウェー	3.3(2)	5.1(10)	4.4(10)	3.7(4)	4.5(26); 0.92(0.3424)
スウェーデン	. (0)	. (0)	7.2(7)	3.6(4)	5.9(11); 1.70(0.2013)

表3g 政府の寄与

国名＼期間	70s	80s	90s	00s	全期間
	平均（標本数）				平均（標本数）；F値（有意確率）
日　本	. (0)	. (0)	2.8(10)	−4.0(3)	1.2(13)
韓　国	4.0(10)	5.9(10)	8.2(10)	11.2(5)	6.8(35); 28.31(<.0001)
オーストラリア	−0.5(10)	−2.8(10)	−2.1(10)	1.1(4)	−1.5(34); 6.19(0.0166)
カナダ	0.1(10)	−5.2(10)	−4.7(10)	2.0(4)	−2.6(34); 8.06(0.0068)
アメリカ	−1.0(10)	−3.6(10)	−2.2(10)	−0.8(4)	−2.1(34); 11.41(0.0015)
イギリス	1.7(10)	−0.7(10)	−2.3(10)	−0.3(5)	−0.4(35); 2.11(0.1534)
ドイツ	. (0)	. (0)	−1.3(9)	−2.2(5)	−1.6(14); 5.48(0.0275)
フランス	. (0)	. (0)	−2.5(5)	−2.0(5)	−2.3(10); 5.73(0.0260)
イタリア	. (0)	−8.7(10)	−6.3(10)	−1.0(5)	−6.2(25); 27.46(<.0001)
スペイン	. (0)	. (0)	−1.4(5)	2.8(5)	0.7(10); 0.10(0.7494)
デンマーク	4.3(9)	−2.7(10)	−2.1(10)	2.1(5)	0.0(34); 0.68(0.4140)
フィンランド	9.9(5)	7.4(10)	−1.2(10)	5.5(5)	4.6(30); 3.82(0.0574)
ノルウェー	5.9(2)	8.8(10)	5.5(10)	15.0(5)	8.5(27); 22.13(<.0001)
スウェーデン	. (0)	. (0)	−2.7(7)	2.6(5)	−0.5(12); 0.81(0.3772)

　韓国，イタリア，ノルウェーなどの国々は，家計貯蓄率と国民貯蓄率の推移が大変異っている。しかし，その他多くの国とは家計貯蓄率の場合と同様の関係が見られる。即ち日本は国民貯蓄率も，近年まで韓国を除くどの国より目立って高かったが徐々に低下し，21世紀には日本を上回る国がいくつか現れた。確かに，かつてのような程度で高いとは言えなくなったが，諸外国に比して低いわけではない。むしろ，これまでが異常に高かったと言えるだろう。

　家計貯蓄率と国民貯蓄率の推移の違いの大きさは，もちろん家計貯蓄が経

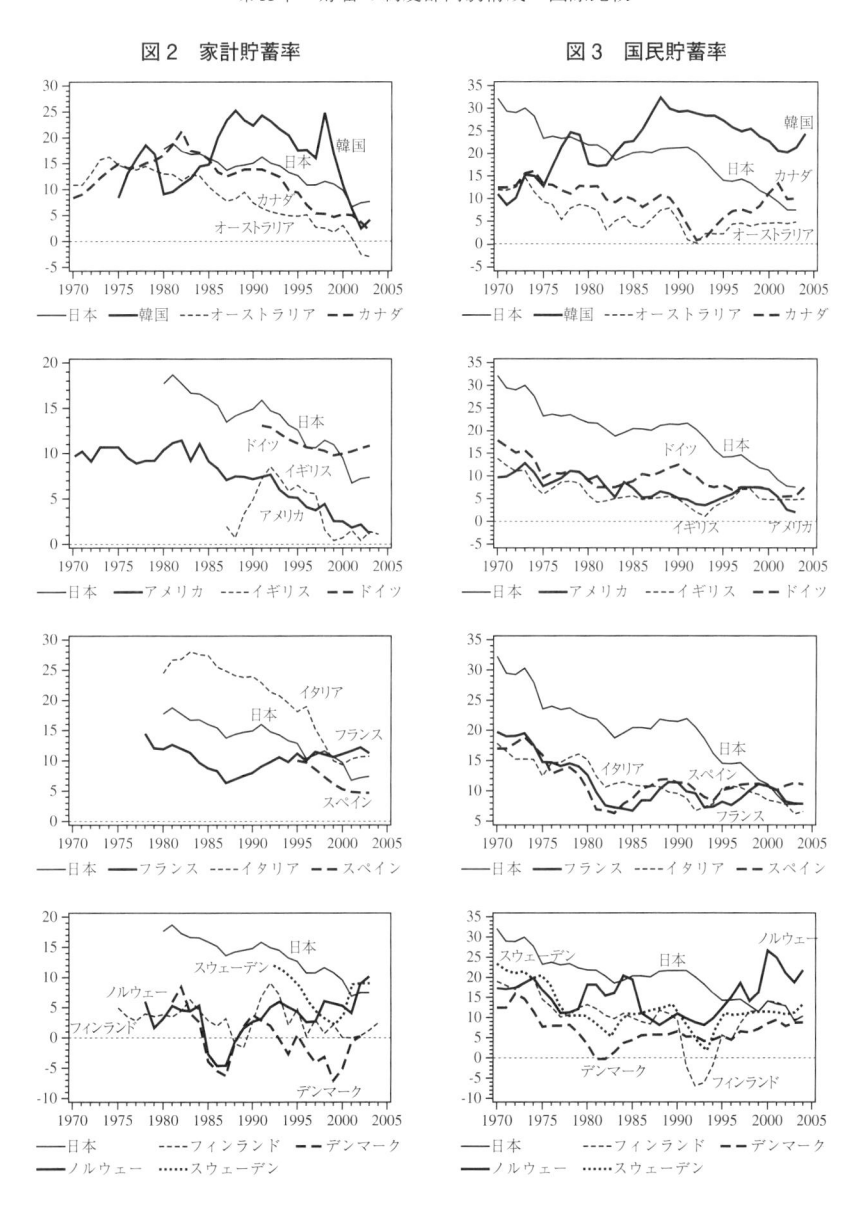

第Ⅹ章　貯蓄の制度部門別構成：国際比較

図2　家計貯蓄率

図3　国民貯蓄率

233

図3h 家計の寄与　　　　　図3c 企業の寄与

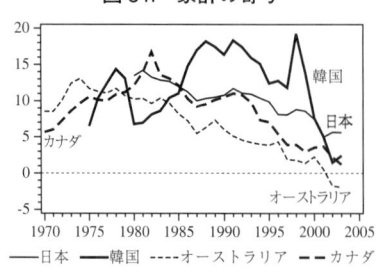

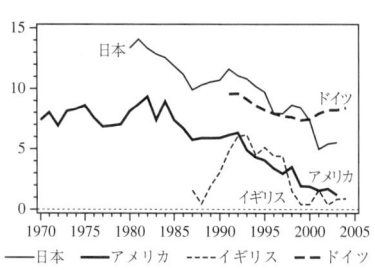

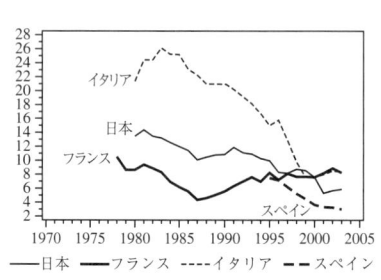

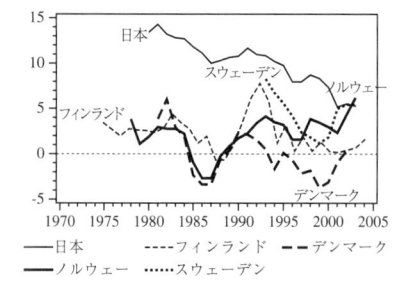

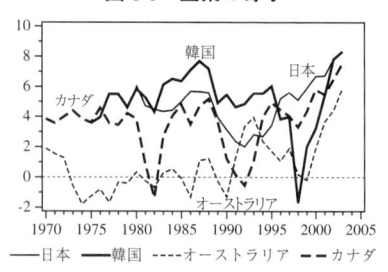

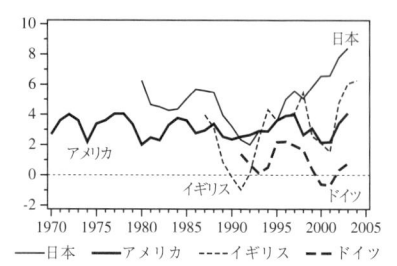

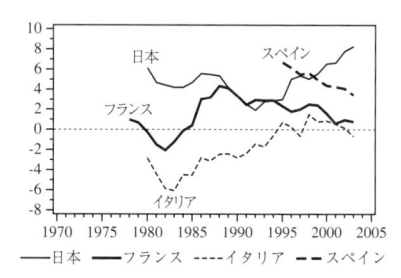

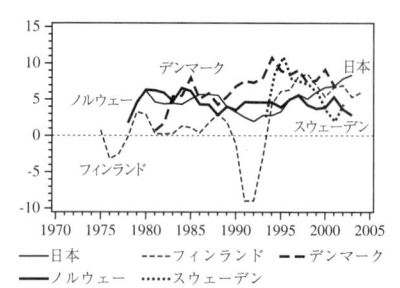

234

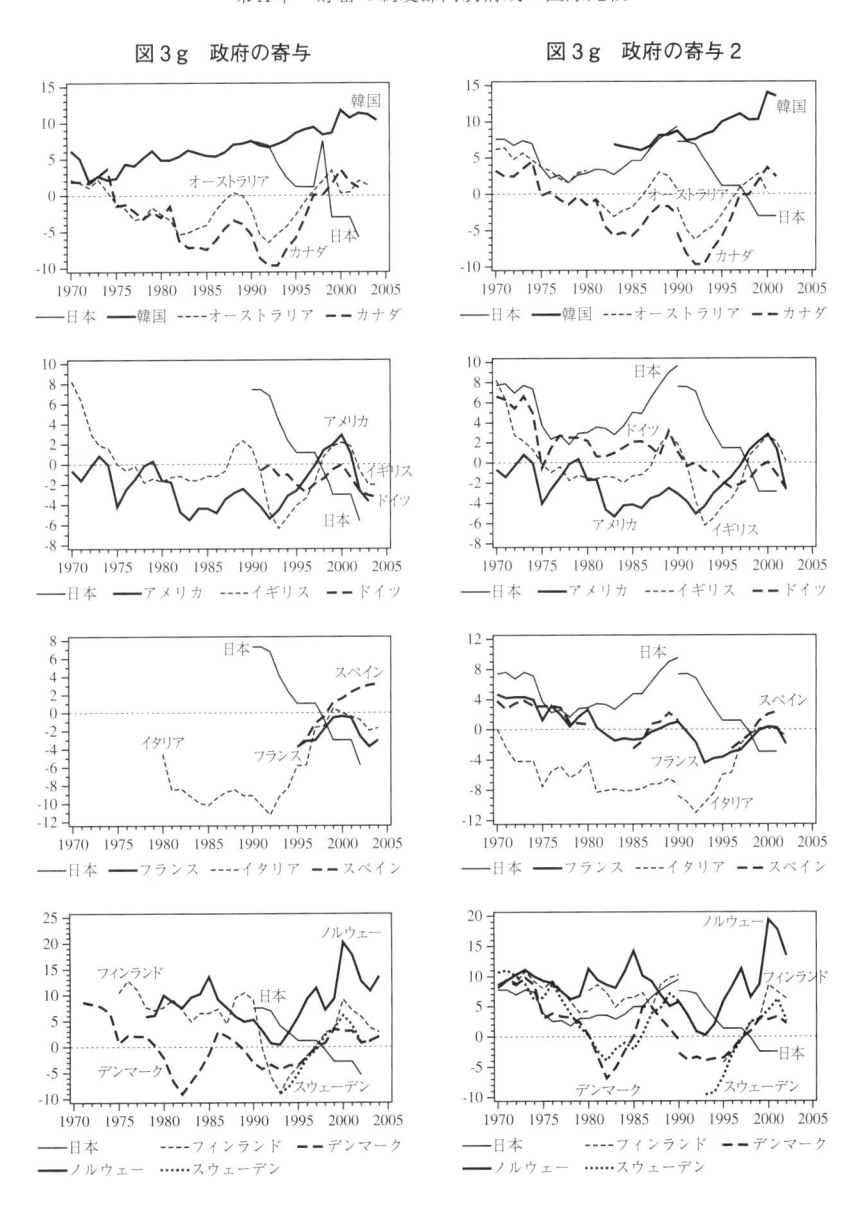

第Ⅹ章　貯蓄の制度部門別構成：国際比較

図3g　政府の寄与

図3g　政府の寄与2

済全体の貯蓄（国民貯蓄）に占める割合の小ささに対応している。韓国，イタリア，ノルウェーなど，家計貯蓄率と国民貯蓄率の違いが大きい経済ほど，家計貯蓄が経済で果たす役割が小さいということである。これは又，その裏面である家計貯蓄以外の構成要素である企業貯蓄，政府貯蓄率の割合が大きいということでもある。では家計，政府，企業の貯蓄は経済全体の貯蓄（国民貯蓄）に対して，どの程度の大きさを占めているだろうか。これを「寄与」という指標で，見てみよう。

国民貯蓄に対する家計部門の寄与に関する日本の特徴は，低下していること，それでもなお高いことである。企業部門の寄与の特徴は，1980年代低下したが1990年以降上昇し，特に近年どの国よりも高い水準に達していることである。

§4 総投資率

総投資（実物資本の蓄積）率はどうか，国民貯蓄率と並行的な観点から見てみよう（**表4**，**図4**参照）。日本の総投資率は国民貯蓄率の場合と同様，低下傾向にあるものの他国に比し高いことが，国民貯蓄率の場合より明瞭である。韓国は例外として，近年ではスペイン，オーストラリアを除き，どの国より高い。

表4　総投資率

国名\期間	70s	80s 平均（標本数）	90s	00s	全期間 平均（標本数）；F値（有意確率）
日　本	33.5(10)	29.5(10)	29.0(10)	25.1(4)	30.0(34)
韓　国	26.9(10)	29.6(10)	35.6(10)	29.8(5)	30.6(35)；　　0.38(0.5377)
オーストラリア	26.3(10)	26.0(10)	22.6(10)	23.3(4)	24.8(34)；　62.44(<.0001)
カナダ	23.0(10)	22.0(10)	19.5(10)	19.8(4)	21.3(34)；184.28(<.0001)
アメリカ	19.2(10)	19.3(10)	17.7(10)	19.0(4)	18.7(34)；361.92(<.0001)
イギリス	19.9(10)	18.5(10)	17.1(10)	16.6(5)	18.2(35)；358.18(<.0001)
ドイツ	24.5(10)	22.1(10)	22.1(10)	18.9(5)	22.4(35)；125.89(<.0001)
フランス	23.6(10)	20.6(10)	19.0(10)	19.2(5)	20.8(35)；189.60(<.0001)
イタリア	25.3(10)	22.5(10)	19.2(10)	19.6(5)	22.0(35)；122.12(<.0001)
スペイン	26.3(10)	22.9(10)	23.4(10)	26.6(5)	24.5(35)；　64.85(<.0001)
デンマーク	24.1(10)	19.7(10)	18.8(10)	19.9(5)	20.7(35)；174.50(<.0001)
フィンランド	28.8(10)	26.7(10)	19.7(10)	19.2(5)	24.2(35)；　33.10(<.0001)
ノルウェー	31.2(10)	26.9(10)	21.0(10)	18.1(5)	25.2(35)；　20.71(<.0001)
スウェーデン	22.1(10)	20.7(10)	17.5(10)	16.7(5)	19.6(35)；211.75(<.0001)

第X章　貯蓄の制度部門別構成：国際比較

表4h　家計の寄与

国名＼期間	70s	80s 平均（標本数）	90s	00s	全期間 平均（標本数）；F値（有意確率）
日　本	. (0)	7.7(10)	6.6(10)	4.9(4)	6.7(24)
韓　国	6.3(5)	6.6(10)	7.8(10)	6.3(4)	6.9(29);　0.22(0.6383)
オーストラリア	10.9(10)	9.6(10)	8.5(10)	9.6(4)	9.7(34);　78.80(<.0001)
カナダ	6.9(10)	6.5(10)	5.9(10)	6.0(4)	6.4(34);　1.75(0.1911)
アメリカ	7.8(10)	7.4(10)	6.2(10)	7.0(4)	7.1(34);　1.95(0.1680)
イギリス	. (0)	5.2(3)	3.9(10)	4.8(5)	4.4(18);　58.07(<.0001)
ドイツ	(0)	. (0)	7.8(9)	6.9(4)	7.5(13);　4.67(0.0376)
フランス	9.0(2)	7.4(10)	5.8(10)	5.6(4)	6.6(26);　0.11(0.7428)
イタリア	. (0)	8.3(10)	6.9(10)	6.8(4)	7.5(24);　5.37(0.0250)
スペイン	. (0)	. (0)	5.5(5)	6.7(4)	6.0(9);　3.08(0.0890)
デンマーク	. (0)	4.7 (9)	4.0(10)	5.3(3)	4.5(22);　56.11(<.0001)
フィンランド	9.2(5)	8.5(10)	5.3(10)	5.3(5)	7.0(30);　0.43(0.5158)
ノルウェー	9.5(2)	7.4(10)	4.3(10)	4.5(4)	5.9(26);　3.21(0.0794)
スウェーデン	. (0)	. (0)	1.6(7)	1.9(4)	1.7(11);　190.84(<.0001)

表4c　企業の寄与

国名＼期間	70s	80s 平均（標本数）	90s	00s	全期間 平均（標本数）；F値（有意確率）
日　本	. (0)	16.6(10)	16.7(10)	15.4(4)	16.5(24)
韓　国	19.2(5)	18.7(10)	22.6(10)	18.1(4)	20.0(29);　34.63(<.0001)
オーストラリア	11.4(10)	13.3(10)	11.5(10)	11.4(4)	12.0(34);　159.73(<.0001)
カナダ	12.4(10)	12.5(10)	10.9(10)	11.2(4)	11.9(34);　173.83(<.0001)
アメリカ	8.8(10)	9.6(10)	9.1(10)	9.3(4)	9.2(34);　584.62(<.0001)
イギリス	. (0)	13.1(3)	11.3(10)	10.4(5)	11.3(18);　141.05(<.0001)
ドイツ	. (0)	. (0)	11.9(9)	10.7(4)	11.5(13);　119.59(<.0001)
フランス	10.7(2)	10.6(10)	10.4(10)	10.7(4)	10.5(26);　354.74(<.0001)
イタリア	. (0)	10.9(10)	9.7(10)	10.4(4)	10.3(24);　320.34(<.0001)
スペイン	. (0)	. (0)	13.1(5)	14.4(4)	13.7(9);　29.14(<.0001)
デンマーク	. (0)	13.0(9)	13.2(10)	13.4(3)	13.2(22);　63.57(<.0001)
フィンランド	15.4(5)	14.6(10)	11.2(10)	11.1(5)	13.0(30);　33.44(<.0001)
ノルウェー	14.9(2)	17.0(10)	14.9(10)	12.1(4)	15.3(26);　5.01(0.0298)
スウェーデン	. (0)	. (0)	11.0(7)	11.9(4)	11.3(11);　115.53(<.0001)

表4g　政府の寄与

国名＼期間	70s	80s 平均（標本数）	90s	00s	全期間 平均（標本数）；F値（有意確率）
日　本	. (0)	. (0)	5.7(10)	4.9(3)	5.5(13)
韓　国	4.0(5)	4.3(10)	5.2(10)	5.6(4)	4.8(29);　11.89(0.0013)
オーストラリア	4.0(10)	3.0(10)	2.6(10)	2.3(4)	3.1(34);　121.16(<.0001)
カナダ	3.6(10)	3.0(10)	2.7(10)	2.5(4)	3.0(34);　199.68(<.0001)
アメリカ	2.6(10)	2.3(10)	2.4(10)	2.6(4)	2.5(34);　705.36(<.0001)
イギリス	4.2(10)	2.2(10)	2.0(10)	1.5(5)	2.6(35);　71.35(<.0001)
ドイツ	. (0)	. (0)	2.3(9)	1.6(5)	2.1(14);　278.27(<.0001)
フランス	. (0)	. (0)	3.0(5)	3.1(5)	3.0(10);　167.39(<.0001)
イタリア	. (0)	3.4(10)	2.6(10)	2.4(5)	2.9(25);　195.54(<.0001)
スペイン	. (0)	. (0)	3.2(5)	3.3(5)	3.2(10);　133.63(<.0001)
デンマーク	3.6(9)	2.2(10)	1.8(10)	1.8(5)	2.4(34);　164.97(<.0001)
フィンランド	3.7(5)	3.6(10)	3.2(10)	2.8(5)	3.3(30);　189.60(<.0001)
ノルウェー	4.6(2)	3.5(10)	3.4(10)	2.8(5)	3.4(27);　128.35(<.0001)
スウェーデン	. (0)	. (0)	3.5(7)	3.1(5)	3.4(12);　113.83(<.0001)

では制度部門別の寄与はどうか。日本は，政府，及び企業の寄与が例外的に大きい点で，非常に目立っている。ということは家計の役割は，それほど大きくないということである。家計の所得処分面での節約を，企業・政府が資本蓄積のために大いに活用し，また強大な後者が somehow それに見合う前者を引き出したと推察できる。

§5　総投資率－総貯蓄率

総投資（実物資本の蓄積）率と総貯蓄率については既にみたが，その相対関係はどうか（表5，図5参照）。総投資率－総貯蓄率は，資金過不足を GDP で相対化したものであるが（負は資金余剰，正は資金不足），日本は経済全体として資金余剰が文字どおり持続している，世界でも稀な経済である。但し，その程度は傾向的に小さくなっている。平均では資金余剰が結構大きいノルウェー，スウェーデンも資金不足の時期があったが，日本の場合，資金不足の時期はない。

部門別構成の点でも，日本経済は独特である。第一に家計の寄与が，非常に大きいことである（イタリアだけが日本を上回る）。但し，その大きさは傾向的に小さくなっている。第二に部門別構成に，構造変化が起っていることである。90年代以降，政府部門の資金不足が急増し，対照的に企業部門

表5　総投資率－総貯蓄率

期間 国名	70s	80s	90s	00s	全期間
	平均（標本数）				平均（標本数）；F値（有意確率）
日　　本	-3.2(10)	-2.7(10)	-2.2(10)	-1.6(4)	-2.6(34);
韓　　国	3.7(10)	-2.0(10)	-0.8(10)	-2.9(5)	-0.2(35);　　8.67(0.0044)
オーストラリア	2.2(10)	5.5(10)	4.4(10)	3.8(4)	4.0(34);　290.18(<.0001)
カナダ	0.3(10)	1.4(10)	2.0(10)	-2.9(4)	0.7(34);　　55.22(<.0001)
アメリカ	0.1(10)	1.7(10)	1.9(10)	3.6(4)	1.5(34);　153.59(<.0001)
イギリス	0.2(10)	1.0(10)	1.4(10)	1.7(5)	1.0(35);　　93.07(<.0001)
ドイツ	0.5(10)	-0.0(10)	0.6(10)	-0.9(5)	0.2(35);　　60.00(<.0001)
フランス	-1.7(10)	1.1(10)	-1.1(10)	-1.0(5)	-0.6(35);　　30.13(<.0001)
イタリア	-0.7(10)	-0.2(10)	-1.3(10)	0.1(5)	-0.6(35);　　32.62(<.0001)
スペイン	0.5(10)	1.4(10)	1.7(10)	3.8(5)	1.6(35);　117.72(<.0001)
デンマーク	2.0(10)	2.7(10)	-1.5(10)	-2.8(5)	0.5(35);　　43.02(<.0001)
フィンランド	0.9(10)	1.4(10)	-1.3(10)	-6.8(5)	-0.6(35);　　6.54(0.0128)
ノルウェー	2.3(10)	-1.6(10)	-5.4(10)	-15.3(5)	-3.5(35);　　0.72(0.3995)
スウェーデン	-4.5(10)	0.2(10)	-1.7(10)	-5.9(5)	-2.5(35);　　0.00(0.9852)

第X章　貯蓄の制度部門別構成：国際比較

表 5h　家計の寄与

国名 \ 期間	70s	80s	90s	00s	全期間
	平均（標本数）				平均（標本数）；F値（有意確率）
日　本	. (0)	−7.1(10)	−6.1(10)	−4.5(4)	−6.3(24)
韓　国	−6.5(5)	−6.1(10)	−8.0(10)	−1.2(4)	−6.2(29);　0.02(0.8889)
オーストラリア	−4.9(10)	−3.1(10)	−0.0(10)	4.0(4)	−1.9(34);　37.04(<.0001)
カナダ	−4.0(10)	−6.8(10)	−3.3(10)	1.0(4)	−4.0(34);　10.93(0.0017)
アメリカ	−2.3(10)	−2.8(10)	−0.7(10)	2.4(4)	−1.4(34);　90.94(<.0001)
イギリス	. (0)	1.2(3)	−2.4(10)	0.9(5)	−0.9(18);　89.72(<.0001)
ドイツ	. (0)	. (0)	−3.3(9)	−4.2(4)	−3.6(13);　37.49(<.0001)
フランス	−3.1(2)	−2.0(10)	−3.8(10)	−4.7(4)	−3.2(26);　57.51(<.0001)
イタリア	. (0)	−16.3(10)	−10.5(10)	−4.3(4)	−11.9(24);　28.07(<.0001)
スペイン	. (0)	. (0)	−3.2(5)	0.1(4)	−1.7(9);　53.00(<.0001)
デンマーク	. (0)	0.4(9)	0.4(10)	2.3(3)	0.7(22);　146.00(<.0001)
フィンランド	2.9(5)	2.6(10)	−1.1(10)	1.0(5)	1.1(30);　186.47(<.0001)
ノルウェー	3.4(2)	2.9(10)	−1.2(10)	−1.7(4)	0.7(26);　129.98(<.0001)
スウェーデン	. (0)	. (0)	−3.6(7)	−3.7(4)	−3.6(11);　20.95(<.0001)

表 5c　企業の寄与

国名 \ 期間	70s	80s	90s	00s	全期間
	平均（標本数）				平均（標本数）；F値（有意確率）
日　本	. (0)	3.5(10)	2.3(10)	−3.1(4)	1.9(24)
韓　国	10.0(5)	6.1(10)	10.5(10)	4.8(4)	8.1(29);　50.15(<.0001)
オーストラリア	4.6(10)	5.5(10)	2.3(10)	0.2(4)	3.7(34);　6.18(0.0160)
カナダ	2.9(10)	2.9(10)	0.8(10)	−2.7(4)	1.6(34);　0.15(0.6968)
アメリカ	0.2(10)	0.4(10)	−0.3(10)	−0.7(4)	0.0(34);　10.50(0.0020)
イギリス	. (0)	2.0(3)	1.0(10)	0.0(5)	0.9(18);　1.22(0.2755)
ドイツ	. (0)	. (0)	2.3(9)	2.1(4)	2.2(13);　0.11(0.7387)
フランス	3.1(2)	2.5(10)	0.1(10)	1.2(4)	1.4(26);　0.47(0.4947)
イタリア	. (0)	6.3(10)	2.6(10)	2.7(4)	4.2(24);　7.77(0.0077)
スペイン	. (0)	. (0)	0.4(5)	3.1(4)	1.6(9);　0.09(0.7706)
デンマーク	. (0)	0.4(9)	−2.8(10)	−2.7(3)	−1.5(22);　16.26(0.0002)
フィンランド	5.5(5)	3.2(10)	−1.6(10)	−3.7(5)	0.8(30);　0.83(0.3651)
ノルウェー	1.5(2)	2.1(10)	0.6(10)	−0.6(4)	1.1(26);　1.29(0.2609)
スウェーデン	. (0)	. (0)	−3.1(7)	0.2(4)	−1.9(11);　11.72(0.0017)

表 5g　政府の寄与

国名 \ 期間	70s	80s	90s	00s	全期間
	平均（標本数）				平均（標本数）；F値（有意確率）
日　本	. (0)	. (0)	1.6(10)	5.7(3)	2.5(13)
韓　国	−1.0(5)	−2.0(10)	−3.3(10)	−5.9(4)	−2.8(29);　48.11(<.0001)
オーストラリア	2.4(10)	3.1(10)	2.2(10)	−0.4(4)	2.2(34);　0.15(0.6984)
カナダ	1.4(10)	5.2(10)	4.5(10)	−1.1(4)	3.1(34);　0.32(0.5757)
アメリカ	2.2(10)	4.1(10)	2.9(10)	1.9(4)	3.0(34);　0.30(0.5837)
イギリス	1.3(10)	1.5(10)	2.9(10)	0.8(5)	1.8(35);　0.83(0.3681)
ドイツ	. (0)	. (0)	1.7(9)	1.9(4)	1.7(14);　0.79(0.3814)
フランス	. (0)	2.4(10)	2.5(5)	2.3(5)	2.4(10);　0.01(0.9346)
イタリア	. (0)	9.7(10)	6.7(10)	1.9(5)	6.9(25);　12.34(0.0012)
スペイン	. (0)	. (0)	2.9(5)	−0.5(5)	1.2(10);　1.22(0.2815)
デンマーク	−2.1(9)	2.0(10)	1.1(10)	−1.9(5)	0.1(34);　5.72(0.0211)
フィンランド	−6.2(5)	−4.3(10)	1.5(10)	−4.1(5)	−2.7(30);　16.81(0.0002)
ノルウェー	−2.2(2)	−5.6(10)	−3.2(10)	−11.8(5)	−5.6(27);　37.41(<.0001)
スウェーデン	. (0)	. (0)	3.4(7)	−1.5(5)	1.4(12);　0.55(0.4678)

図4　総投資率

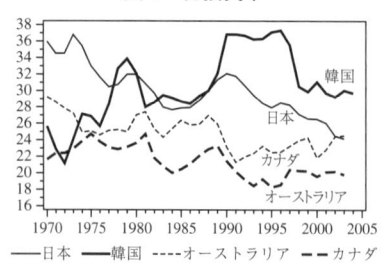

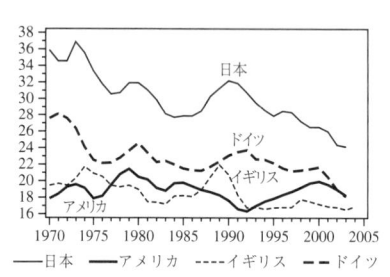

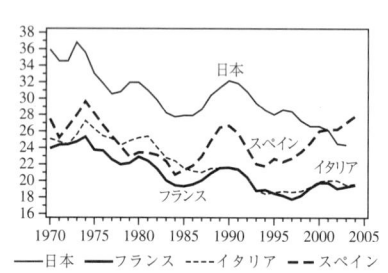

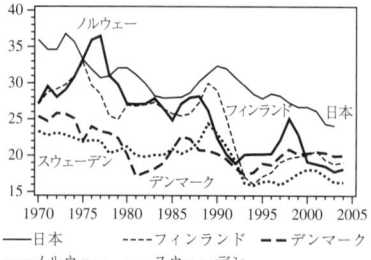

図4h　家計の寄与

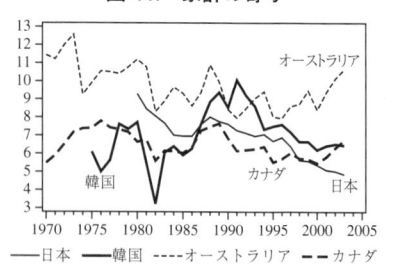

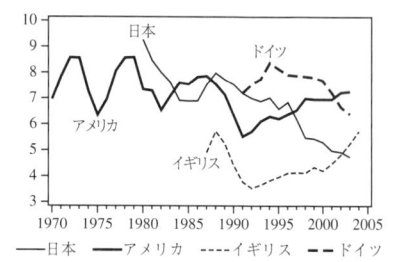

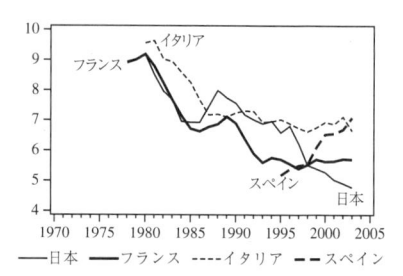

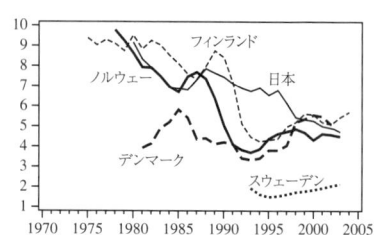

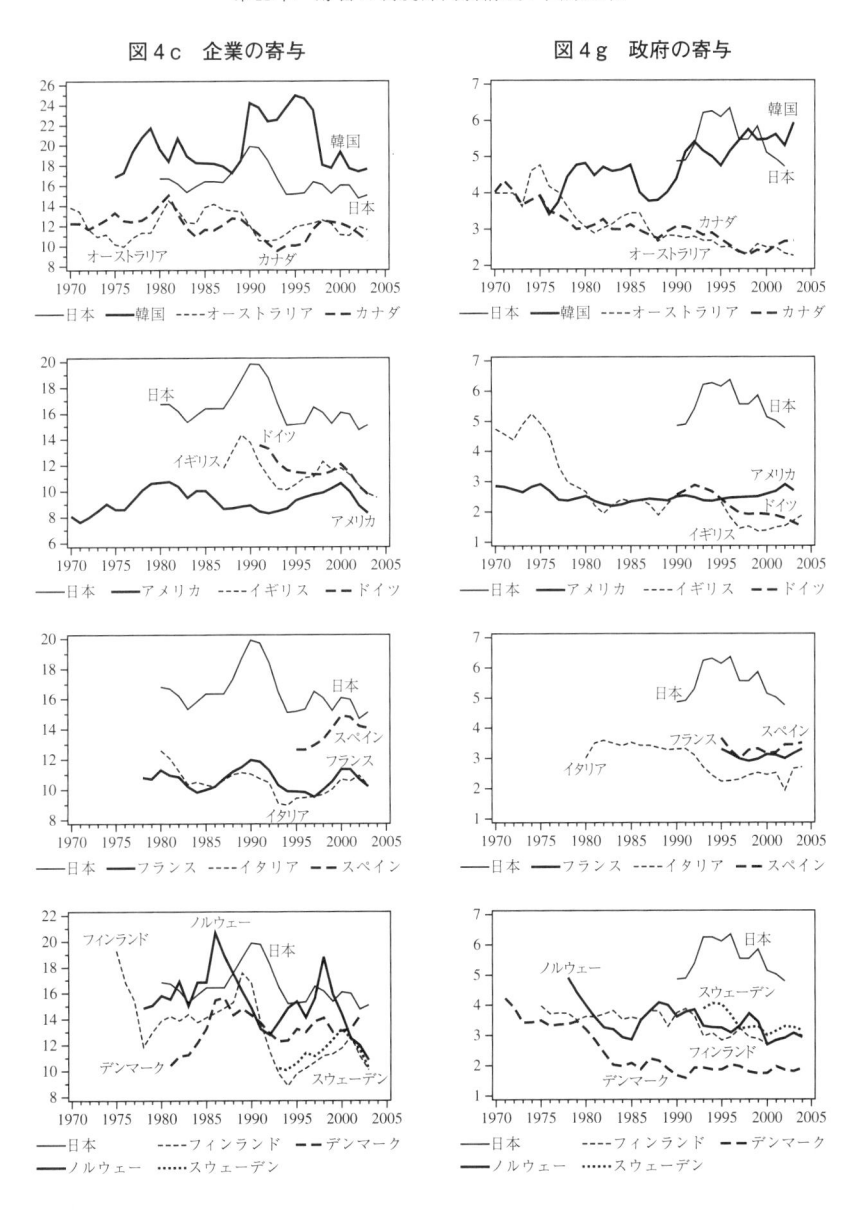

第X章 貯蓄の制度部門別構成：国際比較

図4c　企業の寄与

図4g　政府の寄与

図4g 政府の寄与2

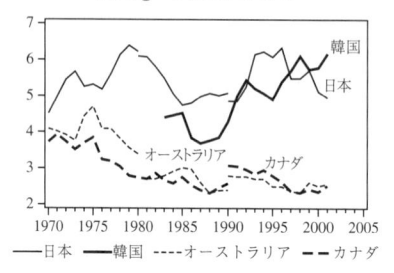

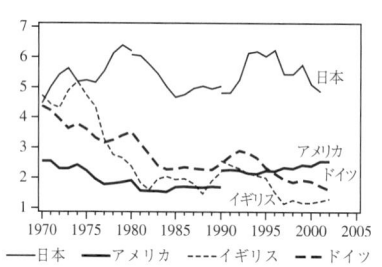

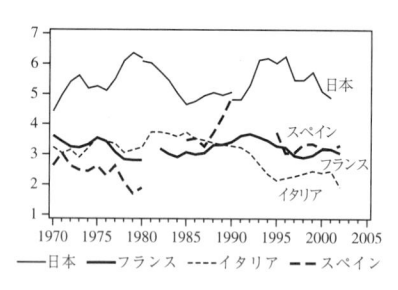

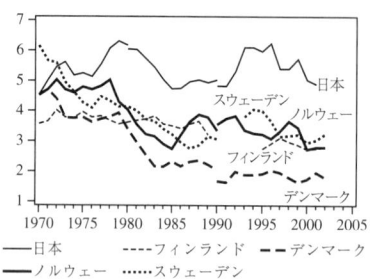

図5 総投資率－総貯蓄率

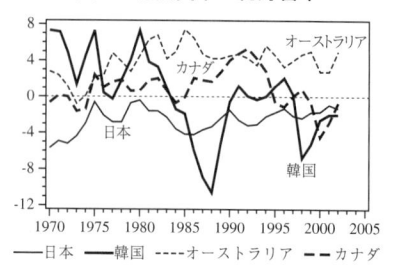

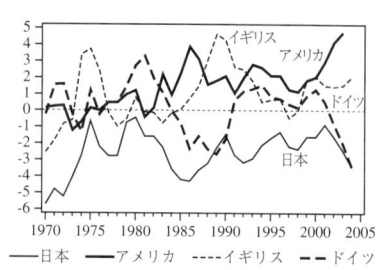

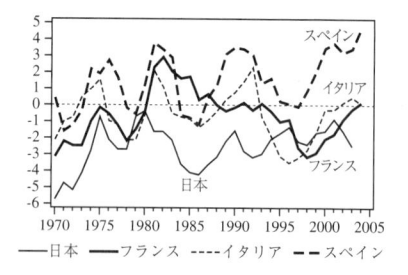

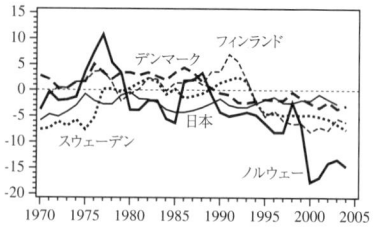

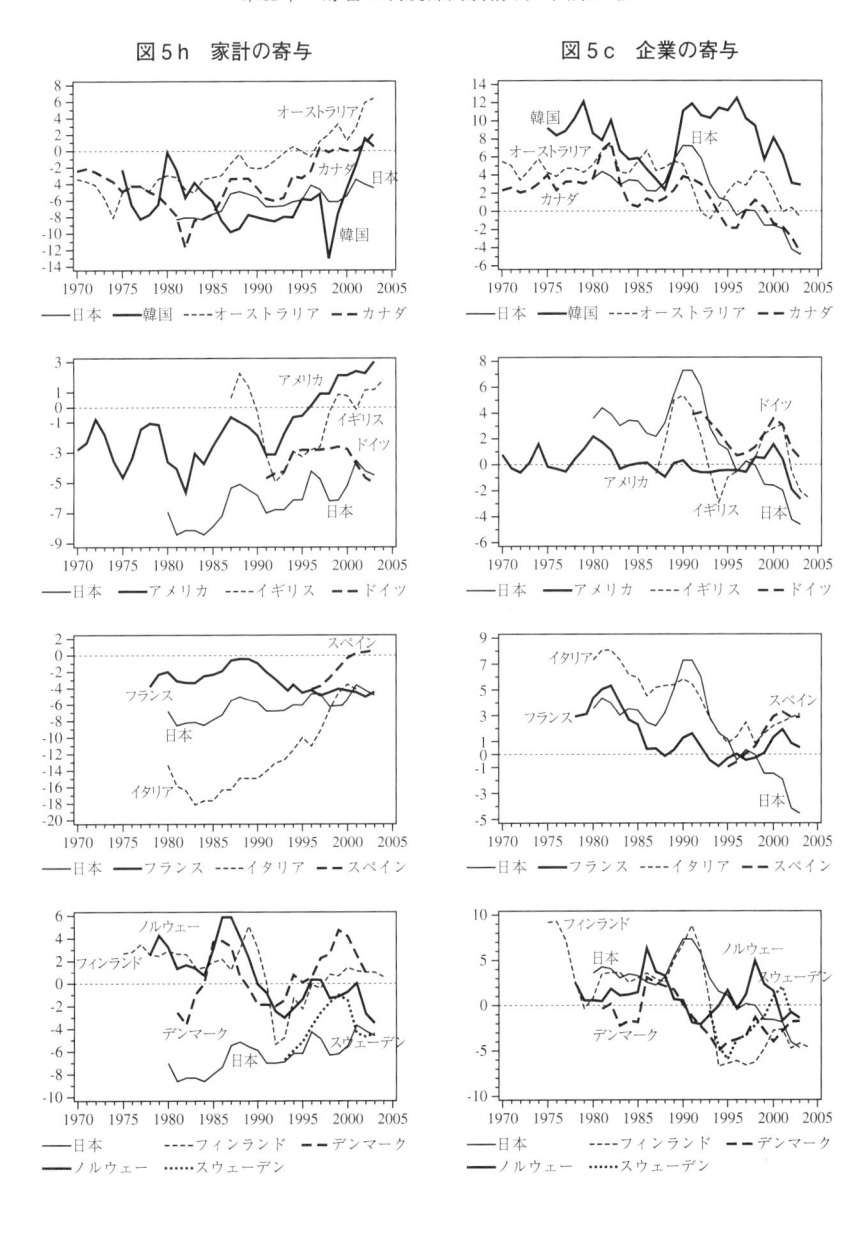

第Ⅹ章　貯蓄の制度部門別構成：国際比較

図5h　家計の寄与

図5c　企業の寄与

243

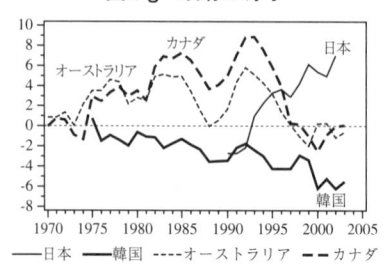

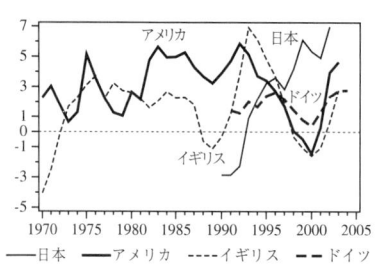

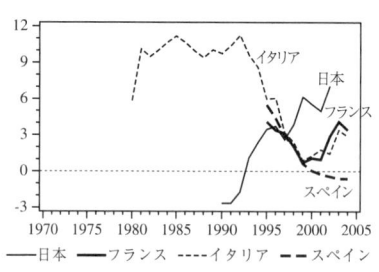

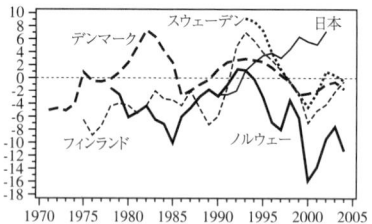

図5g 政府の寄与

図5g 政府の寄与2

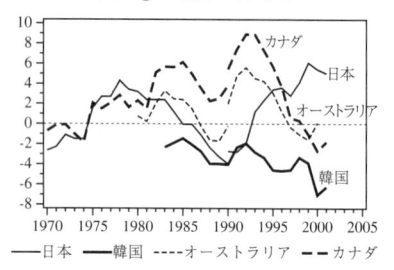

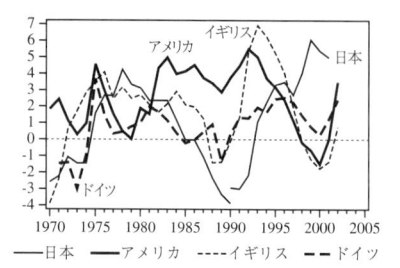

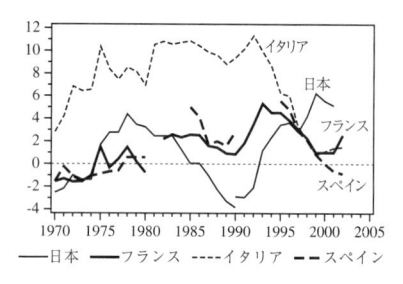

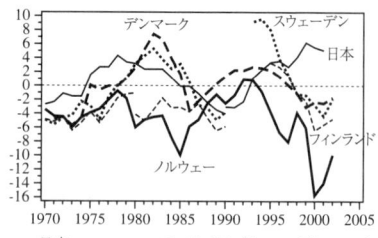

第X章　貯蓄の制度部門別構成：国際比較

の資金余剰が急増している。日本の政府部門の資金不足の急増は，他の国と正反対の方向であり，企業部門の資金余剰の大きさ，増加率の高さは同じ傾向の国の中でも印象的である[8]。

経済全体では安定した資金余剰，その部門構成における独自の大きな変化という点で，日本経済は世界的に稀であることが一目瞭然である。

§6　固定資本減耗率

固定資本減耗の比率が結構大きいことは，すでに第1章で総貯蓄と純貯蓄の差として言及した[9]。では他国と比べると，どうか（表6，図6参照）。

日本の動向は，次の点で印象的である。1970年代後半から上昇傾向が非常に明白で，1990年代後半にはどの国より高い水準に達し，更に上昇傾向は続くように見える。平均では結構高いフィンランドは1990年代前半に低下に転じたし，ノルウェーは上昇率が逓減し21世紀には低下している。

なぜ日本は，世界のどの国より固定資本減耗の割合が高く，且つ急速に上昇しているのか，その経済的意味は何か。日本が蓄積している固定資本の質

表6　固定資本減耗率

期間 国名	70s	80s 平均	90s （標本数）	00s	全期間 平均（標本数）；F値（有意確率）
日　本	13.5(10)	14.5(10)	17.6(10)	19.7(4)	15.7(34)
韓　国	8.1(10)	10.1(10)	12.3(10)	13.8(5)	10.7(35); 80.55(<.0001)
オーストラリア	15.8(10)	15.8(10)	15.8(10)	15.7(4)	15.8(34); 0.06(0.8093)
カナダ	11.4(10)	12.1(10)	13.1(10)	13.5(4)	12.4(34); 60.95(<.0001)
アメリカ	10.0(10)	11.5(10)	11.2(10)	12.1(4)	11.0(34); 118.04(<.0001)
イギリス	11.2(10)	13.2(10)	12.0(10)	10.9(5)	11.9(35); 70.28(<.0001)
ドイツ	11.9(10)	13.9(10)	14.5(10)	14.9(5)	13.7(35); 20.59(<.0001)
フランス	10.5(10)	12.0(10)	12.4(10)	12.8(5)	11.8(35); 81.96(<.0001)
イタリア	12.7(10)	13.3(10)	13.0(10)	13.4(5)	13.1(35); 41.08(<.0001)
スペイン	12.0(10)	13.8(10)	13.0(10)	14.0(5)	13.1(35); 38.05(<.0001)
デンマーク	12.9(10)	14.3(10)	15.9(10)	15.8(5)	14.5(35); 6.43(0.0135)
フィンランド	14.8(10)	16.7(10)	18.3(10)	16.2(5)	16.6(35); 2.94(0.0909)
ノルウェー	16.0(10)	16.9(10)	16.2(10)	14.1(5)	16.0(35); 0.50(0.4798)
スウェーデン	10.3(10)	11.8(10)	11.9(10)	12.6(5)	11.5(35); 95.34(<.0001)

---

8) 企業部門における最近の資金余剰傾向は，世界的なようである。*The Economist* [5] 参照。日本の場合，その程度が極端なのである。
9) 石川 [1] は，固定資本減耗の重要性を強調している。

表6h 家計の寄与

国名＼期間	70s	80s	90s	00s	全期間
		平均（標本数）			平均（標本数）；F値（有意確率）
日　本	.(0)	4.4(10)	4.5(10)	4.6(4)	4.5(24)
韓　国	2.2(5)	2.0(10)	2.3(10)	4.0(4)	2.4(29);　 167.35(<.0001)
オーストラリア	6.8(10)	5.8(10)	5.6(10)	5.9(4)	6.1(34);　　86.02(<.0001)
カナダ	3.1(10)	3.0(10)	3.1(10)	2.9(4)	3.1(34);　2236.46(<.0001)
アメリカ	3.2(10)	3.5(10)	3.1(10)	3.2(4)	3.3(34);　 690.61(<.0001)
イギリス	.(0)	2.8(3)	2.8(10)	3.3(5)	2.9(18);　 701.48(<.0001)
ドイツ	.(0)	.(0)	3.9(9)	4.4(4)	4.1(13);　　37.66(<.0001)
フランス	3.7(2)	3.7(10)	3.5(10)	3.3(4)	3.5(26);　 491.57(<.0001)
イタリア	.(0)	4.1(10)	4.1(10)	4.3(4)	4.2(24);　　61.16(<.0001)
スペイン	.(0)	.(0)	3.4(5)	3.9(4)	3.6(9);　 165.84(<.0001)
デンマーク	.(0)	3.9(9)	4.0(10)	4.0(3)	4.0(22);　　37.40(<.0001)
フィンランド	4.1(5)	4.4(10)	4.4(10)	4.0(5)	4.3(30);　　12.52(0.0009)
ノルウェー	4.3(2)	4.0(10)	3.3(10)	2.8(4)	3.6(26);　　63.77(<.0001)
スウェーデン	.(0)	.(0)	1.6(7)	1.8(4)	1.6(11);　3883.91(<.0001)

表6c 企業の寄与

国名＼期間	70s	80s	90s	00s	全期間
		平均（標本数）			平均（標本数）；F値（有意確率）
日　本	.(0)	8.9(10)	11.3(10)	12.6(4)	10.5(24)
韓　国	4.9(5)	7.1(10)	8.6(10)	8.1(4)	7.4(29);　　51.57(<.0001)
オーストラリア	7.0(10)	7.8(10)	8.1(10)	7.9(4)	7.7(34);　　94.73(<.0001)
カナダ	6.2(10)	7.0(10)	7.9(10)	8.6(4)	7.2(34);　 102.25(<.0001)
アメリカ	5.5(10)	6.7(10)	6.7(10)	7.5(4)	6.4(34);　 170.69(<.0001)
イギリス	.(0)	8.8(3)	8.1(10)	6.6(5)	7.8(18);　　38.28(<.0001)
ドイツ	.(0)	.(0)	8.7(9)	8.8(4)	8.7(13);　　16.69(0.0002)
フランス	6.8(2)	7.3(10)	8.0(10)	8.8(4)	7.8(26);　　67.27(<.0001)
イタリア	.(0)	8.0(10)	7.7(10)	7.7(4)	7.8(24);　　68.68(<.0001)
スペイン	.(0)	.(0)	7.7(5)	8.0(4)	7.9(9);　　24.21(<.0001)
デンマーク	.(0)	8.8(9)	9.4(10)	9.9(3)	9.2(22);　　13.06(0.0008)
フィンランド	10.2(5)	10.3(10)	11.4(10)	9.9(5)	10.6(30);　　 0.08(0.7826)
ノルウェー	10.8(2)	10.8(10)	10.7(10)	9.5(4)	10.6(26);　　 0.06(0.8015)
スウェーデン	.(0)	.(0)	7.9(7)	8.6(4)	8.2(11);　　22.91(<.0001)

表6g 政府の寄与

国名＼期間	70s	80s	90s	00s	全期間
		平均（標本数）			平均（標本数）；F値（有意確率）
日　本	.(0)	.(0)	1.8(10)	2.5(3)	1.9(13)
韓　国	1.1(10)	1.1(10)	1.3(10)	1.7(4)	1.2(34);　　48.38(<.0001)
オーストラリア	2.0(10)	2.2(10)	2.1(10)	1.8(4)	2.1(34);　　 2.90(0.0953)
カナダ	2.1(10)	2.1(10)	2.1(10)	1.9(4)	2.1(34);　　 4.70(0.0355)
アメリカ	1.3(10)	1.3(10)	1.3(10)	1.4(4)	1.3(34);　　70.50(<.0001)
イギリス	1.3(10)	1.3(10)	1.1(10)	1.0(5)	1.2(35);　　85.71(<.0001)
ドイツ	.(0)	.(0)	1.7(9)	1.6(5)	1.7(14);　　 4.63(0.0413)
フランス	.(0)	.(0)	2.6(5)	2.5(5)	2.6(10);　　22.02(0.0001)
イタリア	.(0)	1.2(10)	1.2(10)	1.3(5)	1.2(25);　　72.12(<.0001)
スペイン	.(0)	.(0)	1.5(5)	1.5(5)	1.5(10);　　12.14(0.0022)
デンマーク	1.9(9)	2.4(10)	2.4(10)	2.0(5)	2.2(34);　　 6.66(0.0132)
フィンランド	1.8(5)	2.0(10)	2.5(10)	2.4(5)	2.2(30);　　 5.11(0.0292)
ノルウェー	2.1(2)	2.0(10)	2.1(10)	1.9(5)	2.1(27);　　 2.41(0.1287)
スウェーデン	.(0)	.(0)	2.3(7)	2.3(5)	2.3(12);　　10.86(0.0032)

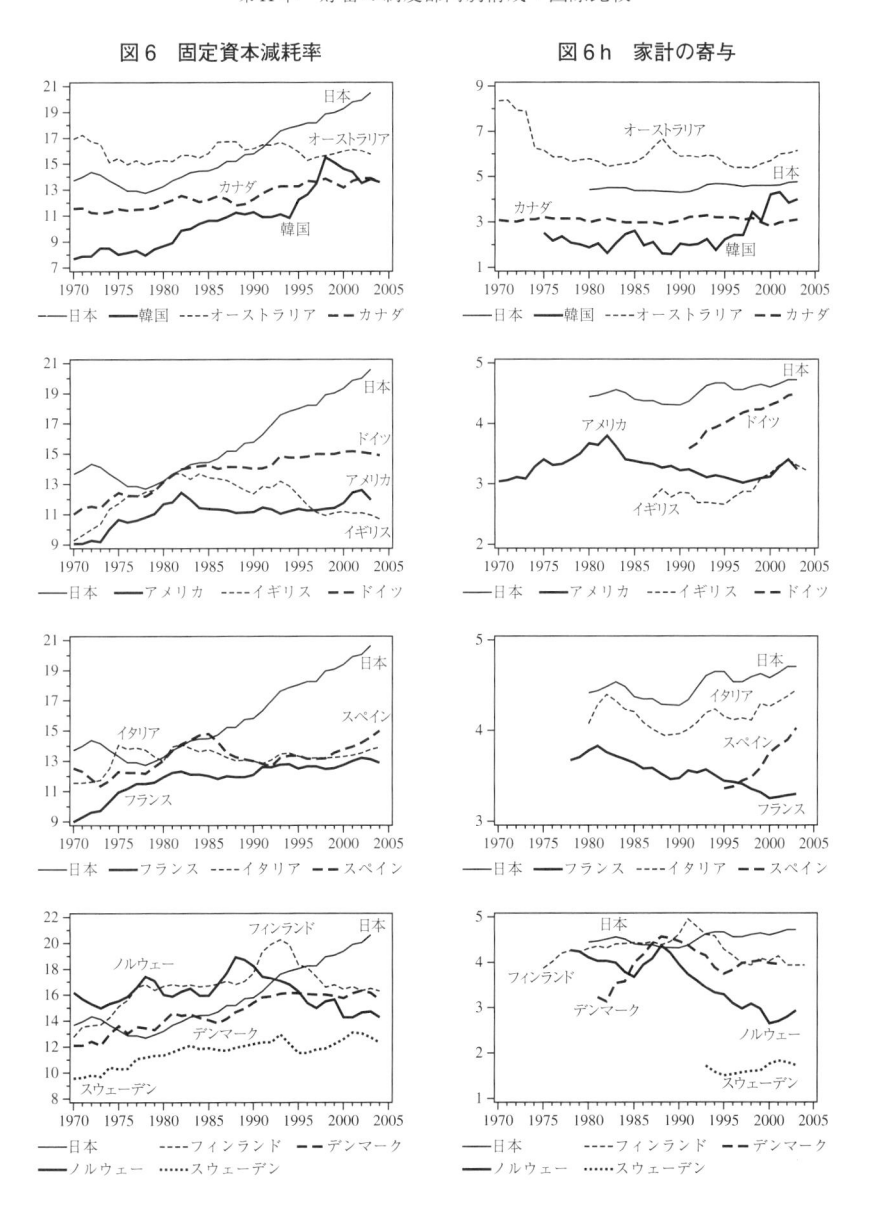

第X章　貯蓄の制度部門別構成：国際比較

図6　固定資本減耗率

図6h　家計の寄与

図6c　企業の寄与　　　　　図6g　政府の寄与

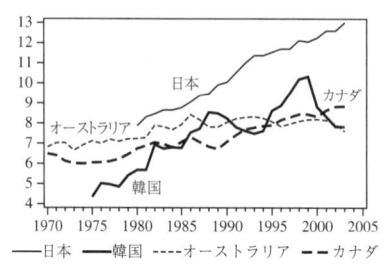

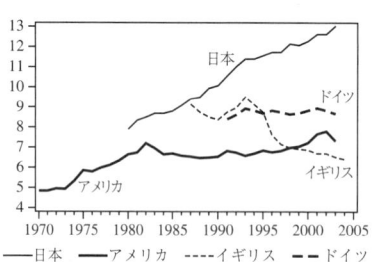

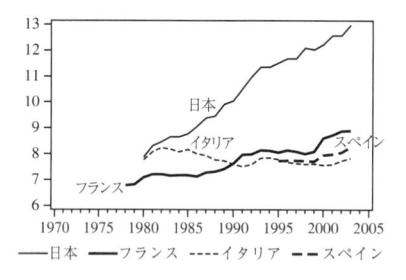

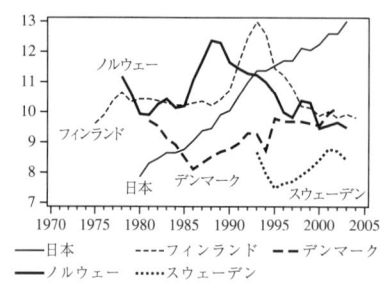

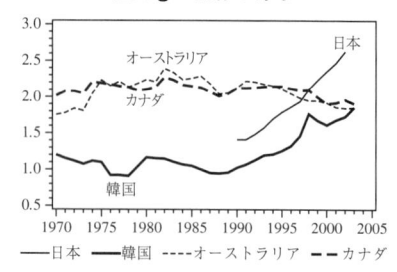

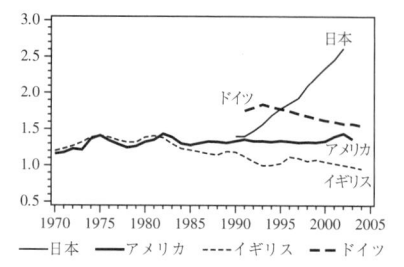

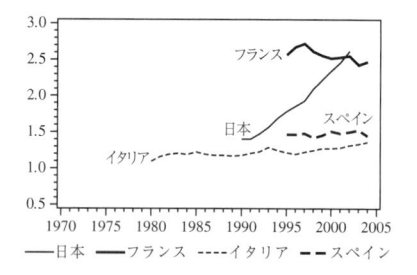

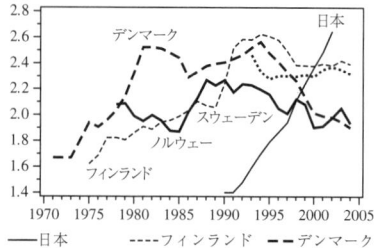

第Ⅹ章　貯蓄の制度部門別構成：国際比較

図6g　政府の寄与2

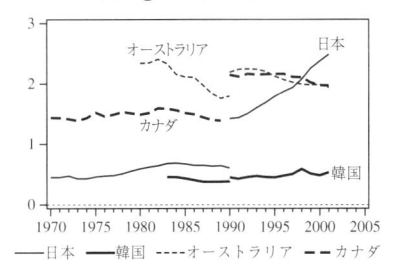

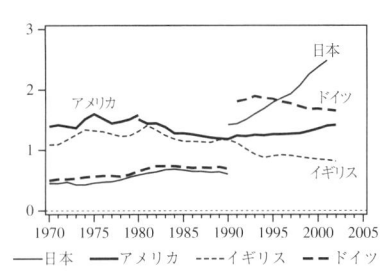

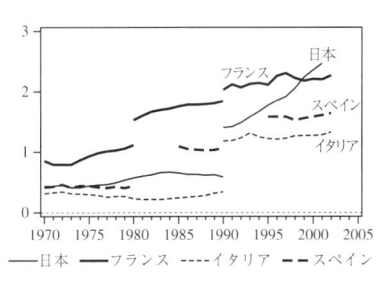

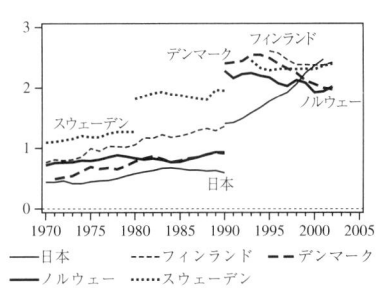

が悪いのか，帳簿上過大に評価しているのか，当事者の経済的動機は何か。動機はともあれ，なぜ法的，政治的に可能なのか。疑問は大きく膨らむ。

日本の固定資本減耗は，過小評価されていると言われている。再取得価格ではなく，取得価格で評価されているからである[10]。従って疑問は，一層大きく膨らむ。考えられる要因は互いに両立し得るから，おそらくすべての要因が他国に比し好都合に働いているのだろう。ここでは制度部門別構成をみよう。

家計の寄与が大きく日本を上回るのは，オーストラリアだけである。ただし時経的にみると，それほど上昇していない。これに対し水準がもともと高く上昇も著しいのが企業部門，それ以上に1990年代以降上昇が激しいのが政府部門である。

§7 結び

以上の概観によるだけでも，他の多くの国々と比べたとき，日本経済の異常さは際立っている。大筋だけを具体的に挙げると，次のようなことになろう。

①日本は世界で唯一，外国に対して資金を供給（貯蓄−投資）＞0）し続けてきた。

②日本の企業，及び政府による投資（実物資本の蓄積）の水準は，これまた世界でも例外的に高い。

③日本の貯蓄は投資を上回って大きいから（なぜなら，貯蓄−投資＞0），日本の貯蓄水準は世界でも例外的に高いはずであるが，実際そうであることが確かめられる。制度部門別に見ると，これまでずっと家計部門が，近年は企業部門がその役目を担ってきた。

④近年，政府部門の資金不足（貯蓄−投資＜0）の急増は異常であるが，国内他部門の余剰資金を大きく吸収しているのである。それでもなお経済全体では資金余剰であるほど，他部門，特に企業部門の資金余剰は大きいとい

---

10) Hayashi [19] を参照。

第Ⅹ章　貯蓄の制度部門別構成：国際比較

うことになる。

　最後に

⑤固定資本の過小評価にもかかわらず，他国に比した場合の固定資本減耗の程度の大きさ，特に近年におけるその上昇率の高さは異常である。

　日本の固定資本は品質が低いのか，減耗分の市場時価と簿価の乖離（時価＜簿価）が甚だしいのか，おそらく両方であろう。当事者の動機，その背景は何か，それを許容する，あるいは誘導する経済的，政治的条件は何か，その追跡は興味深い。

データ・ソース

　以下，データ・ソース [1] から利用した表と変数名を，具体的に示す。変数名の右の→の右には，国際比較する変数の定義（第1節　技術的な事項を参照）に使う場合の変数名，言わば略称を付けた。

1．経済全体について

Table 1. **GROSS DOMESTIC PRODUCT : EXPENDITURE APPROACH**

　　C. Gross fixed capital formation, total　→　gfcf

　　C. Gross domestic product（expenditure approach）　→　gdp

Table 4. **DISPOSABLE INCOME, SAVING AND NET LENDING / NET BORROWING**

　　C. Net national disposable income　→　nndi

　　C. Saving, net　→　sn

　　C. Consumption of fixed capital　→　cfc

2．一般政府について

Table 12. **SIMPLIFIED GENERAL GOVERNMENT ACCOUNTS**

　　GG. Saving, net　→　ggsn

　　GG. Consumption of fixed capital　→　ggcfc

　　GG. Gross fixed capital formation　→　gggfcf

3．家計について

Table 13. **SIMPLIFIED ACCOUNTS FOR HOUSEHOLDS AND NPISH**

AND FOR CORPORATIONS

HH. Disposable income, net → hhdi

HH. Saving, ne → hhsn

HH. Consumption of fixed capital → hhcfc

HH. Gross fixed capital formation → hhgfcf

4．企業について

Table 13. **SIMPLIFIED ACCOUNTS FOR HOUSEHOLDS AND NPISH AND FOR CORPORATIONS**

CORP. Saving, net → cosn

CORP. Consumption of fixed capital → cocfc

CORP. Gross fixed capital formation → cogfcf

次に適宜，参照したデータ・ソース［2］，［3］について。

1．経済全体について

1．MAIN AGGREGATES

RELATIONS AMONG ACCOUNTING AGGREGATES

1．Gross Domestic Product → gdp

6．Consumption of fixed capital → cfc

12．National Disposable Income → nndi

15．Net Saving → sn

CAPITAL TRANSACTIONS OF THE NATION

17．Gross fixed capital formation → gfcf

2．政府について

6．ACCOUNTS FOR GENERAL GOVERNMENT

CAPITAL ACCUMULATION ACCOUNT

1．Consumption of fixed capital → ggcfc

2．Net Saving → ggsn

10．Gross fixed capital formation → gggfcf

3．家計について

8．ACCOUNTS FOR HOUSEHOLDS AND PRIVATE UNINCORPORATED

第Ⅹ章　貯蓄の制度部門別構成：国際比較

ENTERPRISES

CAPITAL ACCUMULATION ACCOUNT

1．Consumption of fixed capital　→　hhcfc

4．Net Saving　→　hhsn

11．Gross fixed capital formation　→　hhgfcf

4．企業について

7．ACCOUNTS FOR NON-FINANCIAL AND FINANCIAL CORPORATE AND QUASI-CORPORATE ENTERPRISES

CAPITAL ACCUMULATION ACCOUNT

1．Consumption of fixed capital　→　cocfc

2．Net Saving　→　cosn

9．Gross fixed capital formation　→　cogfcf

最後に同じく適宜，参照したデータ・ソース［4］について。

1．経済全体について

Table 1. Gross domestic product : expenditure approach

9．Gross fixed capital formation　→　gfcf

Table 4. Disposable income, saving and net lending/net borrowing

1．Gross domestic product　→　gdp

12．Net national disposable income　→　nndi

15．Saving, net　→　sn

21．Consumption of fixed capital　→　cfc

2．政府について

Table 12. Simplified general government accounts

39．Saving, net　→　ggsn

40．Consumption of fixed capital　→　ggcfc

47．Gross fixed capital formation　→　gggfcf

3．家計について

Table 13. Simplified accounts for households and NPISH and for corporations

19. Saving, net → hhsn
20. Consumption of fixed capital → hhcfc
24. Gross fixed capital formation → hhgfcf

4．企業について

Table 13. Simplified accounts for households and NPISH and for corporations

44. Saving, net → cosn
45. Consumption of fixed capital → cocfc
49. Gross fixed capital formation → cogfcf

参考文献

[1] 石川達哉（2002年6月）「貯蓄・投資におけるグロスとネット」ニッセイ基礎研究所
[2] 植松忠博・小川一夫（2004年）『日本経済論』（ミネルヴァ書房）
[3] ウォルフレン，カレル・フォン（2005年9月12日）『朝日新聞』
[4] *The Economist*（Sept. 24th 2005）"A survey of world economy : The great thrift shift"
[5] ──── （July 9th 2005）"The corporate savings glut"
[6] ──── （April 9th 2005）"Special report : The economics of saving"
[7] 榎本裕洋（2005年8月）「日本の貯蓄」丸紅経済研究所
[8] 大山剛・吉田孝太郎（1999年12月）「日本の貯蓄は過剰なのか：あるいは欧米主要国の貯蓄が過少なのか」日本銀行調査統計局 Working Paper 99-5.
[9] 佐藤真人・中谷武・菊本義治・北野正一（2002年）『日本経済の構造改革』桜井書店
[10] 信金中央金庫総合研究所（2005年8月）「資金の流れの構造変化と金融機関への影響」『金融調査情報』
[11] 須田美矢子（2003年）「国際貿易」[14] 橘木俊詔［編］（2003年）第2章所収
[12] 綜研データベース部『生活と貯蓄関連統計』各年
[13] 橘木俊詔（2004年）『家計からみる日本経済』岩波新書
[14] 橘木俊詔［編］（2003年）『戦後日本経済を検証する』東京大学出版会，特に第7章，橘木俊詔「家計」
[15] 内閣府（2003年）『平成15年版　経済財政白書』
[16] 日本銀行統計局（2005年3月）「資金循環統計からみた80年代以降のわが国の金融構造」『経済統計季報』
[17] 村松岐夫・奥野正寛（2002年）『平成バブルの研究（上）』東洋経済新報社，特

に第5章，深尾京司「日本の貯蓄過剰と「バブル」の発生」
- [18] 橋本紀子（2004年）『変わりゆく社会と家計の消費行動』（関西大学出版部）
- [19] Hayashi, Fumio (1997), *Understanding Saving : Evidence from the United States and Japan,* MIT Press
- [20] ホリオカ／井原／越智／南部（1999年12月）「日本の貯蓄率の水準と決定要因について」『フィナンシャル・レビュー』第25巻，大蔵省財政金融研究所
- [21] 間々田孝夫（1999年12月）「日本の貯蓄率と文化・社会的要因」『フィナンシャル・レビュー』第25巻，大蔵省財政金融研究所

索　引

人名索引

あ

浅子和美 …………………………206
石川達哉 …………………………245
磯谷明徳 ……………207, 215, 223, 224
植松忠博 …………………………225
植村博恭 ……………207, 215, 223, 224
ウォルフレン，カレル・フォン ……225
宇仁宏幸 …………………………165
占部実 ……………………………10
海老塚明 ……………207, 215, 223, 224
大野隆 ……………………………223
大山剛 ……………………………226
小川一夫 …………………………225
置塩信雄 ……1, 8, 17, 33, 36, 43, 55, 60,
　　　　　　65, 84, 107, 117, 149, 161, 163

か

菊本義治 ……………………117, 225
北野正一 ……………………116, 225

さ

佐藤文隆 …………………………165
篠原総一 …………………………206
須田一幸 …………………………165
須田美矢子 ………………………226
関野英明 …………………………207

た

橘木俊詔 …………………………225
団和仁 ……………………………165
陳文思 ……………………………207
辻村江太郎 ………………………147
鴇田忠彦 ……………………103, 184

な

中島浩之 …………………………165
中谷武 ……………………………225
新野幸次郎 ……………84, 107, 149
西堀文隆 …………………………117
根岸隆 ……………………………158
野村秀和 …………………………165

は

橋本紀子 …………………………230
ハロッド …………………………44
伴金美 ……………………………166
藤原秀夫 …………………………152
二木雄策 …………………………158
ホリオカ …………………………225

ま

間々田孝夫 ………………………225
三野和雄 ……………………117, 126
森嶋通夫 ……………………84, 157
森本好則 …………………………34

や

安井修二 …………………………40

山口孝 ……………………165
吉田孝太郎 …………………226

ら

李桂檀 ………………………225

わ

和合肇 ………………………166

B

Bailey, M. J. …………………84
Bronfenbrenner, M. …………115

F

Foley, D. K. ……………207, 213, 223
Friedman, M. ……84, 87, 94, 102, 106, 134

G

Grossman, H. I. ………………158

H

Hansen, A. H. ………………84, 154
Harrod, R. F. …………………1, 17, 24
Hayashi, F. …………………225, 250
Hicks, J. R. …………………149, 150

I

Inada, K. ………………………8

K

Kalecki, M. …………………224

Keynes, J. M. …………………97, 156
Kikumoto, Y. …………………146
Klein, L. R. ……91, 92, 93, 152, 155, 157

L

Lavoie, M. ……………215, 223, 224
Lloyd, C. ……………………155, 157
Lush, P. E. ……………………18

M

Marx, K. ………………………114
Mayer, T. ………………………87
Michl, T. R. …………………207, 213, 223

N

Nelson, R. R. …………………8
Nevile, J. W. …………………8

O

Okishio, N. ……………………15

P

Patinkin, D. …150, 151, 152, 154, 157, 158

Q

Quirk, J. ………………………56

R

Robinson, J. …………………209
Rose, H. ………………………8, 40
Rowthorn, B. …………………218

S

Samuelson, P. M. ……………………114
Saposnik, R. ………………………56
Sherman, H. J. ……………………113
Solow, R. M. ………………………17

T

Taylor, L. …………………………207
Tobin, J. ……………………………141
Tsiang, S. C. ………………………156

W

Weintraub, E. R. …………………56

事項索引

あ

インフレーション ……………83, 97
営業外収益 ………………………193
営業外費用 ………………………193
営業利益 …………………165, 193

か

価格調整 …………………………103
価格変動 ……………33, 44, 55, 157
家計貯蓄率 ……225, 227, 228, 230, 233
稼働率 …………………………210, 215
過度稼働 …………………………106
貨幣 ………………149, 150, 156, 157
貨幣供給 ………87, 93, 95, 138, 156
貨幣残高 ……………………84, 152
貨幣市場 ……………………149, 160
貨幣需給 ……84, 113, 138, 155, 156, 158, 160

貨幣需給説 ………………………157
貨幣需要 ……………………84, 156
貨幣賃金率 ……34, 35, 42, 44, 56, 66, 84,
　　　　　　99, 106, 113, 116, 134, 150, 224
貨幣賃金率の伸縮性 ……………33
完全雇用 …………17, 19, 91, 130, 142
技術進歩 ……………17, 22, 36, 44
技術選択 ……………33, 36, 40, 51
技術代替 ……………………17, 23, 33
技術変化 ……………………17, 33, 67
恐慌の可能性 ……………………65
均衡経路 ……………………17, 33, 55
均衡貯蓄率 …………………1, 4, 6
景気循環の日付 ………164, 194, 206
経常利益 …………………165, 193
血気（animal spirits）…………209
限界資本係数 ……………1, 7, 8, 10
限界生産力 ………………………105
国民総投資率 ……………226, 227, 228
国民貯蓄率 ………226, 227, 228, 231
固定資本減耗率 ……226, 228, 230, 245

さ

再決定仮説 ………………149, 158
財・サービス ……………………159
産出量調整 ………………………158
事後的貯蓄率 ……………………1, 3, 4
事後の貯蓄率 ……………………1
市場不均衡 …………33, 47, 149, 159
事前の貯蓄率 ………………1, 3, 4, 15
失業 …………………………………89
実質賃金率 …5, 18, 34, 57, 67, 85, 208
資本蓄積率 …18, 34, 44, 59, 65, 118, 209
収益性格差 ………………………163
需給一致 ………5, 17, 19, 55, 57, 66, 210
需給の不一致 ……………………7
需給不均衡 ………………………25
受動的労働供給態度 ……………159

259

証券 …………………………149, 150
証券市場 ………………………………149
証券市場需給説 ………………………156
消費財部門 ……………65, 66, 163, 164
消費需要 ………3, 22, 35, 55, 71, 84, 151
商品 ……………………149, 159, 160
商品市場 ………25, 33, 55, 103, 149, 160
食料品製造業 …………………164, 167
新古典派成長論 …………………………19
スタグフレーション ……………………83
生産関数 ………………17, 18, 31, 40, 44
生産財部門 ………65, 66, 71, 81, 163, 164
正常稼働 ……7, 8, 17, 19, 31, 55, 65, 66, 106, 209
製造業の部門分類 ……164, 167, 194, 206
総資本営業利益率 ……………165, 166, 173
総資本経常利益率 ……………………193
総資本利潤率 ……………………………165
総貯蓄率 ………………………………238
総投資率 ……………………………236, 238

た

貯蓄の制度部門別構成 …………225, 226
貯蓄率 ……1, 4, 6, 19, 209, 210, 225, 228
賃金主導型成長 ……………………207
投資関数 ……5, 17, 33, 83, 87, 209, 210, 213
投資率 …………………………………228

は

ハロッド中立型技術進歩 …………24, 44
比較静学 ………………………………112
費用の逆説 ……………………208, 217

不安定性 ……………………1, 17, 55
フィリップス曲線 ……………………106
不均衡動学 …………………116, 126
不均衡累積過程 ……………65, 163, 164
平均資本係数 ……………………8, 10
保証成長率 ……………………1, 15

ま

ミクロ的基礎 ……………………158

や

要求分配率 …………………………105
要素代替の弾力性 ……………21, 24, 49

ら

利潤主導型成長 ……………………207
利潤配分率 ……………………6, 210
利潤率 ………18, 34, 44, 58, 67, 163, 165, 209, 210
利子率 …………………84, 149, 150
流動性 …………………………97, 150
流動性選好説 …………………152, 156
流動性トラップ ……………………97
労働供給 …………………………35, 89
労働市場 ………33, 35, 93, 150, 159
労働需給 ………………94, 134, 160
労働需要 ……………………93, 150
労働増加的技術進歩 …………………24

わ

ワルラス法則 ………………149, 156, 157

【著者紹介】

佐 藤 真 人（さとう・まさと）

1947年　兵庫県明石市魚住に生れる
1969年　神戸大学経済学部卒業
1974年　同大学院経済学研究科修了
現　在　関西大学経済学部教授

著　書

『構造変化と利潤率』（関西大学出版部，1998年）
『マクロ経済学』（共著，勁草書房，1999年）
『日本経済の構造改革』（共著，桜井書店，2002年）
『新版 マクロ経済学』（共著，勁草書房，2009年）

均衡経路の不安定性

平成26年3月31日　発行

　　著　者　佐　藤　真　人
　　発行所　関　西　大　学　出　版　部
　　　　　　〒564-8680 大阪府吹田市山手町3-3-35
　　　　　　電話 06(6368)1121　FAX 06(6389)5162
　　印刷所　協 和 印 刷 株 式 会 社
　　　　　　〒615-0052 京都市右京区西院清水町13

Ⓒ 2014　Masato SATO　　　　　　　　　Printed in Japan

ISBN 978-4-87354-574-5　C3033　　　　落丁・乱丁はお取替えいたします